高等职业教育数字商务高水平专业群系列教材
编写委员会

总主编

张宝忠　　浙江商业职业技术学院原校长
　　　　　全国电子商务职业教育教学指导委员会副主任委员

执行总主编

王　慧　　浙江同济科技职业学院

副总主编

吴洪贵	江苏经贸职业技术学院	陈　亮	江西外语外贸职业学院
张枝军	浙江商业职业技术学院	金渝琳	重庆工业职业技术学院
景秀眉	浙江同济科技职业学院	王庆春	昆明冶金高等专科学校
曹琳静	山西职业技术学院	徐林海	南京奥派信息产业股份公司

编　委（按姓氏拼音排序）

陈　宏	黑龙江建筑职业技术学院	罗天兰	贵州职业技术学院
陈煜明	上海电子信息职业技术学院	毛卓琳	江西外语外贸职业学院
顾玉牧	江苏航运职业技术学院	孟迪云	湖南科技职业学院
关善勇	广东科贸职业学院	宋倩茜	潍坊工程职业学院
胡晓锋	浙江同济科技职业学院	童晓茜	昆明冶金高等专科学校
皇甫静	浙江商业职业技术学院	王斐玉	新疆能源职业技术学院
蒋　博	陕西职业技术学院	王　皓	浙江同济科技职业学院
金玮佳	浙江同济科技职业学院	魏　頔	陕西能源职业技术学院
李晨晖	浙江同济科技职业学院	吴　凯	绍兴职业技术学院
李洁婷	云南交通职业技术学院	余　炜	杭州全新未来科技有限公司
李　乐	重庆工业职业技术学院	张栩菡	浙江同济科技职业学院
李　喜	湖南商务职业技术学院	张宣建	重庆交通职业学院
李　瑶	北京信息职业技术学院	张子扬	浙江同济科技职业学院
李英宣	长江职业学院	赵　亮	武汉船舶职业技术学院
林　莉	南充职业技术学院	赵　琼	广东科贸职业学院
刘　丹	武汉外语外事职业学院	郑朝霞	赤峰工业职业技术学院
刘　红	南京城市职业学院	周　聪	浙江同济科技职业学院
刘　兰	安徽智信云教育科技有限公司	周　蓉	武汉职业技术大学
刘婉莹	西安航空职业技术学院	周书林	江苏航运职业技术学院
柳学斌	天府新区信息职业学院	周月霞	杭州新雏鹰知识产权代理有限公司
卢彰诚	浙江商业职业技术学院	朱林婷	浙江商业职业技术学院
陆春华	上海城建职业学院	朱柳栓	浙江商业职业技术学院

高等职业教育数字商务高水平专业群系列教材

总主编：张宝忠

零售基础

主　编／赵　琼　吴　岚
副主编／郑洪珊　卢彰诚　刘　娜
参　编／李华龙　李　乐　黄庞钊　乔柳杨
　　　　于珊珊　李铁光　徐林海

华中科技大学出版社
http://press.hust.edu.cn
中国·武汉

内容提要

本书是网络营销与直播电商专业"零售基础"课程的配套教材,也是与智慧职教 MOOC 课程"零售基础"配套的新形态一体化教材。

本书依据教育部发布的《职业教育专业简介(2022 年修订)》中电子商务类专业的培养目标,立足"零售基础"作为专业基础课的课程定位,结合零售企业岗位实践内容,融入行业新技术、新业态和新模式,紧跟零售行业数字化转型,从提升零售企业市场竞争力、改善消费者购物体验的角度,重点突出新零售背景下"以人为中心",实现从传统"人、货、场"到"人、货、场、圈"的重构,对知识结构进行了重新梳理,分为零售认知、消费者分析、商品规划、零售场景搭建、商业经济共享、零售品牌运营、零售新技术应用和零售服务运营八个部分。

本书配有微课视频、教学课件、教学大纲、课程标准、章节测试等丰富的数字资源,注重知识性与操作性相结合,以满足线上线下混合式教学需求。本书既可以作为高职高专电子商务类专业、工商管理类专业和中等职业院校电子商务类专业的教材,也可以作为相关从业人员的参考用书。

图书在版编目(CIP)数据

零售基础 / 赵琼,吴岚主编. -- 武汉:华中科技大学出版社,2025.1. -- (高等职业教育数字商务高水平专业群系列教材 / 张宝忠主编). -- ISBN 978-7-5772-1529-7

Ⅰ.F713.32

中国国家版本馆 CIP 数据核字第 20241UJ440 号

零售基础　　　　　　　　　　　　　　　　　　　　　　　赵　琼　吴　岚　主编
Lingshou Jichu

总 策 划:周晓方　周清涛
策划编辑:聂亚文　宋　焱
责任编辑:贺翠翠
封面设计:廖亚萍
版式设计:赵慧萍
责任校对:余晓亮
责任监印:周治超

出版发行:华中科技大学出版社(中国·武汉)　　　电话:(027)81321913
　　　　　武汉市东湖新技术开发区华工科技园　　　邮编:430223
录　　排:华中科技大学出版社美编室
印　　刷:湖北新华印务有限公司
开　　本:787mm×1092mm　1/16
印　　张:16　插页:2
字　　数:392 千字
版　　次:2025 年 1 月第 1 版第 1 次印刷
定　　价:49.00 元

本书若有印装质量问题,请向出版社营销中心调换
全国免费服务热线:400-6679-118　　竭诚为您服务
版权所有　侵权必究

网络增值服务

使用说明

欢迎使用华中科技大学出版社人文社科分社资源网

 教师使用流程

（1）登录网址：http://rwsk.hustp.com（注册时请选择教师身份）

注册 → 登录 → 完善个人信息 → 等待审核

（2）审核通过后，您可以在网站使用以下功能：

浏览教学资源　建立课程　管理学生　布置作业　查询学生学习记录等

 学员使用流程

（建议学员在PC端完成注册、登录、完善个人信息的操作）

（1）PC端学员操作步骤

① 登录网址：http://rwsk.hustp.com（注册时请选择学生身份）

注册 → 完善个人信息 → 登录

② 查看课程资源：（如有学习码，请在个人中心-学习码验证中先验证，再进行操作）

首页课程 > 课程详情页 > 查看课程资源

（2）手机端扫码操作步骤

手机扫码 → 登录 → 查看数字资源；注册

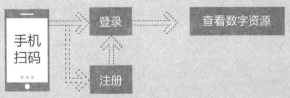

如申请二维码资源遇到问题，可联系编辑宋焱：15827068411

总 序

以数字经济为代表的新经济已经成为推动世界经济增长的主力军。数字商务作为先进的产业运营方法，以前沿、活跃、集中的表现方式，助推数字经济快速增长。在新的发展时期，我国数字商务的高速发展能有效提升产业核心竞争力，对我国经济的高质量发展有重要的意义。在此背景下，数字商务职业教育面临愈加复杂和重要的育人育才责任。

（一）新一代信息技术推动产业结构快速迭代，数字经济发展急需数字化人才

职业教育最重要的特质与属性就是立足产业与经济发展的需求，为区域经济转型和高质量发展提供大量高素质技术技能人才。以大数据、云计算、人工智能、区块链和5G技术等为代表的新一代信息技术，全方位推动整个社会产业经济结构由传统经济向数字经济快速迈进。数字经济已经成为推动世界经济增长的主力军。

产业数字化是数字经济中占比非常大的部分。在产业数字化中，管理学和经济学领域新技术、新方法、新业态、新模式的应用带来了较快的产业增长和效率提升。过去十年，中国数字经济发展迅速，增长速度远远高于同期GDP增长速度。

持续发展的通信技术、庞大的人口基数、稳固的制造业基础以及充满活力的巨量企业是中国数字经济持续向好发展的基础与保障，它们使得中国数字经济展现出巨大的增长空间。数字经济覆盖服务业、工业和农业各领域，企业实现数字化转型成为必要之举，熟悉数字场景应用的高素质人才将成为未来最为紧缺的要素资源。因此，为企业培养和输出经营、管理与操作一线人才的职业教育急需做出改变。

（二）现代产业高质量发展，急需明确职业教育新定位、新目标

2019年以来，人力资源和社会保障部会同国家市场监督管理总局、国家统计局正式发布一批新职业，其中包括互联网营销师、区块链工程技术人员、信息安全测试员、

在线学习服务师等市场需求迫切的74个新职业。这些新职业具有明确的培养目标和课程体系，对培养什么样的人提出了明确的要求。

专业升级源自高质量发展下的产业升级。在全球数字化转型的背景下，如何将新一代信息技术与专业、企业、行业各领域深度融合，对新专业提出了新要求。2021年3月，教育部印发了《职业教育专业目录（2021年）》。该专业目录通过对接现代产业体系，主动融入新发展格局，深度对接新经济、新业态、新技术、新职业。同时，新专业被赋予新内涵、新的一体化知识体系、新的数字化动手能力，以有效指导院校结合区域高质量发展需求开设相关专业。

具备基本的数字经济知识将成为职业院校培养高素质技术技能人才的基本要求。职业院校要运用新一代信息技术，通过知识体系重构向学生传授数字化转型所需要的新知识；要学习大数据、云计算、人工智能、区块链、5G等新技术，让学生适应、服务、支持新技术驱动的产业发展；要与时俱进地传授数字技能，如数据采集与清洗、数据挖掘与分析、机器人维修与操作、数字化运营、供应链管理等，因为学生只有具备数字技能，才能在未来实现高质量就业。

为什么要在这个时间节点提出"数字商务专业群建设"这一概念，而不是沿用传统的"电子商务专业群建设"概念？可以说，这是时代的需要，也是发展的选择。电子商务是通过互联网等信息网络销售商品或者提供服务的经营活动，它强调的是基于网络；而数字商务是由更新颖的数字技术，特别是将大数据广泛应用于商务各环节、各方面形成的经营活动，它强调的是基于数据。

1. 数字商务包括电子商务，其内涵更丰富，概念更宽广

商务部办公厅于2021年1月发布的《关于加快数字商务建设 服务构建新发展格局的通知》，将电子商务理解为数字商务最前沿、最活跃、最重要的组成部分。数字商务除了电子商务外，还包括电子政务、运行监测、政府储备、安全监督、行政执法、电子口岸等与商务相关的更广泛的内容。

2. 数字商务比电子商务模式更新颖

无论是实践发展还是理论的流行，数字商务都要比电子商务晚一些。数字商务是电子商务发展到一定阶段的产物，是对电子商务的进一步拓展。这种拓展不是量变，而是带有质变意义的新的转型与突破，可以带来更新颖的商务模式。

3. 数字商务更强调新技术，特别是大数据赋能

新颖的商务模式是由5G、物联网、大数据、人工智能、区块链等较为新颖的技术及其应用，特别是大数据的应用催生的。数据驱动着更前沿的数字技术广泛应用于实体经济中商务活动的各环节、各方面，可以进一步突破先前电子商务的边界，包括打破数字世界与实体世界的边界，使数字技术更深入地融入实体经济发展。

4. 数字商务更强调数字技术跨领域集成、跨产业融合的商务应用

相比电子商务，数字商务不仅包括基于互联网开展的商务活动，而且将数字化、

网络化的技术应用延展到商务活动所连接的生产与消费两端；不仅包括电子商务活动的直接关联主体，而且凭借物联网等技术延展到相关的客体以及与开展商务活动相关的所有主体和客体，其主线是产商之间的集成融合。这种跨界打通产供销、连接消费和生产、关联服务与管理的应用，是数字商务提升商务绩效的基础。

5. 数字商务结合具体的应用场景，更深度地融入实体经济

与电子商务相比，数字商务是更基于应用场景的商务活动，在不同的产业应用场景之下，以多种数字技术实现的集成应用具有不同的内容与形式。实际上，这正是数字商务更深度地融入实体经济的体现。换个角度来理解，如果没有具体应用场景的差别，在各行各业各种条件之下数字技术的商务应用都是千篇一律的，那么，商务的智能化也就无从谈起。从特定角度来看，数字商务的智能化程度越高，就越能灵敏地反映、精准地满足千差万别的应用场景下不同经济主体的需要。

大力发展数字商务，不断将前沿的数字技术更广泛、更深入地应用于各种商务活动，必将进一步激发电子商务应用的活力和功效，不断推动电子商务与数字商务的整体升级。更重要的是，范围更广、模式更新的数字商务应用，必将为自电子商务应用出现以来的商务流程再造带来新的可能性，从而为商务变革注入新的发展动能。

本系列教材的理念与特点是如何体现的呢？专业、课程与教材建设密切相关，我国近代教育家陆费逵曾明确提出"国立根本在乎教育，教育根本实在教科书"。由此可见，优秀的教材是提升专业质量和培养专业人才的重要抓手和保障。

第一，现代学徒制编写理念。教材编写内容覆盖企业实际经营过程中的整个场景，实现教材编写与产业需求的对接、教材编写与职业标准和生产过程的对接。

第二，强化课程思政教育。教材是落实立德树人根本任务的重要载体。本系列教材以《高等学校课程思政建设指导纲要》为指导，推动习近平新时代中国特色社会主义思想进教材，将课程思政元素以生动的、学生易接受的方式充分融入教材，使教材的课程思政内容更具温度，具有更高的质量。

第三，充分体现产教融合。本系列教材主编团队由全国电子商务职业教育教学指导委员会委员，以及全国数字商务（电子商务）学院院长、副院长、学科带头人、骨干教师等组成，全国各地优秀教师参与了教材的编写工作。教材编写团队吸纳了具有丰富教材编写经验的知名数字商务产业集群行业领军人物，以充分反映电子商务行业、数字商务产业集群企业发展最新进展，对接科技发展趋势和市场需求，及时将比较成熟的新技术、新规范等纳入教材。

第四，推动"岗课赛证"融通。本系列教材为"岗课赛证"综合育人教材，将电子商务证书的考核标准与人才培养有机融合，鼓励学生在取得电子商务等证书的同时，积极获取包括直播销售员、全媒体运营师、网店运营推广职业技能等级（中级）、商务数据分析师等多个证书。

第五，教材资源数字化，教材形式多元化。本系列教材构建了丰富实用的数字化资源库，包括专家精讲微课、数字商务实操视频、拓展阅读资料、电子教案等资源，

形成图文声像并茂的格局。部分教材根据教学需要以活页、工作手册、融媒体等形式呈现。

第六，数字商业化和商业数字化加速融合。以消费者体验为中心的数字商业时代，商贸流通升级，制造业服务化加速转型，企业追求快速、精准响应消费者需求，最大化品牌产出和运营效率，呈现"前台—中台—后台"的扁平化数字商业产业链，即前台无限接近终端客户，中台整合管理全商业资源，后台提供"云、物、智、链"等技术以及数据资源的基础支撑。数字商业化和商业数字化的融合催生了数字商业新岗位，也急需改革商科人才供给侧结构。本系列教材以零售商业的核心三要素"人、货、场"为依据，以数字经济与实体经济深度整合为出发点，全面构建面向数字商务专业群的基础课、核心课，以全方位服务数字商务高水平专业群建设，促进数字商业高质量发展。

根据总体部署，我们计划在"十四五"期间，结合两大板块对本系列教材进行规划和构架。第一板块为数字商务专业群基础课程，包括数字技术与数据可视化、消费者行为分析、商品基础实务、基础会计实务、新媒体营销实务、知识产权与标准化实务、网络零售实务、流通经济学实务等。第二板块为数字商务专业群核心课程，包括视觉营销设计、互联网产品开发、直播电商运营、短视频制作与运营、电商数据化运营、品牌建设与运营等。当然，在实际执行中，可能会根据情况适当进行调整。

本系列教材是一项系统性工程，不少工作是尝试性的。无论是编写系列教材的总体构架和框架设计，还是具体课程的挑选以及内容和体例的安排，都有待广大读者来评判和检验。我们真心期待大家提出宝贵的意见和建议。本系列教材的编写得到了诸多同行和企业人士的支持。这样一群热爱职业教育的人为教材的开发提供了大量的人力与智力支撑，也成就了职业教育的快速发展。相信在我们的共同努力下，我国数字商务职业教育一定能培养出更多的高素质技术技能人才，助力数字经济与实体经济发展深度整合，助推数字产业高质量发展，为我国从职业教育大国迈向职业教育强国贡献力量。

丛书编委会
2024 年 1 月

前 言

随着数字经济的快速发展和消费市场的日益繁荣,零售行业作为连接生产与消费的重要桥梁,其地位和作用愈发凸显。21世纪以来的二十多年时间里,我国零售行业经历了从传统零售到新零售的深刻变革。

1. 传统零售的快速发展

2001年至2003年,是传统零售企业发展最快的一个阶段。零售企业"跑马圈地",将开店作为扩大规模的主要手段。中国连锁经营协会发布的中国连锁TOP100榜单显示,在此期间,国内连锁百强企业的门店数从1620家增加至3551家,由此带动销售规模出现40%以上的增长。

2004年至2011年,行业进入了规模化发展阶段,行业集中度提升。这一时期,并购上市、提升经营能力成为零售企业寻求发展的主要途径。国内放宽对外资的限制后,沃尔玛收购了好又多,百思买控股江苏五星电器,家得宝并购家世界家居,特易购控股乐购。仅2007年,就有4家零售企业成功上市,分别是深圳百佳华百货、江苏时代超市、广百股份和全聚德。

2. 电商的崛起与全渠道转型

在传统零售如火如荼发展的同时,2003年淘宝网成立,标志着中国电商时代的开启。2012年,网络零售市场规模突破万亿元,此后在社会消费品零售总额中的占比不断提升,2023年已超过30%。相应地,传统零售企业的份额则不断下降。

2016年,阿里巴巴提出"新零售"概念,入局实体零售行业。由此带动了传统零售企业在线上业务中的布局,线上渠道逐步成为实体门店的"标配"。2015年,连锁百强企业的线上销售在整体销售中的占比仅为3.4%,但到2019年,这一比例就已经接近20%。线上成为实体零售企业寻求增长的主要途径。

3. 新零售的兴起与多样化业态

2021年,《中华人民共和国国民经济和社会发展第十四个五年规划和2035年远景目标纲要》明确提出:"深入推进服务业数字化转型,培育众包设计、智慧物流、新零售等新增长点。"在政策和技术双重推动下,零售业加速从数字化向数智化转型,催生了全新的商业模式。

近年来,会员店、折扣店、零食店等新兴业态兴起,成为零售赛道主要的增长动力。2023年，零食很忙集团（含零食很忙、赵一鸣零食，集团已正式更名为鸣鸣很忙集团）门店数达7000家，销售规模达238亿元，在国内连锁百强中排第30名。

同时，便利店、社区生鲜店也在大量分流传统商超的生意。自2012年起，连锁百强企业整体的销售增速都在下滑，且已经出现了负增长，但其中的便利店企业始终保持增长，2019年之前增速普遍在10%以上。而传统零售企业难以适应新的消费市场，关店、倒闭成为常态。

在数字化转型过程中，对于零售行业的从业者、教育者或学习者来说，掌握零售基础知识和新零售运营技能显得尤为重要。鉴于此，在全国电子商务职业教育教学指导委员会的帮助和支持下，我们联合南京奥派信息产业股份公司和深圳市怡亚通供应链股份有限公司编写了《零售基础》这本高职教材，旨在为广大师生提供一本既实用又前沿的教材，帮助学生建立完整的零售知识体系，提升零售运营能力，助力企业培养适应新零售运营模式的专业技能人才。

本教材具有以下特色：

1. 育德为先，构建课程思政核心脉络

本教材在编写过程中，注重将社会主义核心价值观融入教材内容，通过案例分析、讨论等方式，引导学生树立正确的人生观和价值观，培养学生的社会责任感和职业道德，将体现育人特色的素养目标放在三维学习目标之首；同时，结合零售行业的特点，强调诚信经营、优质服务、公平竞争等职业精神，为学生未来的职业发展奠定坚实的基础。

2. 内容全面，紧密结合行业发展动态

本教材围绕零售业的核心领域展开，逻辑清晰，层次分明，分为零售认知、消费者分析、商品规划、零售场景搭建、商业经济共享、零售品牌运营、零售新技术应用和零售服务运营八个部分，重点突出新零售背景下"以人为中心"，实现从传统"人、货、场"到"人、货、场、圈"的重构。

在介绍传统零售知识的基础上，本教材还紧密结合新零售的发展动态，让学生了解和掌握最新的零售理念和技术。通过导入案例，引导学生主动适应复杂多变的市场环境，顺势而为。通过实训任务，加深学生对新零售的认知和了解。

3. 与1+X证书融合，注重实践应用

本教材注重培养学生的实践应用能力，与1+X门店数字化运营与管理（中级）职业技能等级证书内容融合，通过实训任务，提升学生的调研能力、分析和解决问题的能力以及团队沟通协作能力等，同时，引导学生将理论与实践相结合，聚焦关键工作领域，培养学生相应岗位的胜任能力。

4. 双线融合，丰富数字化教学资源

本教材配套了微课视频、教学课件、教学大纲、课程标准、章节测试等丰富的教学资源，并配有智慧职教MOOC课程（https://mooc.icve.com.cn/cms/，搜索"零

售基础"),方便教师进行线上线下混合式教学,也可以帮助学生课后自学复习。教材中辅以大量实践案例,增强理论阐述的趣味性和易懂性,帮助学生更好地理解和掌握零售知识和技能。

本教材由赵琼担任第一主编,吴岚担任第二主编,郑洪珊、卢彰诚和刘娜担任副主编。具体编写分工如下:第一章和第二章由广东科贸职业学院赵琼和河源职业技术学院郑洪珊编写,第三章和第四章由上海科技管理学校吴岚、广东科贸职业学院李华龙和浙江商业职业技术学院卢彰诚编写,第五章和第六章由广东科贸职业学院李乐、广东碧桂园职业学院乔柳杨和于珊珊、深圳市怡亚通供应链股份有限公司李铁光编写,第七章和第八章由长沙民政职业技术学院刘娜、南京奥派信息产业股份公司徐林海、广东科贸职业学院黄庞钊编写。

我们相信,通过本教材的学习,学生能够更好地适应新零售模式的发展需求,成为具备创新思维和实践能力的新零售专业人才。由于时间仓促,编者水平有限,教材内容编排难免有不足之处,我们也期待广大师生在使用过程中提出宝贵的意见和建议,以便不断改进和完善。

编 者

2024 年 11 月

目 录

第一章　零售认知 　1
　本章学习目标　1
　章节思维导图　2
　导入案例　2
　第一节　零售业发展史　4
　第二节　零售与新零售　17
　本章学习总结　31
　技能训练　31
　案例分析　32
　实训任务　33
　任务反思　34

第二章　"人"——消费者分析 　35
　本章学习目标　35
　章节思维导图　36
　导入案例　36
　第一节　消费者行为分析　38
　第二节　客户画像　53
　本章学习总结　64
　技能训练　65
　案例分析　65
　实训任务　66
　任务反思　68

第三章　"货"——商品规划 　69
　本章学习目标　69
　章节思维导图　70

导入案例 70
　　第一节　商品定位 72
　　第二节　商品结构 77
　　第三节　品类管理 80
　　第四节　自有品牌商品 87
　　本章学习总结 91
　　技能训练 91
　　案例分析 92
　　实训任务 92
　　任务反思 94

第四章　"场"——零售场景搭建 95
　　本章学习目标 95
　　章节思维导图 96
　　导入案例 96
　　第一节　店铺设计 97
　　第二节　商品陈列 103
　　第三节　消费场景 107
　　本章学习总结 116
　　技能训练 116
　　案例分析 116
　　实训任务 117
　　任务反思 119

第五章　"圈"——商业经济共享 120
　　本章学习目标 120
　　章节思维导图 121
　　导入案例 121
　　第一节　零售商圈分析 123
　　第二节　零售供应链管理 134
　　本章学习总结 151
　　技能训练 151
　　案例分析 151
　　实训任务 152
　　任务反思 154

第六章　零售品牌运营　　155

本章学习目标　　155

章节思维导图　　156

导入案例　　156

第一节　零售品牌定位　　157

第二节　零售品牌推广　　169

本章学习总结　　179

技能训练　　179

案例分析　　180

实训任务　　180

任务反思　　182

第七章　零售新技术应用　　183

本章学习目标　　183

章节思维导图　　184

导入案例　　184

第一节　驱动零售发展的新技术　　186

第二节　零售企业的数字化转型　　201

本章学习总结　　207

技能训练　　207

案例分析　　207

实训任务　　208

任务反思　　209

第八章　零售服务运营　　210

本章学习目标　　210

章节思维导图　　211

导入案例　　211

第一节　客户运营　　213

第二节　社群运营　　226

本章学习总结　　235

技能训练　　236

案例分析　　236

实训任务　　237

任务反思　　239

参考文献　　240

数字资源目录

第一章 零售认知　　1
　　拓展阅读：2023 年中央一号文件　　7
　　拓展阅读：2024 年中央一号文件　　7
　　微课：零售业的四次变革　　10
　　微课：SKU 的概念和应用　　30
　　即测即评　　31

第二章 "人"——消费者分析　　35
　　拓展阅读：《中华人民共和国消费者权益保护法》　　39
　　微课：消费者心理分析　　52
　　微课：客户画像　　53
　　即测即评　　65

第三章 "货"——商品规划　　69
　　微课：商品定位的类型　　73
　　微课：商品定位的方法　　76
　　微课：商品分类　　77
　　微课：产品层次　　78
　　即测即评　　91

第四章 "场"——零售场景搭建　　95
　　微课：货位布局　　99
　　微课：商品陈列　　103
　　微课：零售消费场景　　107
　　即测即评　　116

第五章 "圈"——商业经济共享 120
  微课：商圈 124
  即测即评 151

第六章 零售品牌运营 155
  微课：品牌定位策略 165
  微课：零售品牌推广 169
  即测即评 179

第七章 零售新技术应用 183
  微课：大数据时代下的隐私保护 186
  拓展阅读：天猫小店：在保护隐私与权益中，数据赋能的新零售创新实践 191
  拓展阅读：《工业和信息化部办公厅关于推进移动物联网"万物智联"发展的通知》 194
  微课：人工智能 198
  即测即评 207

第八章 零售服务运营 210
  微课：社群运营 226
  即测即评 236

第一章 零售认知

本章学习目标

◆ **素养目标：**

(1) 养成独立思考、主动探究的精神；
(2) 养成谦虚谨慎、合作共赢的意识。

◆ **知识目标：**

(1) 了解零售产生和发展的历史过程；
(2) 熟悉传统零售、新零售的基本概念及零售活动特点；
(3) 掌握各种零售业态的特征；
(4) 掌握零售业的发展趋势。

◆ **技能目标：**

(1) 能够正确理解零售业的社会地位和作用；
(2) 能够认知零售商的商业职能；
(3) 能够对传统零售、电子商务和新零售做出较为全面的比较。

章节思维导图

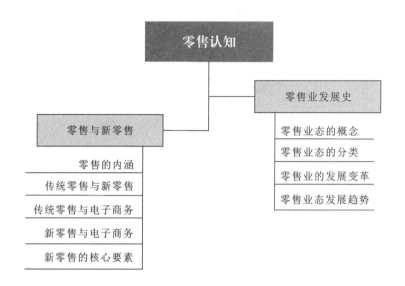

导入案例

无人零售店的兴起与变革

近年来，随着科技的飞速发展和消费者购物习惯的不断变化，无人零售店作为一种新兴业态，逐渐在市场中崭露头角。无人零售店通过采用先进的技术手段，实现了从商品陈列、选购、支付到售后服务的全流程自动化，为消费者带来了全新的购物体验。

Amazon Go 是亚马逊公司 2018 年 1 月 22 日推出的一种全新概念的无人便利店（见图 1-1）。该便利店采用先进的计算机视觉、深度学习以及传感器融合等技术，实现了无人值守、自助购物的全新购物体验。这种创新的零售模式引起了业界的广泛关注，被视为零售业未来发展的重要方向之一。

图 1-1　Amazon Go 超市

（1）进店识别：消费者首次进入 Amazon Go 便利店时，需要通过亚马逊账户进行身份认证，并与店铺系统建立联系。此后，每次进店时，系统通过人脸识别技术自动识别顾客身份，无须进行额外的身份验证。

（2）商品识别与追踪：在 Amazon Go 便利店内，每一件商品都贴有特殊的标签，通过店内密布的摄像头和传感器进行实时追踪。当消费者从货架上拿起商品时，系统会自动识别并记录商品信息，并将其添加到消费者的虚拟购物车中。

（3）结账与支付：消费者离开商店时，系统会自动计算虚拟购物车中的商品总价，并从消费者的亚马逊账户中扣除相应费用。整个购物过程无须排队结账，实现了真正的即拿即走。

2018 年 12 月，应用 RFID 等技术的国内首家"天猫无人超市校园店"落户杭州师范大学（见图 1-2）。店内商品种类丰富，从食品饮料到日常用品应有尽有，满足了消费者的基本购物需求。消费者首次进店需要通过图像识别技术快速进行面部特征识别、身份审核，完成"刷脸进店"；而后消费者可以通过手机扫码或人脸识别等方式进行购物，系统通过"情绪识别＋眼球追踪＋行为轨迹分析"判断结算意图，无须排队等待结账，大大节省了时间。

图 1-2　天猫无人超市杭州师范大学校园店

除了无人便利店、无人超市，无人零售店还涵盖了无人售货机等多种形式。这些无人零售店不仅为消费者提供了更加便捷、高效的购物方式，还通过数据分析、精准营销等手段，提升了运营效率和服务质量。

然而，无人零售店也面临着一些挑战和问题。例如，在技术稳定性、商品安全管理、消费者信任度等方面仍需进一步完善。此外，随着市场竞争的加剧，如何保持差异化竞争优势，也是无人零售店需要思考的问题。

思考：

1. 请分析无人零售店相比传统零售店的优势有哪些。

2. 中国的无人零售到目前为止经历了哪几个阶段？这种模式发展前景如何？

第一节　零售业发展史

零售业作为商品流通的终端环节,历来在经济活动中占据着举足轻重的地位。从古代的集市贸易到现代的购物中心,零售业态经历了漫长而复杂的发展过程。这一过程中,零售业的形态、规模、技术和管理方式都发生了显著的变化,以不断适应消费者需求和社会经济环境的变化。

一、零售业态的概念

零售业态是零售企业为满足不同的消费需求而形成的经营形态。它包含了零售商店的结构、规模、经营方式、商品组合、服务方式、管理技术及设施等多方面的要素。随着市场竞争的加剧和消费者需求的多样化,零售业态不断创新,形成了多样化的零售市场格局。

传统的百货商店,如北京王府井百货,拥有多楼层、多品种的商品结构,提供一站式购物体验,能让消费者一次性买齐所需产品;而现代的便利店,如 7-Eleven,则注重快速、便捷的服务,满足消费者日常所需。

零售业态的发展是一个不断演进的过程,它受到社会经济发展、科技进步、消费者需求变化等多方面因素的影响。

1. 传统零售业的转型

随着互联网的普及和电商的崛起,传统零售业面临着巨大的挑战。为了应对这一挑战,许多传统零售企业开始寻求转型之路。例如,苏宁电器通过线上线下融合的方式,将实体店与电商平台相结合,提供更便捷的购物体验;同时,通过引入新技术和改善服务方式,提升消费者的购物满意度。

2. 新业态的涌现

近年来,随着消费者需求的多样化和个性化,新的零售业态不断涌现。除了无人零售,社区团购、直播带货等新型零售模式也受到了消费者的热烈追捧。例如,拼多多通过社交电商的模式,将消费者与亲朋好友连接在一起,形成团购的效应,降低了商品价格;而直播带货则通过网红、明星等的影响力,吸引大量粉丝观看并购买商品。

3. 线上线下融合

线上线下融合成为零售业发展的重要趋势。许多传统零售企业纷纷布局线上渠道,同时线上企业也开始向线下拓展。例如,阿里巴巴通过开设盒马鲜生等线下实体店,将线上平台与线下实体店相结合,提供更丰富的商品和服务;而京东则通过物流体系的不断完善,实现线上订单的快速配送。

> **专业小知识**

中华人民共和国国家标准——《零售业态分类》

2021年3月9日,《零售业态分类》(GB/T 18106—2021)发布,自2021年10月1日起施行。该标准将零售业态定义为:"为满足不同的消费需求,商品零售经营者对相应要素进行组合而形成的不同经营形态。"

依据该标准,零售业态可以根据其经营方式、商品结构、服务功能,以及选址、商圈、规模、店堂设施、目标顾客和有无固定营业场所等零售店铺的结构特点进行分类。零售业态从总体上可以分为有店铺零售业态和无店铺零售业态两类。

(1)有店铺零售,指有相对固定的进行商品陈列、展示和销售的场所和设施,并且消费者的购买行为主要在这一场所内完成的零售活动。具体包括便利店、超市、折扣店、仓储会员店、百货店、购物中心、专业店、品牌专卖店、集合店和无人值守商店等10种零售业态。

(2)无店铺零售,指通过互联网、电视/广播、邮寄、无人售货设备、流动售货车或直销等,将自营或合作经营的商品通过物流配送、消费者自提或面对面销售等方式送达消费者的零售活动。具体包括网络零售、电视/广播零售、邮寄零售、无人售货设备零售、直销、电话零售和流动货摊零售等7种零售业态。

(资料来源:《零售业态分类》(GB/T 18106—2021))

二、零售业态的分类

零售业态的分类方式多种多样,从不同的角度可以划分出不同的业态类型。

(一)按经营形式分类

百货商店:在一个大型建筑物内,根据不同商品部门设立销售区,开展进货、管理、运营,满足顾客对时尚商品多样化选择的需求。百货商店通常拥有豪华的商店设施和典雅的店堂环境,提供一站式的购物体验。如广州的广百百货、上海的第一百货,拥有广泛的商品种类,满足消费者多元化的购物需求。

超级市场:采取自选销售方式,以销售食品(包含生鲜食品、副食品)和生活用品为主,满足顾客每日的零售需求。超级市场通常拥有较大的营业面积和丰富的商品种类,为消费者提供了一站式的购物环境。如沃尔玛、家乐福等,采用开架式销售,提供大量日常生活用品,通过自助服务和统一结算提高效率。

专业店：以经营某一大类商品为主，并具备有丰富专业知识的销售人员和提供适当售后服务的零售业态。这类商店的选址通常多样化，多数设在繁华商业区、商店街或百货店、购物中心内。它们具有专业性、深度性、品种丰富的特点，主营商品占经营商品的 90% 以上，并且经营的商品、品牌具有自己的特色。如乐器行，就是专门销售乐器及相关配件的专业店，店内商品涵盖了钢琴、吉他、小提琴、萨克斯等多种乐器，以及琴弦、乐谱、调音器等配件。

专卖店：指专门销售某一品牌或某一类商品的零售店，通常由品牌公司自行经营或授权给特定的经销商或代理商。专卖店更注重品牌形象和文化的展示，它们通常提供独家的产品，商品多样性较小，但质量和服务通常较为稳定和优质。专卖店的产品售价相对于专业店来说可能会稍高一些，因为专卖店产品是由品牌官方直接授权销售的，具有品牌的统一定价，并且注重品质、服务、售后等方面。如华为专卖店，专注于华为品牌的商品销售，提供专业化的服务和体验。

便利店：以满足消费者便利性需求为目的的零售业态，主要提供便利商品和便利服务。便利店的商品价格通常稍高于超市，但其地理位置便利，营业时间灵活，满足了消费者随时随地的购物需求。如全家便利店，位于商业区或居民区，提供 24 小时服务，能满足消费者的即时需求。

按照经营形式，零售业态的主要类型及特点如表 1-1 所示。

表 1-1 零售业态的主要类型及特点

项目	百货商店	超级市场	便利店	专卖店	专业店
目标消费者	女性为主	家庭主妇	上班族、社区居民	追求品牌、时尚的青少年和中高收入者	中高档消费者和追求时尚的年轻人
选址	市中心或近郊的购物中心	住宅区或近郊	住宅区、干道旁	商业中心、高档社区	商业中心、商业街或购物中心内
规模	≥5000 平方米	大型：2500 平方米及以上 中型：400～2500 平方米 小型：120～400 平方米	约 100 平方米	普通专卖店：25～35 平方米 品牌专卖店：60～100 平方米 高端专卖店：200～400 平方米	不定
商品类型	综合	食品、日用品	日常必需品	某一主要品牌商品	专业商品
价格	由廉价到高价	低价	中等，高于超市	较高	一般或较高

续表

项目	百货商店	超级市场	便利店	专卖店	专业店
环境设施	豪华	简单	简单	别具一格	雅致豪华，个别简陋
附加服务	提供消费建议，送货上门	很少	代收公共费用，代加工食品	提供专业知识性服务	专业指导购买
特色	明码标价，可退换货	自我服务，连锁经营	服务时间长，多为特许经营	销售体量小、质优和高毛利	专业化经营

知识拓展

即时零售与即时需求

2023年中央一号文件首次提及即时零售。文件指出，加快发展现代乡村服务业，全面推进县域商业体系建设，大力发展共同配送、即时零售等新模式。即时零售是指通过即时物流履约能力，连接本地零售供给，满足消费者即时需求的新型零售业态。其三个核心要素是即时需求、本地供给和即时履约。即时零售填补了线上线下融合的"真空地带"。本地化是即时零售的显著特征，实现交易流程线上化、履约配送便利化，提升本地供给能力，拓展消费者需求。即时零售依托即时配送，最终达到"万物皆可外卖"。

拓展阅读：
2023年中央一号文件

即时零售目前主要分为两种模式：自营模式和平台模式。自营模式，指零售企业从品牌商或供应商处采购货品，自建门店或仓库，建立自营线上平台，负责商品的全链路管理，收入主要来自商品差价，代表性企业有盒马鲜生、叮咚买菜、朴朴超市等；平台模式，指平台联手线下门店，由平台骑手将门店商品配送到消费者手中，收入主要来自平台服务费，代表性企业有美团、京东到家、饿了么等。

拓展阅读：
2024年中央一号文件

根据《即时零售行业发展报告（2023）》课题组测算，我国即时零售市场规模已从2017年的365.71亿元增长到2022年的5042.86亿元，预计2026年将达到25082.65亿元。

即时零售行业主要商业模式比较如图1-3所示。

思考：
即时零售先从哪类产品开始？你知道哪些即时零售品牌？

	平台模式	自营模式	
		垂直自营模式	传统商超自营模式
商业模式	互联网平台对接线下商家和消费者，多数提供即时配送能力，也支持商家	深耕生鲜果蔬、鲜花蛋糕、医药健康、酒水饮料等品类中一个产品领域，平台内商品一般为自营，负责整个进货、销货、配送环节	大型商超或零售门店通过自营APP或微信小程序，为消费者提供送货到家服务，平台一般负责整个进货、销货、配送环节
优势	1.运营模式较轻，商家入驻后可将商品搬到线上门店，通过平台流量对接消费者需求，多方联动性强，容易形成规模效应； 2.商家类型较多，可满足消费者在蔬菜水果、家居日用、医药健康、鲜花绿植等多品类即时消费需求； 3.消费者选择更广，用户习惯培养更快	1.更关注细分领域，可精准挖掘客户需求； 2.自营产品易把控商品质量和拣货速度	1.上线自营到家业务的零售商一般在行业内排名位居前列，拥有自己的核心用户，具有品牌优势； 2.实体门店可以同时承担仓储功能
不足	难以把控商品质量和拣货速度	供应链、仓储投入较大；可提供的即时配送到家服务的商品品类相对较少；覆盖范围相对平台模式来说较小	受到网点布局限制，消费者选择范围相对较窄，最后一公里配送成本较高
代表企业	京东到家	美团买菜	永辉生活

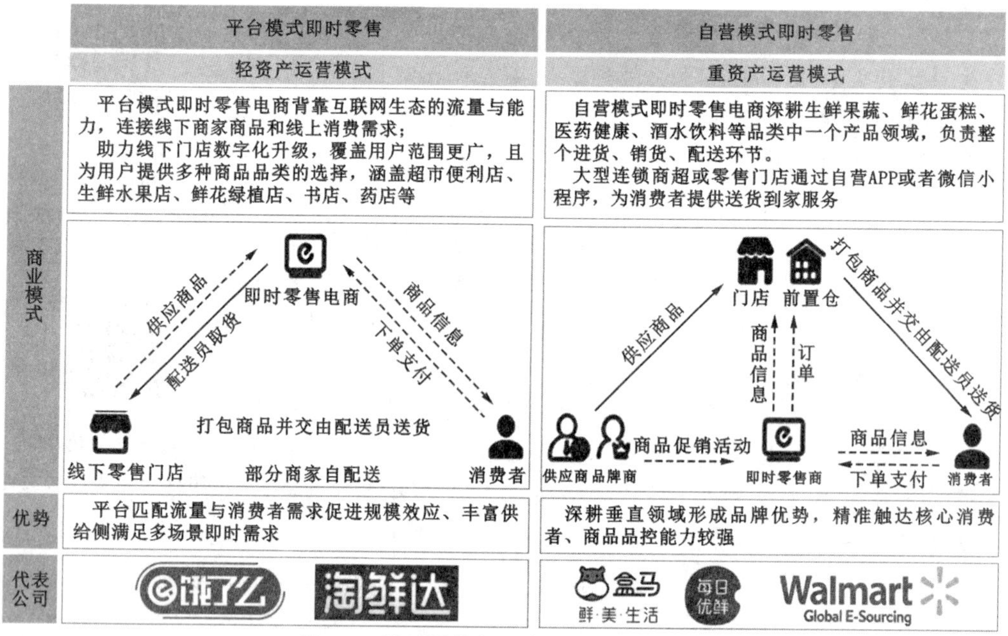

	平台模式即时零售	自营模式即时零售
	轻资产运营模式	重资产运营模式
商业模式	平台模式即时零售电商背靠互联网生态的流量与能力，连接线下商家商品和线上消费需求；助力线下门店数字化升级，覆盖用户范围更广，且为用户提供多种商品品类的选择，涵盖超市便利店、生鲜水果店、鲜花绿植店、书店、药店等	自营模式即时零售电商深耕生鲜果蔬、鲜花蛋糕、医药健康、酒水饮料等品类中一个产品领域，负责整个进货、销货、配送环节。大型连锁商超或零售门店通过自营APP或者微信小程序，为消费者提供送货到家服务
优势	平台匹配流量与消费者需求促进规模效应、丰富供给侧满足多场景即时需求	深耕垂直领域形成品牌优势，精准触达核心消费者、商品品控能力较强
代表公司	饿了么 淘鲜达	盒马鲜生 每日优鲜 Walmart Global E-Sourcing

图 1-3 即时零售行业主要商业模式比较

（来源：艾瑞咨询研究院）

（二）按商品结构分类

食品零售店：如大润发、胖东来等超市，以食品销售为主，满足消费者的日常饮食需求。

服装零售店：如美特斯·邦威、真维斯等，专注于时尚服装的销售，定期更新款式，吸引年轻消费者。

(三) 按服务方式分类

无店铺零售：是指不通过实体店铺进行商品销售的一种零售方式。它主要依赖于电子商务平台进行交易，消费者可以在网上浏览和选择商品，然后商家通过物流配送将商品送达消费者手中。这种零售方式消除了实体店铺的限制，使消费者可以随时随地购物，节省了时间和精力。同时，无店铺零售也提供了更多的商品选择，消费者可以通过搜索引擎和筛选功能快速找到自己需要的商品，而不受实体店铺库存和陈列的限制。此外，无店铺零售还降低了商家的租金和人力成本，提高了经营效率。

无人零售：是基于智能技术实现的一种新型零售服务。它通过自助服务或自动结算的方式，减少了对导购员和收银员的依赖，降低了人力成本，提高了管理效率。无人零售的具体形态多种多样，包括无人便利店、智能贩售机、无人货架等。这些店铺通常配备了智能识别、自动支付和数据分析等技术，使消费者能够自主完成购物过程，享受到更加便捷和高效的购物体验。同时，无人零售还可以收集消费者的购物数据，进行精准分析和个性化推荐，进一步提升消费者的购物满意度。

此外，还有一些特殊类型的零售业态，如仓储式会员制商店。仓储式会员制商店是指采用会员制的仓储式商店，通常具有较大的营业面积和较低的商品价格，消费者需要成为会员才能享受购物服务。

仓储式会员制商店：山姆会员商店

山姆会员商店是沃尔玛旗下的高端会员制商店，其名字来源于零售界的传奇人物——沃尔玛创始人山姆·沃尔顿先生。自1983年4月首家商店在美国俄克拉荷马州的米德韦斯特城开业以来，山姆会员商店已经走过了超过40年的历程，如今在全球拥有800多家门店，为超过5000万的个人与商业会员提供优质的购物体验（见图1-4）。

图1-4　山姆会员商店

在中国，山姆会员商店的发展也相当迅速。1996年8月12日，第一家山姆会员商店在深圳落户，截至2024年6月已在中国开设了接近50家门店，遍布北京、上海、深圳、广州、苏州、杭州、武汉等多个城市。

山姆会员商店的经营特色鲜明。它实行会员制，只对会员开放，会员需缴纳一定的年费以享受店内提供的优质商品和服务。店内商品种类丰富，涵盖食品、日用品、家电、服装等多个领域，且多为高品质、高性价比的商品。同时，山姆会员商店还提供一系列会员服务，如免费停车、免费试吃、专业咨询等，以提升会员的购物体验。

在供应链和采购方面，山姆会员商店有着一套复杂、庞大的供应商筛选制度，全部商品由沃尔玛全球采办有限公司代为采购，以"优质优价"为目标，保证商品的品质和价格优势。此外，山姆会员商店以大包装、低利润的经营方式，通过降低仓储成本，为消费者提供物美价廉的产品。

除了实体店面，山姆会员商店还开发了在线购物平台和移动端APP"山姆会员商店"，并通过与京东等电商平台的合作，为会员提供更多网上购买渠道。此外，山姆会员商店还提供了超过4500个SKU，尽量减少用户挑选所花的时间与精力，同时提供了足够的会员休息娱乐场所，如咖啡厅、亲子游乐园等。

在售后服务方面，山姆会员商店提供15天内未破坏包装的退换货服务，对于长期不活跃的会员，会主动退还其会员费。

山姆会员商店凭借其独特的经营模式、优质的商品和服务以及强大的供应链和采购体系，赢得了广大消费者的信赖和喜爱，成为仓储式会员制商店的佼佼者。

（资料来源：山姆会员商店）

三、零售业的发展变革

零售业是流通产业中的重要产业之一，承担着把商品从生产领域转入消费领域的重要任务，为社会提供大量的就业岗位，也是国家税收的主要来源，肩负着保障人民生活稳定、安居乐业以及社会稳定的重要职责，对国民经济发展起着重要作用。

微课：零售业的四次变革

（一）零售业第一次变革：百货商店的诞生

世界上第一家百货商店是乐蓬马歇（Le Bon Marché），由法国商人布西科于1852年在巴黎建立（见图1-5）。这家百货商店打破了之前零售业态以单一品类专营为主的状况，实现了多品类综合运营的局面，其经营的商品几乎无所不包，包括日常用品、食品等，力求满足所有人的所有需要。乐蓬马歇的诞生标志着百货商场的兴起，并开启了百货业的跌宕发展之路。

该阶段零售业的特点表现为：商店规模大、营业面积大、经营商品多；商品开始明码标价，改变了传统小商业"要价、还价"的不规范行为，提高了零售业的管理水平。此外，百货商店改变了管理方式，在同一商店内分设多个独立的商品部，实施部门化、职能化、专业化的管理，服务内容增加、质量提高。

图 1-5　第一家百货商店：乐蓬马歇

（二）零售业第二次变革：连锁经营的出现

世界上第一家连锁经营的企业是大西洋和太平洋茶叶公司（the Great Atlantic and Pacific Tea Company，见图 1-6）。该公司 1859 年在美国纽约市开设了两家茶叶店，这是世界上最早的直营连锁经营组织，开启了连锁经营的发展历程。

图 1-6　大西洋和太平洋茶叶公司

此后，连锁经营模式逐渐在全球范围内得到推广和应用，成为现代商业领域的一种重要组织形式。连锁经营通过将经营同类商品或服务的若干个店铺以一定的形式组合成一个联合体，在整体规划下进行专业化分工，并在分工的基础上实施集中化管理，使复杂的商业活动简单化，以获取规模效益，缓解供需矛盾。

该阶段零售业的特点表现为：零售业的经营方式得以改变，通过标准化治理、专业化分工、集中化进货、简单化作业，连锁经营大大提高了零售业的运营效率，实现了规模效益。

 专业小知识

连锁经营的特点

连锁经营是指经营同类商品或服务的若干个企业（或企业分支机构），以一定的纽带和形式组成一个联合体，在整体规划下进行专业化分工，并在分工

和商圈保护的基础上实施集中化管理,把独立的经营活动组合成整体的规模经营,从而实现规模效益。其特点体现在以下几个方面:

(1) 连锁经营通过六个统一(统一店名店貌,统一广告、信息,统一进货,统一核算,统一库存和统一管理)把分散的经营主体组织起来,具有规模优势。

(2) 连锁经营通过建立统一的配送中心,从而节省流通费用,降低成本,价格能低于同类商店2%~5%。

(3) 连锁经营更容易产生定向消费信任或依赖。

(4) 通过统一管理、统一进货渠道、直接定向供应等方式,消费者在商品质量方面可以得到更好的保障。

(三)零售业第三次变革:超级市场的建立

世界上第一家超级市场是金·库仑(King Kullen)(见图1-7),于1930年在美国纽约开业。该超市由美国人迈克尔·库仑创立,他根据几十年的食品经营经验,精确地设计了低价策略,平均毛利率只有9%,远低于当时美国一般商店25%~40%的毛利率。金·库仑联合商店首创了自助式销售方式,采取一次性集中结算,极大地提升了顾客体验。此后,超级市场这种零售组织形式逐渐从美国传到了日本和欧洲,并在全球范围内普及,成为主要的零售业态之一。

图1-7 第一家超级市场:金·库仑

该阶段零售业的特点表现为:开架售货、自选购物方式逐渐流行;通过采用商品汇集、关联性商品陈列和统一结算等方式,大大节省了消费者的购物时间;整洁明亮、宽敞有序、宽松舒适的购物环境普及;开架自选促进了商品包装的变革。

(四)零售业第四次变革:无店铺零售的发展

无店铺零售(non-store retailing)又称为"无固定地点的批发和零售行为"。无店铺零售的历史起源虽早,但直到20世纪70年代,借助信息技术的推动,它才在更广阔的空间取得了长足的发展。这一时期,无店铺零售主要在美国等发达国家兴起,随后逐渐扩展到全球范围。

20世纪90年代后期,随着互联网技术的快速发展,电子商务开始兴起,无店铺零售得到了迅速发展。网上购物、电视购物等无店铺零售方式逐渐成为人们日常生活中不可或缺的一部分。进入21世纪,随着大数据、人工智能等技术的快速发展,无店铺零售继续受到技术创新的推动,进一步优化购物体验,提升交易效率。

该阶段零售业的特点表现为:通过非店铺的方式向消费者提供商品和服务,突破了时间和空间的限制,让消费者更加灵活地购买商品;无店铺销售省去了传统零售店面的租金、装修、库存等费用，降低了经营成本，商品具有一定的价格优势；高度依赖现代信息技术的支持，交易过程更加高效、便捷。

《2024中国零售业发展报告》

2024年4月19日，全球领先的消费者研究与零售监测公司尼尔森IQ发布了《2024中国零售业发展报告》。该报告显示，中国零售市场从消费升级模式逐步过渡到性价比导向的新时代，消费升级与降级并存，消费者的多样化需求带来结构性增长机会，性价比和高价值成为当前零售市场的核心竞争力。

尼尔森IQ零售商客户成功部门负责人王伶表示，目前中国线下快消品市场的价格策略仍是以品类性能提升驱动价格增长为主，整体消费升级和降级的比例约为6∶4，下沉消费市场的崛起是支撑消费升级的重要力量；而从价格段看，高、低端均向主流价格带靠拢，在口红效应下，相对廉价的大众快消品仍然保留着消费升级的潜力，企业需要关注消费者对产品性能和价格的平衡需求。

尼尔森IQ发布的《2024中国消费者展望》显示，2024年中国消费者对健康、自我及家庭幸福的关注度升至首位，并计划在教育、国内旅游和生活必需品等方面增加支出，65%的受访者对未来财务状况持乐观态度，高于亚太地区54%的水平。

（资料来源：中国经济新闻网，2024-04-22）

综上，零售业态发展历程如表1-2所示。

表1-2 零售业态发展历程

序号	零售业态	时间	国家	代表事件
1	百货商店	1852年	法国	乐蓬马歇百货商店成立
2	连锁商店	1859年	美国	大西洋和太平洋茶叶公司开始连锁经营
3	超级市场	1930年	美国	金·库仑超市成立
4	购物中心	1931年	美国	Highland Park Shopping Village是第一个经规划的购物中心
5	便利店	1946年	美国	7-Eleven便利店（创立于1927年，在1946年更名为7-Eleven）
6	大卖场	1959年	法国	家乐福成立
7	仓储店	1964年	德国	麦德龙会员制仓储店成立
8	网络零售	1995年	美国	第一家在线购物网站eBay成立

四、零售业态发展趋势

零售业态的发展是一个动态且多元的过程,传统的零售通常依赖于实体店铺,但随着消费者需求、技术、市场竞争以及经济环境的变化,零售业态也在不断演变。

(一)多样化与专业化

随着消费者需求日益多样化和个性化,从传统的百货商店、超市,到后来的专业店、专卖店,再到现在的无人店铺、网络零售等,零售业态越来越丰富多样,不断地细分和专业化。这些多样化的业态能够更好地满足消费者的个性化需求,提升购物体验。

零售发展新模式

1. 无人零售店模式

无人零售店模式是利用物联网、人工智能和自动化技术,实现自助购物和支付的新型零售模式。顾客可以通过手机扫描二维码、人脸识别或感应器等方式进入店铺,自主选购商品并使用移动支付完成交易。如盒马鲜生无人门店,利用智能摄像头和传感器监测商品的拿取和放回,消费者可以通过手机APP下单并完成支付。

2. 社交电商模式

社交电商融合了社交媒体和电商平台,通过社交渠道进行商品推荐、购物分享和销售。用户可以在社交媒体上浏览商品、了解商品信息,并通过社交分享和口碑传播促成购买行为。如拼多多,通过用户之间的拼团购买、分享低价商品等方式,迅速获得了庞大的用户群体。

3. O2O(Online to Offline)模式

O2O模式是通过线上渠道引导消费者到线下实体店铺进行购物和体验的模式。消费者可以通过线上平台浏览商品、比较价格、下单支付等,然后选择线下门店自提或享受服务。O2O模式有效地将线上和线下渠道融合,打破了传统渠道的壁垒,增加了线下门店的流量和销售。例如美团,用户可以通过美团APP预订餐厅、外卖、电影票等,并在线上支付。

4. "互联网+"模式

"互联网+"模式是指将互联网技术与传统零售业有机结合,实现线上线下的融合。如京东,线下门店提供自助购物、家电维修等服务,消费者可以在门店内选购商品,也可以通过手机APP下单,线下取货或者配送到家;京东的线上平台则提供全品类的商品和服务,消费者可以通过手机APP或者网站下单,线下取货或者配送到家。

5. 私域零售模式

私域零售模式是指零售企业或品牌通过建立自己的私有化平台和生态系统，与消费者建立直接联系和互动，实现个性化营销的新型零售模式。它与传统的线上平台和线下门店相比，更加注重与消费者的互动和关系建立，强调个性化服务和精细化运营。

（二）数字化转型与智能化升级

随着人工智能、大数据、云计算等技术的不断发展和应用，零售业的数字化转型和智能化升级将加速推进。智能化零售应用将逐渐普及，如智能推荐系统、智能库存管理、智能支付、生成式 AI 创建营销内容等，在提升消费者购物体验的同时，也能提高零售企业的效率和经营管理水平。

案例分享

星巴克数字化转型与零售业态创新

星巴克作为全球知名的咖啡连锁品牌，近年来在零售业态创新方面取得了显著成果。其中，数字化转型是星巴克实现零售业态创新的重要手段之一。

1. 数字化转型策略

移动支付与会员体系：星巴克推出了自己的移动支付应用软件，并与会员体系相结合。消费者可以通过手机轻松完成订单支付，并享受会员积分、优惠券等福利。这种数字化的支付方式不仅提高了支付效率，还提高了消费者的品牌忠诚度。

数据驱动的个性化营销：星巴克通过收集和分析消费者的购物数据，实现了精准营销和个性化推荐。例如，根据消费者的购买记录和偏好，星巴克可以推送定制化的优惠券和新品推荐，提高销售转化率和客户满意度。

2. 零售业态创新实践

线上线下融合：星巴克在实体店面布局的基础上，积极拓展线上渠道。通过官方网站、手机应用软件和第三方电商平台，星巴克为消费者提供了便捷的在线购物和配送服务。同时，实体店面也进行了升级改造，提供更加舒适和智能化的购物环境，实现了线上线下的无缝衔接。

社区化运营：星巴克注重与消费者的互动和沟通，通过举办各类社区活动、开设咖啡课程等方式，增强消费者的参与感和归属感。这种社区化的运营方式不仅吸引了更多消费者，还提升了品牌影响力和口碑。

3. 成果与影响

通过数字化转型和零售业态创新，星巴克取得了显著的成果。移动支付和会员体系的推出，使得星巴克的支付效率大幅提升，客户黏性显著增强；数据驱动的个性化营销，使得营销效果更加精准和高效；线上线下融合和社区化运营,则进一步提升了消费者的购物体验和品牌忠诚度。这些创新举措不仅为星巴克带来了更高的销售业绩,还为整个零售行业提供了有益的借鉴和启示。

(三)体验与服务的升级

随着消费者对购物体验和服务的要求越来越高,零售业态也在不断提升自身的体验和服务水平。这包括优化店面设计、改善商品陈列效果、提供个性化的购物建议、加强售后服务等。通过这些措施,零售业态能够更好地吸引和留住消费者,提升品牌价值和市场竞争力。

(四)社区零售与社交零售兴起

随着城市化进程的加速和社区经济的发展,以消费者为核心、服务半径为3千米左右的社区商圈显露出旺盛的发展势头,零售企业将更加注重与社区的联系和互动,通过提供定制化、个性化的商品和服务,满足社区居民的多样化需求。同时,通过社交媒体和直播平台,零售商可以与消费者建立更紧密的联系,实现精准营销和个性化服务。

(五)融合与跨界发展

随着零售市场的竞争加剧,不同业态之间的融合和跨界发展也成为一种趋势。线上线下将进一步融合,为消费者提供无缝的全渠道购物体验。消费者在实体店试用产品后在线下单,或者在线上浏览比较后选择线下提货或享受快速配送;同时,线上线下的价格与服务也将趋向统一,确保消费者无论在哪个渠道购物都能获得一致且优质的购物体验。此外,零售业态还与其他行业进行跨界合作,如与餐饮、娱乐、旅游等行业的融合,为消费者提供更为丰富的购物和娱乐体验。

总的来说,零售业态的未来发展趋势将更加注重消费者体验、数字化转型和智能化升级、环保和可持续发展以及多元化和个性化服务等方面。这些趋势将推动零售业不断创新和发展,为消费者带来更加便捷、高效、优质和个性化的购物体验。

 **行业聚焦**

近年国家层面与零售相关的政策

1.《质量强国建设纲要》(2023年2月)

背景:互联网及物流迅速发展,线上购物成为主流趋势。

内容:促进网络购物、移动支付等新模式规范有序发展,鼓励超市、电商平台等零售业态多元化融合发展。

影响:推动零售行业线上线下深度融合,提升消费者购物体验。

2.《关于支持建设现代商贸流通体系试点城市的通知》(2024年4月)

背景：零售行业面临全球化、数字化变革的挑战和机遇；消费者需求日益多样化和个性化。

内容：支持传统批发零售企业数字化转型，整合线上线下营销网络，发展集中采购、统仓统配、即时零售等，向社区和村镇延伸服务。

影响：提升整体竞争力和服务水平，满足消费者多样化需求，促进整体经济的转型升级，创造更多就业机会。

3.《国务院关于促进服务消费高质量发展的意见》(2024年8月)

背景：随着消费结构升级和技术进步，实体零售面临转型升级的迫切需求。

内容：加快生活服务数字化赋能，构建智慧商圈、智慧街区、智慧门店等消费新场景，发展"互联网＋"医疗服务、数字教育等新模式，加快无人零售店、自提柜、云柜等新业态布局，支持电子竞技、社交电商、直播电商等发展。

影响：促进实体零售向数字化、智能化转型，提高供给能力和效率。

第二节 零售与新零售

零售是商业活动的重要组成部分，它不仅是一个简单的商品交易过程，涉及将商品和服务直接销售给最终消费者，更是一个与消费者建立情感联系的过程。零售活动在满足消费者的需求、促进经济增长、提供便利性和服务、推动市场竞争和创新、塑造品牌形象和价值观等方面发挥了重要作用，并作为社会经济发展的晴雨表，对预测和评估未来经济走向具有重要的参考价值。

一、零售的内涵

（一）零售的概念和特点

零售是指将商品或服务以较小的数量、较高的频率直接销售给最终消费者的商业活动。它是商品流通的最后一个环节，也是连接生产商、批发商和消费者的重要桥梁。

零售的特点主要体现在以下几个方面：

（1）零售具有直接性。零售活动直接将商品或服务提供给最终消费者，没有中间环节。这意味着零售商需要直接面对消费者的需求和反馈，对市场的变化要有敏锐的洞察力。

（2）零售形态具有多样性。从传统的实体店到现代的网店、无人店等，零售业态不断发展和创新，以满足不同消费者的需求。这种多样性不仅体现为销售渠道的多样化，还包括商品种类、价格、服务等多个方面的差异。

（3）零售交易通常是小额交易。相对于批发业务，零售交易规模较小，但交易频率高。这要求零售商在商品管理、库存控制、服务质量等方面具备高效和灵活的能力。

（4）零售具有服务性强的特点。除了提供商品，零售商还需要提供一系列附加服务，如咨询、售后等。这些服务对于提高消费者满意度和忠诚度至关重要。

（5）零售业务受地域影响较大。不同地区的消费者需求和消费习惯可能存在差异，因此零售商需要根据当地市场情况进行调整和优化。

云栖大会提出"新零售"

云栖大会的前身可追溯到 2009 年的地方网站峰会，2011 年演变成阿里云开发者大会，2015 年正式更名为云栖大会，并且永久落户杭州市西湖区云栖小镇。云栖大会以引领计算技术创新为宗旨，承载着计算技术的新思想、新实践、新突破。

2016 年 10 月 13 日，在云栖大会上，阿里巴巴董事局主席在演讲时提出"新零售、新制造、新金融、新技术、新能源"5 个未来社会发展的新趋势，并指出"今天电子商务发展起来了，纯电商的时代很快就会结束。未来的十年、二十年，没有电子商务这一说，只有新零售"。其核心是通过现代物流将线上服务与线下体验深度融合。"新"只是体现在思维和手段上，并没有从真正意义上改变零售的本质。

（二）零售的相关理论

1. 零售轮转理论（the wheel of retailing theory）

零售轮转理论又被称为零售车轮理论或零售之轮理论，该理论由美国哈佛大学商学院的零售专家 M. 麦克尔教授提出，他将零售组织变革的周期性发展趋势描述为一个旋转的车轮。

该理论认为，零售组织成立之初都愿意采取低成本、低毛利、低价格的经营策略；采取这种经营策略的新零售组织取得成功后，就会吸引其他竞争者效仿，导致市场竞争加剧。为了在竞争中脱颖而出，这些零售组织不得不寻求价格以外的竞争优势，如附加服务、改善购物环境等。这些额外的投入使得零售组织的成本增加，进而转化为高成本、高毛利、高价格的经营策略。但是，这种转变也为新的低成本、低毛利、低价格的零售组织提供了发展空间，于是零售之轮继续转动（见图 1-8）。超级市场、折扣商店、仓储式商店都是利用这一规律发展起来的。

沃尔玛是全球较大的零售企业之一，它是零售业成本领先战略彻底的实施者，也是零售轮转理论应用的典范。沃尔玛在创立之初，就采取了低成本、低毛利、低价格的经营策略，通过优化供应链管理、提高物流效率等方式降低成本，从而为消费者提供更低的价格。这种策略使得沃尔玛在市场上迅速崛起，吸引了大量消费者。

随着沃尔玛的成功，其他竞争者开始模仿其经营策略，加剧了市场竞争。为了保持竞争优势，沃尔玛开始增加线上购物配送、会员优惠折扣、定制化服务、改善店内环境

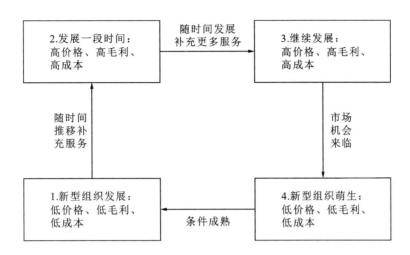

图 1-8　零售轮转理论

等增值内容，提高消费者的购物体验。这些额外的投入使得沃尔玛的成本增加，但其品牌影响力和消费者忠诚度也得到了提升。

2. 零售生命周期理论（retail life cycle theory）

零售生命周期理论是一种解释零售业态随时间变化的理论，它认为零售机构像它们所销售的商品和服务一样，也存在明显的进入、成长、成熟和衰退的生命周期阶段。

进入期：在这个阶段，新的零售业态刚刚出现，其经营特点还未被消费者和业内充分理解。新业态的开发成本、店铺投资费用较高，因此市场占有率很低，往往难以获得利润。

成长期：随着新业态逐渐被消费者接受，市场占有率开始迅速提高。此时，新业态的特点也得到了业内的理解，模仿者开始增加，导致新业态与现存业态之间的竞争日益激烈。然而，先进入者往往能迅速扩张，利润率上升。

成熟期：在这一阶段，业界主要企业的市场占有率开始出现波动，销售额仍然很大但利润率开始下降。新业态的特征逐渐丧失，为另一种新业态的产生提供了重要的契机。此时，业界主要以差别优势进行竞争，市场趋于稳定。

衰退期：由于消费者购买行为的变化和新业态的出现，市场明显萎缩，整个行业地位都在下降，最终可能退出市场。

零售生命周期理论和零售轮转理论的综合作用如图 1-9 所示。

以星巴克为例，其最初在美国西雅图只是一个开在鱼市旁边的咖啡店，以提供高质量的咖啡和独特的咖啡文化体验为主，通过不断试错和创新来寻找定位和市场切入点；随着消费者对高品质咖啡和咖啡文化的追求逐渐升温，星巴克进入快速成长期，通过不断扩张门店、优化产品组合、提高服务质量等方式，市场占有率迅速提升；进入成熟期后，星巴克为了提升品牌形象和消费者忠诚度，通过推出会员制度、积分兑换、新品上市等策略不断巩固其市场地位。

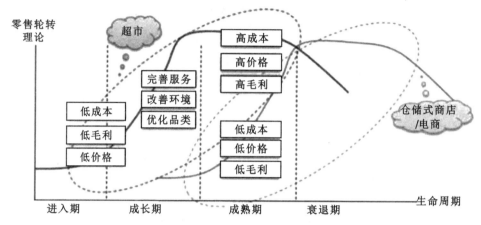

图 1-9　零售生命周期理论和零售轮转理论的综合作用

3. 手风琴理论（accordion theory）

手风琴理论于 1963 年提出，也被称为零售手风琴理论或综合—专业—综合循环理论，是一种关于零售商演变的周期性理论。该理论以商品组合宽度作为零售业态划分的依据，用拉手风琴时风囊的宽窄变化来形容零售组织变化的产品线特征。

具体来说，手风琴理论描述了零售组织经营范围从综合化向专业化再向综合化方向的循环发展。在某一阶段，零售企业可能提供广泛的商品种类（即宽的产品线），以满足消费者多样化的需求。然而，随着时间的推移，为了更深入地满足特定消费者的需求，零售企业可能会逐渐缩小其产品线，专注于某一类商品（即窄的产品线）。接着，随着市场变化和消费者需求的新一轮转变，零售企业可能会再次扩大其产品线，回归综合化经营（见图 1-10）。

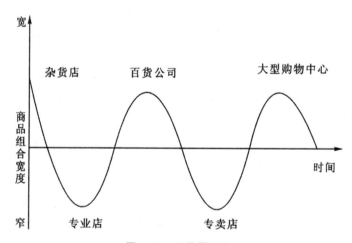

图 1-10　手风琴理论

以亚马逊为例，其在发展初期只是一家在线书店，但是很快就扩展了生产线，开始销售各种商品，包括电子产品、家居用品、服饰等。这一阶段的亚马逊是一个综合零售商，提供广泛的商品选择，满足消费者多样化的需求。随着业务发展，亚马逊进入专业化领域，推出专门的电子产品销售平台（提供 Kindle 电子书阅读器和 Amazon Echo 智能音箱等产品），针对特定消费群体的 Prime 会员服务，专注于提供快速配送、流媒体内容等优质服务，这些专业化策略使亚马逊在特定领域取得了显著竞争优势。近年来，亚马逊通过收购全食超市（Whole Foods Market）等实体零售商，再次回归综合化策略，还推出 Amazon Go 等无人便利店，进一步扩张零售业务范围，再次成为一个提供全方位购物体验的零售商。

4. 真空地带理论（vacuum theory）

真空地带理论又称为真空地带假说（vacuum hypothesis），是由丹麦学者尼尔森在 1966 年提出的。该理论主要从消费者偏好的角度出发，探讨零售业态的变迁。如图 1-11 所示，该理论假说把竞争格局分为 A、B、C 三个区域，A 区域为低价格、低服务组合区，B 区域为中价格、中服务组合区，C 区域为高价格、高服务组合区。由于 B 区域位于消费者偏好的中心，A 区域和 C 区域的竞争者都想从 B 区域争取一部分消费者，最后导致 A 区域和 C 区域有一部分区域向 B 区域靠拢，即从点 e' 移至点 e、从点 f 移至点 f'。这样使得 A 区域的左侧和 C 区域的右侧就出现了真空地带（阴影部分），从而为新业态的进入提供了机会。

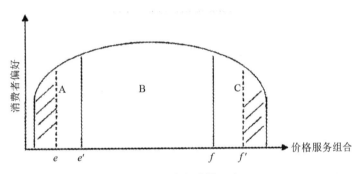

图 1-11 真空地带理论

该理论的核心观点是，零售商店的服务水平与价格水平之间存在正相关的对应关系，即服务水平高，价格水平也高；反之，服务水平低，价格水平也低。在零售市场上，提供中等服务水平和价格水平的业态类型最受欢迎，位于消费者偏好分布的中间；而处于分布两端的低等服务水平和价格水平、高等服务水平和价格水平的业态类型不断向中间靠拢，最终导致两端的业态类型消失，从而产生了真空地带。

例如，国内三四线城市和农村地区的消费者对价格敏感，品牌忠诚度低，对网络零售的需求较高，现有的传统电商没有充分满足他们的需求。在这种情况下，拼多多利用真空地带理论，填补了这一市场空缺。具体来说，拼多多利用微信等社交媒体的流量和便捷的购物体验，通过低价、优惠券、红包等手段，吸引消费者参与拼团购买商品，成功汇集了大量低收入家庭的消费者，成为中国电商市场的一匹黑马。

5. 零售引力法则（the law of retail gravitation）

零售引力法则也被称为雷利零售引力法则，由美国学者威廉·雷利在 1931 年提出。零售引力法则表明，人口数量越多，潜在的消费者数量也就越多，一个城市的零售吸引力与其人口数量成正比；同时，距离越远，消费者前往另一个城市购物的成本也就越高，城市之间的距离会影响它们之间的吸引力。

零售引力法则的应用非常广泛。在零售商业选址过程中，商家可以根据这个法则来选择最具吸引力的位置，以吸引更多的消费者。零售引力法则也可以用来分析市场竞争情况。如果两个城市之间的距离很近，消费者可以更容易地在两个城市之间选择购物地点，那么它们之间的竞争可能会更加激烈。

顾客在选择购物地点时，往往被大型商圈或人口密集的区域所吸引。华润万家在选址时，会优先选择位于大型购物中心、居民区或商业繁华地段的位置，以确保门店能够吸引足够的客流量。在门店布局上，华润万家会在门店内部设置多个商品区域，以满足不同消费者的需求。例如，将生鲜食品区设置在靠近入口的位置，以吸引顾客进入门店；将高利润的商品放置在易于顾客发现和购买的位置，以提高销售额。华润万家还会根据门店所在地的具体情况，调整商品组合和营销策略。例如，在居民区附近的门店增加日常用品和食品类商品的供应量，以满足居民的日常需求；在商业繁华地段的门店增加时尚、高端商品的供应量，以吸引更多年轻消费者。

零售商的社会地位和作用

零售商是指在零售环节将商品或服务直接销售给最终消费者的企业或个人。零售商通常通过实体店铺、电子商务平台或移动应用等渠道，向消费者提供多样化的商品和服务，以满足其日常需求和特定偏好。

零售商的社会地位和作用主要体现在以下几个方面：

（1）商品与服务的提供者。零售商是连接生产者和消费者的桥梁，通过采购、储存、销售等环节，将商品从生产领域传递到消费领域。在这个过程中，零售商为消费者提供了丰富多样的商品和服务，以满足人们的日常生活需求和个性化需求。

（2）市场信息的传递者。零售商处于市场的前沿，直接面对消费者，能够及时了解市场动态和消费者需求的变化。零售商通过销售数据、顾客反馈等渠道，将信息反馈给生产者，帮助生产者更好地了解市场需求，优化产品设计和生产。

（3）市场竞争的促进者。零售商的存在加剧了市场竞争，促使生产者不断提高产品质量、降低生产成本，以更好地满足市场需求。同时，零售商之间也存在竞争关系，这种竞争推动着零售行业的创新和发展，从而为消费者提供更多更好的选择。

（4）经济增长的推动者。零售业是国民经济的重要组成部分，对经济增长具有积极的推动作用。零售商通过销售商品和服务，实现了价值的传递和创造，为经济增长贡献了力量。同时,零售业的发展也带动了相关产业的发展,如物流、金融、广告等,形成了完整的产业链。

(5) 社会就业的吸纳者。零售业是一个劳动密集型产业,提供了大量的就业机会。无论是大型连锁超市还是小型便利店,都需要大量的员工来维持日常运营。因此,零售业在吸纳社会就业、缓解就业压力方面发挥了重要作用。

(6) 消费者权益的维护者。零售商在销售商品和服务时,需要遵守相关法律法规和道德规范,通过提供质量合格的商品、明码标价、提供售后服务等方式,保障消费者的合法权益。

二、传统零售与新零售

(一) 新零售的内涵

新零售是以消费者为中心,围绕消费升级的需求,通过云计算、大数据、物联网、人工智能等先进技术手段,对零售的"人、货、场"要素进行重构,进而重塑业态结构和生态圈,提升用户体验的零售新模式。

《新零售研究报告》

2017年3月,在上海举办的"2017中国电商与零售创新国际峰会"上,阿里研究院发布的《新零售研究报告》首次对新零售的概念和方法论进行了系统化解读。报告中提出,新零售是以消费者体验为中心的数据驱动的泛零售形态。

新零售的诞生主要有三大原因:① 互联网全球普及率超过50%,大数据、云计算、人工智能等技术推动互联网发展进入应用期,全球化进入3.0阶段;② 消费者数字化程度提高,中国消费品部分品类已实现50%以上的线上渗透率;③ 全球实体零售发展放缓,亟待寻找新的增长动力。

新零售主要有三大特征:①"以心为本",更加关注消费者内心需求,实现"以消费者体验为中心",围绕消费者需求,重构"人、货、场";② 零售二重性,基于数理逻辑使企业内部与企业间的流通损耗逼近于"零",最终实现价值链重塑;③ 零售物种大暴发,借助数字技术、物流业、文化娱乐业、餐饮业等多元业态,通过"商品+服务+内容"延伸出零售形态,孵化出多种零售物种,实现"人人可零售"。

新零售的内涵主要体现在以下几个方面：

1. 线上线下融合

新零售将线上与线下销售模式整合为一个完整的销售生态系统，打破了传统零售的界限。实体店不再只是商品的销售场所，也不仅是商品的线下展示场所，而是成为与消费者互动、提供个性化服务的场所；线上平台也不再只是简单的信息展示平台，而是成为与消费者互动、提供便捷购物的平台。

2. 数字化和智能化

新零售注重数字化和智能化的应用，通过大数据分析和人工智能技术，对消费者行为、商品销售、库存管理等进行实时监测和分析，以精准营销和个性化推荐满足消费者需求。智能化的零售设施和系统也不断涌现，如无人超市、智能导购系统等，大大提高了购物便利性和效率。

3. 个性化定制

新零售注重消费者的个性化需求，通过数据分析和智能化技术，实现商品定制、个性化推荐、个性化营销等，提高购物体验和消费者满意度。

4. 多渠道销售

新零售以线上线下融合为核心，通过建立电子商务平台、自有 APP、社交媒体等多个销售渠道，实现全渠道销售和无缝购物体验。

5. 创新的商业模式

新零售通过创新的商业模式，如社交电商、O2O 模式、共享经济等，打破传统零售业的边界，提供更加多样化、灵活化的购物选择。

全球化阶段划分

根据经济学著作《世界是平的》作者托马斯·弗里德曼的观点，全球化可以分为三个阶段：1.0 阶段是国家间的融合，以新大陆的发现和贸易的兴起为标志；2.0 阶段转向公司间的融合，从 19 世纪到 20 世纪，全球贸易以公司为主体展开，市场和劳动力开始全球化配置；3.0 阶段则实现了人的融合，互联网和软硬件的应用跨越国界，使得社会分工更加容易，人们更加平等。

2019 年达沃斯世界经济论坛提出了全球化 4.0 的概念。这一阶段基于人工智能、无人驾驶汽车等领先技术，实现跨国数字和虚拟系统的互联互通以及相关理念和服务的流通。与之前的全球化阶段相比，4.0 阶段更加依赖于数据和算法驱动的决策模式,同时商业模式和人力资源也发生了深刻变化,在全球范围内实现了更深入的融合。

(二)传统零售与新零售对比

传统零售是一种商品或服务通过实体店铺销售给消费者的商业模式。在这种模式下,消费者需要亲自前往销售场所,挑选商品或服务,并在店内完成支付过程。它依赖于实体店面、面对面的顾客服务和传统的营销手段,强调"现金、现货、现场"。传统零售与新零售的相同点如表1-3所示。

表1-3 传统零售与新零售的相同点

比较项目	相同点
商品销售	核心都是商品的销售。两者都致力于将商品或服务提供给消费者,满足他们的需求
消费者服务	都关注消费者服务,努力提供优质的购物体验。无论是传统零售的实体店面,还是新零售的线上线下融合模式,都旨在为消费者提供便利、舒适的购物环境
供应链管理	都需要有效的供应链管理来确保商品的供应和流通,包括与供应商的合作、库存管理、物流配送等方面

新零售是近年来随着科技的发展和消费者需求的升级而兴起的一种新型零售模式。它与传统零售在多个方面存在明显的区别。

1. 经营思维:商品为中心 vs 消费者为中心

传统零售以商品为中心,企业依托真实的线下实体场景向消费者提供商品或服务,通过买卖差价获取利润。新零售更加关注消费者,将原本商品或服务的销售/消费场所变为营销体验的个性化场景,为消费者提供多样化的服务,满足个性化需求,促使消费者做出消费选择,获得服务增值和买卖差价双重利润。

2. 技术应用:主观经验 vs 数据分析

传统零售模式下,企业收集消费者的行为数据较为困难,也无法准确洞察消费者的需求,主要依靠传统的经营数据和自身的经验来推测和判断,结合市场调查结果开展一系列营销推广活动,很难实现企业效益的最大化。新零售模式下,企业积极运用大数据、人工智能、物联网等先进技术来优化零售流程、挖掘消费者需求。例如,通过智能货架和数据分析技术,可以更准确地了解消费者的购物习惯和偏好,构建消费者画像,为消费者提供更个性化、精准化和智能化的推荐和服务。

3. 渠道布局:单一渠道 vs 全渠道

传统零售往往依赖于线下实体店面的销售,运营渠道和消费场景都较为单一。新零售实现了线上线下的无缝衔接,消费者不仅可以通过线上购物平台用"手"购物,还可以用

"嘴"（语音）购物，或者在线上下单后用"脚"到线下门店购买、体验产品和服务，形成了多元化、全渠道的协同模式。这不仅扩大了销售范围，也提高了销售效率。

4. 消费时空：固定 vs 灵活

传统零售模式下，消费者只能在规定时间、固定场所购买商家的在架商品。新零售模式下，消费者可以在任何时间、任何地点，用任何方式购物，还可以选择到店自提、门店配送、无接触配送、快递配送、定期送等多种配送方式。

传统零售与新零售还存在其他方面的区别，如表1-4所示。

表1-4 传统零售与新零售的区别（部分）

比较项目	传统零售	新零售
运营模式	依赖于实体店面进行商品销售，消费者需要亲自到店选购商品	通过线上线下融合的方式，消费者可以在线上浏览、选购商品，线下体验、取货或退换货
消费者体验	相对单一，主要依赖于店面陈列、促销活动等手段吸引消费者	通过大数据分析、人工智能等技术手段，为消费者提供更加精准、个性化的购物推荐和服务。更加注重利用互联网和移动技术，提供更便捷、个性化的购物体验
物流配送	物流配送主要依赖于第三方物流公司，配送效率和准确性相对较低	注重自有物流体系的建设，通过智能仓储、智能配送等技术手段，实现更快速、更准确的配送服务，有助于提升消费者的购物体验，增强品牌竞争力
数据分析	在数据分析方面相对较弱，主要依赖于市场调查、销售数据、库存数据等基本信息进行分析	充分利用大数据分析、人工智能等技术手段，对消费者的购物行为、偏好等数据进行深入挖掘和分析，为商品选品、库存管理、营销策略等提供有力支持

三、传统零售与电子商务

（一）电子商务

电子商务（electronic commerce，简称 EC 或 e-commerce）是指通过电子方式进行的商业活动，这些活动涵盖了从商品和服务的购买、销售到交付的全过程。它主要依赖于互联网和其他电子技术［如电子邮件、移动商务、电子资金转账、在线交易处理、电子数据交换（EDI）、库存管理系统以及自动化数据收集系统等］来完成交易。

电子商务的特点主要体现在以下几个方面：

(1)虚拟性：电子商务的交易活动主要在互联网上进行，交易双方可以通过电子商务平台进行在线交流、协商和交易，无须面对面接触。

(2)全球性：互联网的无国界特性使得电子商务具有全球性的特点。商家可以面向全球消费者进行销售，消费者也能从全球范围内选择商品和服务。

(3)便捷性：电子商务简化了交易流程，使得消费者可以随时随地通过互联网进行购物和支付。同时，商家也能通过电子商务平台快速响应市场需求，提供个性化服务。

(4)低成本：对于商家而言，电子商务降低了租金、库存等成本；对于消费者而言，电子商务提供了更多的价格选择和比较机会。

(5)互动性：电子商务平台提供了丰富的交互功能，如在线客服、用户评价、社区论坛等，使得商家和消费者之间能够实时沟通，提升购物体验。

（二）传统零售与电子商务的联系与区别

电子商务以其便捷性、高效性和低成本等特点，为现代消费者提供了前所未有的购物体验；而传统零售则以其实体店铺、直接互动和即时服务等优势，依然保持着强大的市场吸引力。在快速变化的商业环境中，传统零售与电子商务作为两种不同的商业模式各自扮演着不同的角色，共同推动着商业发展。

传统零售与电子商务的相同点如表 1-5 所示。

表 1-5　传统零售与电子商务的相同点

比较项目	相同点
商业目标	两者都致力于实现盈利和增长，无论是传统零售还是电子商务，其核心目标都是满足消费者的需求，同时实现销售和利润的最大化
商品和服务	无论是通过实体店面还是在线平台，两者都为消费者提供商品和服务，它们都需要管理库存、供应链、物流配送等，以确保商品能够准时送达消费者手中
消费者需求	两者都致力于满足消费者的需求，无论是通过实体店面展示商品，还是通过在线平台提供商品信息，两者都努力为消费者提供他们想要的商品和服务

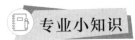

电子商务的类型

(1) B2C（企业与消费者之间）：企业直接向消费者销售产品或服务，例如天猫、京东等。

(2) B2B（企业与企业之间）：企业之间通过互联网进行产品、服务及信息的交换，例如阿里巴巴。

(3) C2C（消费者与消费者之间）：个人通过在线平台进行交易，例如淘宝、闲鱼等。

（4）B2G（企业与政府之间）：企业向政府机构提供产品或服务，例如电子通关、电子报税等。

（5）C2G（消费者与政府之间）：个人向政府机构提供产品或服务。

（6）O2O（线上线下结合）：线上预订或支付，线下享受服务，例如美团外卖。

传统零售与电子商务的区别如表1-6所示。

表1-6 传统零售与电子商务的区别

比较项目	传统零售	电子商务
运营方式	主要依赖实体店面进行商品销售，受到地理位置、营业时间等因素的限制	顾客可以在任何时间、任何地点通过网络浏览和购买商品，打破了地域和时间的限制
数据分析	主要基于销售数据、库存数据等内部数据，以及通过市场调研等方式获取的外部数据	实时收集和分析大量的用户行为数据、交易数据等，可以精准地了解消费者需求，优化商品推荐和营销策略
消费者体验	提供实体购物体验，顾客可以亲自触摸、试用商品，与销售人员面对面交流	提供虚拟购物体验，顾客可以通过图片、视频等方式了解商品信息，并通过在线客服、评论等方式与商家交流或其他消费者
成本结构	主要成本包括店面租金、人员工资、库存成本等	主要成本包括网站维护、物流配送、营销等成本
销售模式	市场份额分布遵循二八法则，主要关注热销商品	根据长尾理论积累销售，关注商品累计销售额
市场拓展	受限于实体店铺的地理位置和覆盖范围，市场拓展速度较慢	通过网络平台实现快速扩张，迅速覆盖全国乃至全球的市场

四、新零售与电子商务

（一）新零售与电子商务的联系

新零售与电子商务都是零售行业朝数字化、智能化方向发展的产物，它们在某些方面能够实现相互融合和互补，二者之间的联系主要体现在以下方面。

（1）目标一致：新零售和电子商务都旨在通过优化购物流程、提升消费者体验来实现销售增长和市场份额的扩大。

（2）技术基础：新零售和电子商务都依赖于互联网和相关技术，如大数据分析、人工智能等，来优化运营和提供个性化服务。

（3）融合趋势：一方面，电子商务平台注重线下体验和服务，通过建立实体店，提供线下试穿、试用等服务，以弥补线上购物的不足；另一方面，随着电商的发展，越来越多的传统零售企业开始尝试线上线下的融合，开启新零售模式，以适应消费者需求的变化。

（二）新零售与电子商务的区别

电子商务通过互联网进行商品或服务的交易，而新零售则是电子商务发展的高级阶段，它们在多个方面存在明显的区别。

1. 商业模式不同

电子商务的运行模式是在商家或制造商生产出商品后，通过各种线上渠道、采取各种网络营销手段向消费者推销，说服消费者购买。商家也可以与制造商合作生产商品，商品特点是大量大批，很难满足消费者的个性化需求，商品的更新速度落后于市场需求更新的速度。

新零售模式则是商家或制造商先寻找目标消费人群，并了解目标消费人群的需求，然后根据他们的需求来生产商品，零售过程以消费者为中心。商家或制造商通过大数据、云计算、人工智能等技术始终关注市场需求，根据市场和消费者需求的变化及时调整商品的生产和销售。

2. 技术应用不同

互联网是推动电子商务发展的主要动力。虽然电子商务涉及先进技术的应用，但技术只应用于销售阶段，未能参与到商品的生产过程中，不能解决商品生产前后存在的痛点和难点。

新零售积极运用大数据、人工智能、物联网等先进技术来优化零售流程和提升消费者体验，这些新兴技术的作用不是通过优化零售业已经形成的供求两端的对接渠道来实现的，而是通过深度介入商品的设计和生产过程，提升零售业的整体运作效率来实现的。技术的应用能真正将零售业发展带入全新阶段。

3. 交易场景不同

电子商务主要通过商家入驻电子商务平台或商家自建电子商务网站来形成零售活动的"场"。电子商务的交易场景主要在线上，商家的主要工作是将消费者从线下吸引到线上，在线上完成交易。

新零售是商家通过线上的电子商务平台、APP、小程序等工具，结合线下的实体门店，实现线上线下各类交易渠道的集合，形成覆盖范围更广的"场"。它的交易场景不仅体现在线上，同时还体现在线下，注重线上和线下融合，消费者无论是在线上还是在线下都可以享受到同等的待遇，进一步提升了零售业的运作效率，能为消费者提供更优质、更便捷的服务。

4. 物流配送不同

传统电子商务的物流配送主要依赖于第三方物流公司，商家或制造商将商品交给第三方物流公司负责仓储和配送。这种模式具有规模大、经验丰富等优势，但也存在无法掌控物流过程、物流费用高等问题。

新零售则注重自有物流体系的建设，自建物流配送体系可以提高企业对物流过程的掌控能力，通过智能仓储、智能配送等技术手段，降低物流成本，提高物流效率，实现更快速、更准确的配送服务。

五、新零售的核心要素

新零售不是线上线下的简单融合，而是全渠道范围内商品、会员、分销等的共融互通，为消费者提供跨渠道、无缝式的消费体验。

1. 商品互通

在零售领域，商品发挥着重要作用，无论是传统零售还是新零售，都要求商家具备强大的商品销售能力。商品互通意味着线上商品销售和线下商品销售高度融通，需要实现：① 价格互通，商品线上线下同款同价；② 库存互通，线上线下各渠道库存无缝互通，SKU 同步上下架，支持线上下单、线下取货；③ 营销互通，线上线下可调拨发货。

微课：SKU 的概念和应用

2. 会员互通

在移动互联网时代，喜欢某些产品和品牌的消费者在转化成为忠诚客户的同时，也乐于在社交媒体上与朋友或大众分享商品或服务信息，对品牌进行口碑传播。新零售强调"以消费者为中心"的理念，品牌商和企业会更加重视会员运营，对会员价值进行深度挖掘。会员互通就是要将会员交易的各项数据打通，需要实现：① 账号互通，线上线下均可注册会员且账号相通；② 积分通用，线上线下统一积分，通积通兑；③ 信息互通，会员线上线下的消费行为记录互通，方便企业分析数据，开展精准营销。

3. 分销互通

新零售模式下，消费者不仅是商品或服务的购买者和使用者，还是商品或服务的分享者和分销者，让消费者承担一定的分销职能，借助口碑传播提高品牌或商品的知名度，利用精神领袖的影响力，可以有效地帮助企业提高销售额。分销互通就是要鼓励消费者分享商品、传播商品，需要实现：① 为消费者提供符合其需求的商品或服务，使其在购买或消费过程中产生愉悦；② 让消费者在分享和传播过程中获得一定的积分或佣金奖励。

4. 服务互通

根据消费者行为的变化，企业的运营思维从单纯销售"商品"转变为销售"商品＋

服务",这要求零售企业和品牌商注重为消费者提供优质的服务体验。服务互通强调线上线下服务内容、服务资讯的互联互通,需要实现:① 线上线下导购融合,提供相关资讯和优惠信息;② 线上线下提供相同的服务内容和服务价值;③ 线上线下皆可购买和办理退换货。

5. 数据互通

新零售运营过程中会产生大量的交易数据和互动数据等,这些数据对企业开展客户关系管理、社群管理、社交媒体营销等非常重要。要做到线上线下数据互联互通,需要实现:① 线上线下会员数据互通;② 线上线下交易数据互通;③ 线上线下活动数据互通。通过全渠道、全方位地收集各类数据,企业能对数据进行深度分析,挖掘数据中的关键信息。

本章学习总结

技能训练

一、在线答题

即测即评

二、简答题

1. 简述零售业的基本功能。
2. 为什么零售商需要关注多渠道销售策略?
3. 在选择零售店位置时,应考虑哪些关键因素?
4. 简述线上零售与线下零售的主要区别。
5. 零售营销策略中,价格策略的重要性体现在哪些方面?

三、论述题

请论述零售业在数字经济时代面临的挑战与机遇,并讨论零售企业如何适应这些变化。

案例分析

一、行业背景

随着数字经济的迅猛发展,传统零售业正面临着前所未有的挑战和变革。根据市场研究数据,线上零售市场的份额逐年增长,而传统零售企业的业绩则普遍出现下滑趋势。这一变化主要源于消费者购物行为的转变,越来越多的消费者选择通过电商平台进行购物,享受便捷、个性化的购物体验。

二、A 公司概况

A 公司作为一家传统零售企业,在过去几十年中一直占据着一定的市场份额。然而,在数字经济快速发展的背景下,A 公司的业绩开始逐渐下滑。这主要是由于 A 公司未能及时适应市场变化,缺乏有效的应对策略。

三、A 公司面临的主要挑战

消费者行为变化:随着互联网的普及,加之移动支付的便捷性,消费者更倾向于在线购物。他们可以通过电商平台随时随地浏览商品、比较价格、查看评价,并选择最适合自己的商品进行购买。这种变化导致 A 公司的实体店客流量大幅减少,销售额下降。

价格竞争压力:线上零售企业由于规模经济、较低的运营成本以及高效的供应链管理,能够提供较有竞争力的价格。这使得 A 公司在价格上难以与线上零售企业竞争,进一步加剧了业绩下滑的趋势。

数据驱动决策缺失:A 公司传统上依赖经验和直觉进行决策,缺乏数据支持。然而,在数字经济时代,数据已经成为企业决策的重要依据。A 公司由于缺乏数据分析能力,难以精准把握市场需求和消费者偏好,容易在商品策略、营销策略等方面出现决策失误。

四、A 公司的困境

面对上述挑战,A 公司陷入了困境。一方面,由于实体店客流量减少、销售额下降,A 公司的盈利能力受到严重影响;另一方面,由于缺乏有效的应对策略和创新能力,A 公司难以在竞争激烈的市场中脱颖而出。因此,A 公司亟须进行数字化转型,以应对市场变化并提升竞争力。

思考:
1. 讨论 A 公司可能采取的数字化转型策略及其实施步骤。
2. 评估 A 公司数字化转型的潜在风险和成功因素。

实训任务

一、任务目标

（1）理解零售业的发展历史及变革：能够详细阐述零售业从古代到现代的发展过程，以及各阶段的重要变革和特点。

（2）掌握零售业态的分类及特点：能够根据经营形式、服务方式等标准对零售业态进行分类，并描述各类业态的特点和案例。

（3）分析新零售的内涵与核心要素：能够理解新零售的概念，掌握新零售与传统零售的区别，以及新零售的核心要素。

二、任务背景

随着经济的发展和消费者需求的多样化，零售业经历了多次重大变革，从百货商店的诞生到连锁经营的出现，再到超级市场和无店铺零售的兴起，每一次变革都深刻地影响了人们的购物方式和消费习惯。

如今，新零售已成为零售业的重要发展趋势，它结合了线上线下的优势，为消费者提供更便捷、个性化的购物体验。因此，了解零售业的发展历史及变革，掌握零售业态的分类及特点，分析新零售的内涵与核心要素，对于理解当前零售业的现状和未来发展具有重要意义。

三、任务分析

（1）零售业的发展历史及变革：研究零售业从古代到现代的发展过程，重点关注各阶段的重要变革，如百货商店的诞生、连锁经营的出现、超级市场的建立和无店铺零售的发展等。同时，还需要分析这些变革对零售业的影响和意义。

（2）零售业态的分类及特点：根据经营形式、服务方式等标准对零售业态进行分类，并描述各类业态的特点和案例。例如，可以根据经营形式将零售业态分为百货商店、专业店、专卖店等，并根据服务方式将零售业态分为有店铺零售和无店铺零售等。同时，还需要分析各类业态的优势和劣势，以及它们在当前市场环境中的地位和发展趋势。

（3）新零售的内涵与核心要素：理解新零售的概念，掌握新零售与传统零售的区别。同时，还需要分析新零售的核心要素，如商品互通、会员互通、分销互通、服务互通和数据互通等，并探讨这些要素在新零售中的应用和意义。

四、任务操作

（1）分组学习：将学生分成若干小组，每组负责研究零售业的一个或多个发展阶段或零售业态。

（2）资料收集：各组根据任务要求，收集相关资料，如历史文献、行业报告、企业案例等。

（3）制作PPT：各组根据收集的资料，制作PPT，详细阐述所研究的阶段或业态的历史背景、特点、案例等。

（4）课堂展示：各组在课堂上进行PPT展示，分享研究成果，其他同学和老师可以提问和点评。

（5）撰写新零售分析报告：在了解零售业发展历史和零售业态分类的基础上，学生需要撰写一份新零售分析报告，分析新零售的内涵、核心要素、发展趋势等，并提出自己的观点和建议。

五、任务评价标准

一级指标	二级指标	得分
资料收集与整理	资料的全面性：是否涵盖了零售业发展历史、变革及业态分类的各个方面	
	资料的准确性：收集到的资料是否真实、可靠，无虚假信息	
	资料的整理与呈现：资料是否整理得井井有条，易于理解和查阅	
报告撰写	报告的结构与内容：报告是否结构清晰、逻辑严密、内容翔实，是否涵盖了任务要求的各个方面	
	报告的表述与语言：报告的语言是否准确、流畅、简洁，是否易于理解	
	报告的图表与数据：报告中是否使用了恰当的图表和数据来支持观点，图表和数据是否准确、清晰	
课堂展示	展示的清晰度与条理性：学生是否能够在课堂上清晰、有条理地展示自己的实训成果	
	展示的互动性：学生是否能够与听众进行有效的互动，回答听众的问题，增强展示的效果	
	展示的创意与亮点：学生的展示是否具有创意和亮点，能否吸引听众的注意力，提升展示的吸引力	
团队合作与态度	团队合作：在实训过程中，学生是否能够与团队成员有效合作，共同完成任务	
	态度与积极性：学生是否表现出积极的学习态度，是否愿意主动探索和学习新知识	

 任务反思

第二章 "人"——消费者分析

本章学习目标

◆ **素养目标：**

(1) 增强服务意识，养成顾客至上的职业精神；
(2) 增强创新意识。

◆ **知识目标：**

(1) 了解消费者的人口统计特征和消费方式；
(2) 熟悉消费者购买行为的影响因素；
(3) 了解数据分析的方法。

◆ **技能目标：**

(1) 能够收集消费者数据并绘制客户画像；
(2) 能够依据客户画像制定精准营销方案；
(3) 能够洞察消费者需求，掌握沟通技巧。

章节思维导图

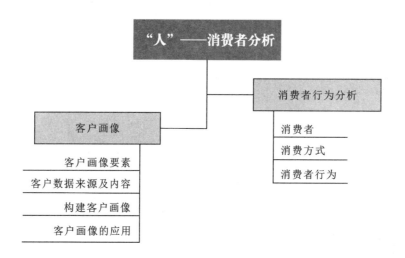

导入案例

拼多多的崛起与消费者洞察

拼多多成立于 2015 年 4 月，是专注于 C2M 拼团购物的第三方社交电商平台，用户通过发起和朋友、家人、邻居等的拼团，可以以更低的价格拼团购买优质商品。拼多多企业大事记如表 2-1 所示。

表 2-1 拼多多企业大事记

序号	时间	主要事件
1	2015 年 9 月	拼多多公众号正式上线，以拼单模式迅速覆盖全品类商品，上线两周，粉丝即破百万
2	2016 年 9 月	平台年活跃买家数破 1 亿，单月 GMV 破 1 亿元
3	2017 年 6 月	拼多多荣获金瑞奖"最具成长力产品奖"
4	2018 年 7 月	拼多多正式登陆美国资本市场，发行价 19 美元
5	2018 年 12 月	拼多多年度活跃用户量超过京东，成为中国第二大电商平台
6	2019 年 6 月	拼多多入选"2019 福布斯中国最具创新力企业榜"
7	2020 年 9 月	拼多多成为 2021 年央视春晚独家红包互动合作伙伴
8	2021 年 2 月	拼多多荣获"全国脱贫攻坚先进集体"表彰
9	2022 年 12 月	拼多多荣获联合国粮农组织（FAO）颁发的 2022 年度创新奖

续表

序号	时间	主要事件
10	2023年9月	拼多多跨境平台Temu马来西亚站上线
11	2024年3月	东方甄选入驻拼多多

近年来,拼多多以其独特的商业模式和精准的消费者洞察,在电商市场中迅速崭露头角,成为一股不可忽视的力量。拼多多的成功并非偶然,它源于对消费者心理的深刻理解和精准把握。

拼多多在崛起过程中,敏锐地捕捉到了广大消费者对价格敏感、追求性价比的购物需求。针对这一特点,拼多多推出了团购、砍价等创新模式,让消费者通过分享和邀请好友参与,享受到更低的价格。这种模式的出现,不仅满足了消费者的购物需求,还激发了他们的社交欲望,让购物变得更加有趣,更具互动性。

除了价格优势,拼多多还通过大数据分析,精准地识别出目标消费群体。它发现,年轻用户是电商市场的主力军,他们注重个性、追求新鲜感,同时也热衷于社交分享。针对这些特点,拼多多在平台上推出了大量符合年轻用户品味的商品,并通过社交化的购物体验,让他们能够轻松找到志同道合的朋友,共同分享购物的乐趣。

此外,拼多多还注重用户体验和服务质量。它不断优化平台界面和功能,提升用户的购物体验;同时,它还建立了完善的售后服务体系,保障消费者的权益。这些举措进一步增强了消费者对拼多多的信任,为平台的持续发展奠定了坚实的基础。拼多多2023年第四季度至2024年第三季度的营收及其同比增长率如图2-1所示,拼多多用户画像如图2-2所示。

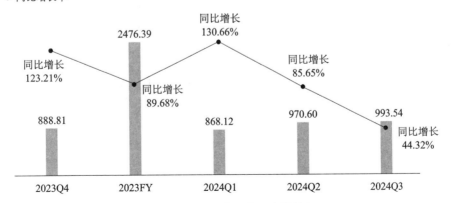

图2-1 拼多多营收及其同比增长率

(数据来源:百度股市通)

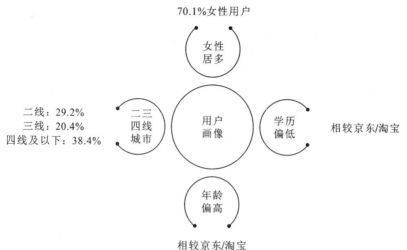

图 2-2 拼多多用户画像

数据来源：企鹅智库

拼多多的成功告诉我们，在竞争激烈的电商市场中，只有深入了解消费者、把握市场动态，才能制定出有效的营销策略，赢得消费者的青睐。通过对消费者行为的深入分析和精准洞察，企业可以更加精准地把握市场脉搏，推出符合消费者需求的产品和服务，从而在市场中脱颖而出。

思考：

1. 拼多多是如何通过消费者洞察实现精准营销的？请结合案例中的具体举措进行分析。

2. 拼多多的成功对于其他零售企业有何启示？你认为其他企业应该如何借鉴拼多多的经验，提升自身的消费者分析能力？

第一节 消费者行为分析

消费者行为分析是零售企业制定市场战略、实施营销策略以及设计产品等经营活动的基础。通过深入分析消费者的购买决策过程、需求偏好、消费动机等，企业可以更加精准地把握市场动态，形成新的业务模式，满足消费者需求，从而实现业务的持续增长。

一、消费者

（一）消费者的概念

关于消费者的定义，国际标准化组织（ISO）认为，消费者是以个人消费为目的而购买、使用商品和服务的个体社会成员。消费者购买商品的目的主要是用于个人或家庭需要而不是经营或销售，这是消费者最本质的特点。其消费活动的内容不仅包括为个人和家庭生活需要而购买和使用商品，也包括为个人和家庭生活需要而接受他人提供的服务。

知识拓展

消费者权利

消费者权利是指消费者在消费领域中所具有的权利，即在法律的保障下，消费者有权做出一定的行为或者要求他人做出一定的行为，也可有权不做出一定行为或者要求他人不做出一定行为。它是消费者利益在法律上的体现。

拓展阅读：
《中华人民共和国消费者权益保护法》

1983年，国际消费者联盟组织确定每年3月15日为"国际消费者权益日"。中国自1987年开始，每年的3月15日，全国各地消费者组织都会联合各有关部门运用各种形式宣传保护消费者权益的有关法律法规及其成果，促进全社会关心、支持消费者权益保护工作。

为保护消费者的合法权益，维护社会经济秩序，促进社会主义市场经济健康发展，《中华人民共和国消费者权益保护法》根据2013年10月25日第十二届全国人民代表大会常务委员会第五次会议《关于修改〈中华人民共和国消费者权益保护法〉的决定》进行了第二次修正。法律规定，消费者在购买、使用商品和接受服务时享有人身、财产安全不受损害的权利。消费者有权要求经营者提供的商品和服务，符合保障人身、财产安全的要求。消费者享有知悉其购买、使用的商品或者接受的服务的真实情况的权利。

（二）消费者分类

消费者分类是消费者行为分析的基础，对消费者进行分类有助于企业针对不同类型的消费者制定个性化的营销策略。消费者分类的方法多种多样，每种方法都有其独特的应用场景和优势。

1. 基于人口统计特征的分类

（1）根据年龄分类。

根据年龄，可以将消费者分为青少年消费者、中年消费者、老年消费者等，不同年龄段的消费者有着不同的消费需求和购买习惯。例如，青少年消费者更注重娱乐性和互动性，他们可能更倾向于购买游戏、玩具、社交应用等产品；中年消费者更注重实用性和性价比，他们可能更关注家庭用品和日常生活用品；老年消费者则更注重健康养生和便利性，他们可能更倾向于购买保健品、医疗器械等产品。企业需要根据不同年龄段消费者的需求特点，制定有针对性的营销策略。

Z世代消费者的消费特点

Z世代,也称为"网生代""互联网世代""二次元世代""数媒土著",通常指1995年至2009年出生的一代人(见图2-3)。Z世代一出生就与网络信息时代无缝对接,受数字信息技术、即时通信设备、智能手机产品等影响比较大。根据高盛公司研究报告,截至2023年,中国约有2.51亿"95后"人口属于Z世代。

图2-3　Z世代及其消费特点

南都湾财社发布的《2023年度Z世代消费趋势洞察报告》显示,62.31%的受访者月收入低于5000元,超八成受访者每月支出在5000元以下。购物方式方面,绝大多数受访者偏好在线购物,占比为89.01%,有56.54%的受访者表示每月在线购物4~10次。

信息获取渠道方面,互联网广告是Z世代受访者主要的信息获取渠道,占比为84.82%。其次,社交平台上KOL带货推荐也是受访者获取商品信息的一大渠道,占比为54.45%。另外,线下实体店也是主要渠道之一,占比为43.46%。

同时,DT研究院和美团外卖联合发布的《当代青年消费报告》显示,Z世代在消费上更加理性。65.4%的受访者认同"量入为出,消费应该量力而行",47.8%的受访者认为消费时"不浪费,需要多少买多少"。在理性消费主义理念支持下,为了让每分钱都花得"物有所值",约有63.6%的Z世代受访者表示在购物前会做攻略,51.0%的Z世代受访者会主动寻找商品优惠券,49.0%的Z世代受访者会选择与人拼单购买商品。

(资料来源:《2023年度Z世代消费趋势洞察报告》和《当代青年消费报告》)

(2) 根据性别分类。

根据性别，可以将消费者分为男性消费者和女性消费者。男性和女性由于生理、心理和社会角色的差异，在购买决策、消费偏好和购买行为等方面表现出不同的特点。男性消费者通常注重实用性和功能性，在购买决策时更倾向于选择那些能够满足其实际需求的产品。他们往往对产品的性能、质量和耐用性有较高要求，价格敏感度相对较低。女性消费者在购买决策时更注重产品的外观、品质和情感价值。她们往往对产品的细节和包装设计有较高要求，愿意为美观、精致和个性化的产品买单。

针对不同性别消费者的特点和需求，企业应采取不同的营销策略。对于男性消费者，企业可以强调产品的性能、技术和品质，提供简洁、实用的购买体验；对于女性消费者，企业可以注重产品的外观设计、情感价值和品牌形象，提供丰富、个性化的购物选择。

2. 基于收入水平的分类

(1) 低收入消费者。

低收入消费者通常面临较大的经济压力，他们的购买力有限，因此在消费时更注重性价比。这部分消费者往往选择经济实惠的商品和服务，对价格变动较为敏感。在购买决策过程中，他们通常会仔细比较不同商品或服务的价格和质量，以寻求最高性价比。

针对低收入消费者的企业或品牌，提供物美价廉的产品和服务是至关重要的。此外，通过有效的促销活动和价格优惠，可以吸引更多低收入消费者的关注和购买。

(2) 中等收入消费者。

中等收入消费者收入相对稳定，具有一定的购买力。他们在消费时既注重性价比，也追求一定的品质和舒适度。这部分消费者通常对品牌和服务有一定的要求，愿意为优质的产品和服务支付一定的溢价。

针对中等收入消费者的企业或品牌，应提供品质可靠、价格合理的产品和服务，同时注重品牌形象和服务质量的提升。通过精准的市场定位和差异化竞争策略，可以吸引更多中等收入消费者的青睐。

(3) 高收入消费者。

高收入消费者购买力较强，他们通常追求高品质、高档次的商品和服务。这部分消费者注重品牌声誉、个性化定制以及独特体验，对价格的敏感度相对较低。

针对高收入消费者的企业或品牌，应提供高端、豪华的产品和服务，满足他们追求品质、舒适和独特体验的需求。同时，通过提供个性化的定制服务和专属的 VIP 体验，可以进一步提升高收入消费者的忠诚度和满意度。

知识拓展

2023 年全国居民收入和消费支出情况

1. 居民收入情况

2023 年，全国居民人均可支配收入 39218 元，比 2022 年名义增长 6.3%，扣除价格因素，实际增长 6.1%。分城乡看，城镇居民人均可支配收入 51821 元，增长（以下如无特别说明，均为同比名义增长）5.1%，扣除价格因素，实际增长 4.8%；农村居民人均可支配收入 21691 元，增长 7.7%，扣除价格因素，实际增长 7.6%（见图 2-4）。按收入来源分，2023 年，全国居民人均工资性收入 22053 元，增长 7.1%，占可支配收入的比重为 56.2%。

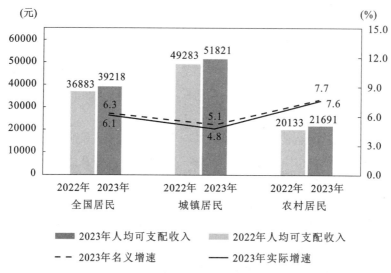

图 2-4 2023 年全国及分城乡居民人均可支配收入及其增速

2. 居民消费支出情况

2023 年，全国居民人均消费支出 26796 元，比 2022 年名义增长 9.2%，扣除价格因素影响，实际增长 9.0%。分城乡看，城镇居民人均消费支出 32994 元，增长 8.6%，扣除价格因素，实际增长 8.3%；农村居民人均消费支出 18175 元，增长 9.3%，扣除价格因素，实际增长 9.2%。

2023 年，全国居民人均食品烟酒消费支出 7983 元，增长 6.7%，占人均消费支出的比重为 29.8%；人均衣着消费支出 1479 元，增长 8.4%，占人均消费支出的比重为 5.5%；人均居住消费支出 6095 元，增长 3.6%，占人均消费支出的比重为 22.7%；人均生活用品及服务消费支出 1526 元，增长 6.6%，占人均消费支出的比重为 5.7%；人均交通通信消费支出 3652 元，增长 14.3%，占人均消费支出的比重为 13.6%；人均教育文化娱乐消费支出 2904 元，增长 17.6%，占人均消费支出的比重为 10.8%；人均医疗保健消费支出 2460 元，增长16.0%，占人均消费支出的比重为9.2%；人均其他用品及服务消费支出697元，增长17.1%，占人均消费支出的比重为2.6%（见图2-5）。

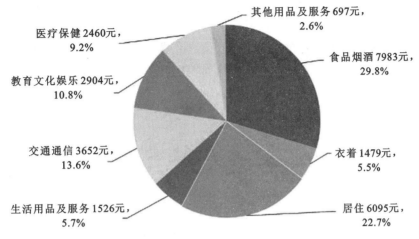

图2-5　2023年居民人均消费支出及构成

（资料来源：国家统计局）

3. 基于需求偏好的分类

主要依据消费者对产品或服务的不同需求进行划分。

（1）品质追求型消费者。

这类消费者注重产品的品质和性能，追求高品质的生活体验。他们愿意为高品质的产品支付溢价，并乐于分享自己的品质生活。

例如，在汽车市场上，一些追求品质的消费者会选择购买豪华品牌汽车，如奔驰、宝马等，他们看重的是这些品牌所代表的高品质和卓越性能。企业需要注重提升产品的品质和性能，以满足这类消费者的需求。

（2）时尚追求型消费者。

这类消费者关注时尚潮流和流行趋势，追求新颖、独特的产品或服务。他们注重个性表达和自我展示，愿意为时尚潮流买单。

例如，在服装领域，快时尚品牌热风（hotwind）、伊芙丽等通过不断推出时尚新品，吸引了大量追求时尚的年轻消费者。企业需要紧跟时尚潮流，不断创新产品和服务，以满足这类消费者的需求。

（3）功能需求型消费者。

这类消费者首先关注的是产品或服务能否实现其所需的具体功能。他们通常会明确列出自己的功能需求，并在市场上寻找能够满足这些需求的产品。

这类消费者不太会受到品牌、外观或时尚潮流等因素的影响，而是更注重产品的实际表现和性能，以确保所购买的产品能够高效、准确地完成所需任务。企业在针对这类消费者进行营销时，应强调产品的功能特点和优势，提供详细的产品说明和性能参数，以便消费者能够充分了解产品的功能和效果。

4. 基于购买行为的分类

主要依据消费者的购买频率、购买金额、品牌忠诚度等因素进行分类。

（1）忠诚型消费者。

这类消费者通常对某一品牌或产品有着深厚的情感联系，对品牌有较高的忠诚度和强烈的信任感，长期购买并推荐给他人。例如，苹果公司的忠实粉丝不仅购买 iPhone 手机，还会购买 Mac 电脑、iPad 平板等苹果"全家桶"产品，并在社交媒体上分享自己的使用体验和感受。这种忠诚度为企业带来了稳定的客户基础和市场份额。

（2）冲动型消费者。

这类消费者容易受到广告、促销、限时优惠等外部因素的刺激，做出即兴购买决策。例如，在"双十一"购物节期间，很多消费者因为折扣力度大、限时抢购等促销手段而冲动购买大量商品。企业需要善于利用促销策略和广告手段，吸引这类消费者的注意力并激发他们的购买欲望。

（3）经济型消费者。

这类消费者比较注重价格因素，追求性价比高的商品或服务，在购买商品或服务时，价格往往是他们首要考虑的因素。他们通常会花费大量时间和精力来比较不同商品或服务的价格，以确保自己能够获得具备最高性价比的商品和服务。而且他们善于利用各种促销活动和优惠券来降低购物成本，并乐于分享自己的省钱经验和技巧。

在市场营销中，商家可以通过打折、满减、赠品等方式吸引经济型消费者的注意，并提供详细的价格信息和比较工具，帮助他们更轻松地做出购买决策；在提供优惠的同时，也应确保商品或服务的质量和售后服务达到消费者的期望。

从消费提振到消费促进

从 2023 年的"消费提振年"到 2024 年的"消费促进年"，护航消费升温始终是经济工作的重点。

1. 中产：从消费"升降级"之争到消费"理性"的新平衡

从长期来看，居民对美好生活的追求是不断的，因此消费需求能够穿越经济周期不断发展，呈现出升级的发展趋势；但短期经济的周期性波动必然会影响居民的收入及预期，进而导致短期消费降级的可能性，而现阶段短期降级的特征表现为"两降一减"，即降频次、降单价/找平替、减品类。经济增长与就业、收入稳定是"促消费"的根本。中国消费者愈发"理性"，寻求"物美价廉"、回归商品本质的消费逻辑将让大众达到"理性"的新平衡。

2. 服务：消费结构性复苏，服务消费起势

2024 年中国消费延续结构性复苏态势，服务消费扮演更加重要的角色，越来越多具有"强社交属性""强社群属性"的服务消费映入消费者眼帘。年轻

消费群体的马斯洛需求曲线更加平滑,其精神层面的消费需求更加具有刚性。"将消费者的生活搬进购物中心",零售地产的未来招商应关注更多服务消费类业态与品牌的扩张,自带流量的优质品牌也是购物中心引流的关键。

3. 极化:奢侈品格局头部化,低线品牌平价化

中国消费者的品牌意识不断觉醒,对国际品牌的甄别能力越来越强。回暖中的中国奢侈品市场加速分化,顶奢品牌不断拔高客群定位,高定、限定一货难求;低线品牌则走入平价、折扣旋涡,品牌溢价走弱。拥有"名店经济"光环的顶奢品牌和"首店经济"下的小众设计师品牌仍是2024年市场的关注焦点。

4. 直播:去品牌化,直播电商重塑商路通道

直播电商的兴起开始颠覆商品流的传统通道,主播带货让消费者对商品的甄选依据从"品牌"信任转变为"主播"信任,形成了全新商品流模式:始于直播,再到工厂,最后直达消费者。主播成为制造厂商与消费者之间信息流、商品流形成的桥梁,在消费信息交换的演进过程中不断削弱品牌之于传统零售商业的价值。

5. 复制:没有"锅气"的预制菜在争议中成为连锁标配

消费者不是不能接受"预制菜",而是无法接受消费金额的对等商品是中央厨房的"流水作业"。对预制菜领域的知识普及和客观披露,有助于消费者树立科学认知并有效甄别细分赛道商品。在明火受限、口味难控的餐饮行业,预制菜已是连锁餐饮的标配。仲量联行数据显示,2023年中国预制菜相关的上下游企业对高标厂房和冷链仓储的需求明显增加。回归服务业本质,餐饮门店的"溢价"应源于从业者对餐饮烹饪与食材的匠心追求,而非一味追求破解大数据时代的流量密码。

6. 节日:出游告别"买买买",节假日经济把消费留在路上

"扩大节假日消费,完善节假日制度,全面落实带薪休假制度"已写入"十四五"规划,节假日经济已是中国"促消费"的重要抓手。年轻一代的新消费观与大买特买的"血拼"模式截然不同,花在"路上"的旅游让更多年轻游客可以用低成本"穷游",都市漫游、乡村田园游对传统购票景区的分流,正从结构上减少个体的旅游支出。

7. 赛演:抢券吃饭 vs 头排观演,不冲突

中国消费者在赛事展演上的"大方"与日常消费的"拮据"看似矛盾,却凸显了新世代的全新消费观:赛事展演愈发接近"基础性"消费需求。赛事演艺经济之于城市消费的价值已在2023年各大城市得以印证,一票难求的演出十分常见。文体娱乐的"社群化"和社交属性正同步增强,全民运动的普及深化拉动相关消费开支逐年提升。2024年元旦假期,冰雪旅游预订量同比增长126%,哈尔滨更是大热出圈。冰雪运动装备消费伴随冰雪运动热和北国风光城市旅游的火爆水涨船高。零售商业近年新进诸多主打冰雪运动的品牌,已成为时下商业需求的一大亮点。

8. 产业：消费与投资相互促进，从"城市消费"到"消费城市"

"城市消费"聚焦消费的产品市场端，从商业资源聚集到消费客群吸引，从供需两侧同步发力，打造具有国际影响力的消费目的地；而将消费的产品市场延伸至上游的要素市场，打通消费产业链，以消费产业链的打造促进经济的高质量发展，城市的视野便从C端消费前置转换至B端投资，这便有了"消费城市"。培育本土品牌，营造主理人创业社群氛围，形成国际消费资源与地方产业链条的"双聚集"，实现从"城市消费"到"消费城市"的进阶目标，这也是推进国际消费中心城市建设的"两驾马车"。

9. 地产：盒子商业创新艰难，"非标"商业时代宣告到来

仲量联行数据显示：2023年，中国21个主要城市优质零售地产存量已突破1.4亿平方米，盒子商业（即传统购物中心）占比超九成；相关开发商不断探索创新之术，例如营造购物中心的多元空间场景，然而破局艰难——平均空置率在2023年末达10.5%，仍高于2019年末的7.5%。

2023年，上海蟠龙天地、上海鸿寿坊、杭州玉鸟集、成都祠堂街等有别于传统盒子商业的"非标"商业大量涌现。"非标"更符合消费者的人本需求，以需求为导向实现商业载体设计和场景营造，多元、创新、有趣的消费主题和IP是"非标"商业的生命力。展望未来，在城市更新持续推进和大量商业土地尚待开发的背景下，预计"非标"商业开发仍将方兴未艾。

（资料来源：金融界）

二、消费方式

（一）消费方式的内涵

消费方式是指消费者在消费生活资料或劳务时所采取的方法、途径和形式。它既是消费者与消费对象发生自然关系的方式，也是消费者作为社会人在消费生活中形成一定社会关系的方式。因此，消费方式具有自然和社会双重属性。

1. 消费方式具有自然属性

自然属性主要取决于自然条件，包括自然地理、生态环境、生理等因素，以及人们征服自然的能力，即生产力水平。消费者作为一定自然条件下的人，需要一定的与其自然环境相适应的消费对象和消费方式。例如，在寒冷地区，消费者可能更倾向于购买保暖性能好的服装；而在炎热地区，则可能更注重服装的透气性和舒适性。同时，随着生产力的提高，人们能够生产出更多样化、高品质的消费对象，从而满足不同消费者的需求。

2. 消费方式具有社会属性

作为社会人,消费者在消费生活中会形成一定的社会关系。这种社会关系不仅体现为消费者与生产者、销售者之间的经济关系,还体现为消费者与消费者之间的社会交往和文化交流。例如,在购买高端电子产品时,消费者可能会受到周围人的影响,会与朋友或同事讨论并分享购买心得。这种社会交往有助于形成消费者群体和特定的消费文化,进而影响消费方式的选择和变化。

新消费及其特征

随着5G、人工智能、云计算、VR/AR、物联网等现代信息技术快速发展,科技进步正在重塑消费产业链,带来产品创新迭代加快,整个消费市场营销去中心化,渠道下沉,生产定制化,对传统消费形态产生了颠覆性的影响。

新消费是指由数字技术等新技术、线上线下融合等新商业模式以及基于社交网络和新媒介的新消费关系所驱动的新型消费行为。它具有以下几个显著特点:

(1) 增量与升级:新消费不仅是数量的增加,更是消费品质和消费体验的提升。这使得网络零售业与中国的内需增长深度绑定,成为推动经济发展的新动力。

(2) 社交化趋势:消费者在购买商品时,不仅仅是通过传统渠道,而是更多地通过社交网络和新媒体进行信息的传播和购买决策的制定。新消费群体以"新青年""新中产""新女性"等为代表,他们更加注重个性化、品质化和体验化的消费。

(3) 消费内容转变:从以商品消费为主,向商品与服务消费并重转变;消费者更加注重精神文化层面的消费,追求物质与精神文化消费并举。

(4) 场景创新:随着数字化技术的驱动和赋能,新的消费场景如网络购物、"互联网+"服务、平台共享、线上线下融合等正在快速发展,这些新场景极大地释放了消费潜力。

(5) 便利化与智能化:随着可支配收入的变化和时间成本的增加,年轻人更愿意为节省时间的服务买单,这推动了即时消费需求的增加。

(二) 消费方式的发展形式

消费方式包括用户的购买行为、消费的金额、消费的时间、消费的地点以及购买途径等决定消费行为的因素。具体来说,消费方式涵盖了消费者在什么情况下购买、如何购买、以什么样的比例来购买以及如何满足自己的需要等方面。消费方式的分类有助于企业了解消费者的购买习惯和偏好，从而优化销售渠道和营销策略。

1. 线上消费

随着互联网技术的快速发展，线上消费已经成为一种主流的消费方式。消费者可以通过电商平台、社交媒体等渠道购物，享受便捷的购物体验和丰富的商品选择。例如，天猫、京东等电商平台提供了丰富的商品种类和优惠活动，吸引了大量消费者进行线上购物。企业需要加强线上渠道的建设和管理，提升线上购物的用户体验和服务质量，以满足消费者的线上消费需求。

2. 线下消费

尽管线上消费日益普及，但线下消费仍然占据重要地位。消费者可以在实体店铺中亲身体验产品、享受专业的服务，并与销售人员进行面对面的交流和沟通。例如，星巴克、麦当劳等连锁品牌通过营造温馨舒适的门店环境和提供专业的服务，吸引了大量消费者前来消费。企业需要注重线下门店的布局和装修，提升门店的形象和吸引力；同时加强员工培训和服务质量管理，提升消费者的购物体验和满意度。

3. 体验式消费

体验式消费是一种注重消费者参与和体验的消费方式。企业可以通过提供试用、试吃、试玩等活动，让消费者亲身感受产品的特点和优势，从而激发其购买欲望。例如，宜家家居提供了丰富的家居样品和体验区，消费者可以在店内试用床垫、沙发等家居产品，感受其舒适度和实用性。企业需要注重体验式消费的设计和实施，提供有趣、互动性强的体验活动，以吸引消费者的参与和关注。

4. 团购消费

团购消费是一种集体购买的方式，消费者可以通过团购平台或社交媒体组织起来，以更低的价格购买产品或服务。团购消费具有价格优惠、社交互动等特点，深受消费者的喜爱。例如，美团、拼多多等团购平台提供了各种餐饮、娱乐、旅游等团购项目，为消费者带来了实惠和便利。企业需要积极参与团购市场的竞争和合作，提供具有竞争力的团购产品和优惠活动，以吸引更多的消费者参与团购消费。

三、消费者行为

（一）消费者行为概念

消费者行为，狭义上指消费者的购买行为以及对消费资料的实际消费；广义上指消费者为获取、使用和处置消费物品或服务所采取的各种行动以及在产生这些行动之前的决策过程，甚至包括消费收入的取得等一系列复杂的过程。消费者行为是动态的，涉及感知、认知、行为以及与环境因素的互动过程和交易过程。

消费者行为一般由两个部分构成。

(1) 消费者的购买决策过程。购买决策是消费者在使用和处置所购买的产品和服务之前的心理活动和行为倾向，属于消费态度的形成过程。

(2) 消费者的行动。消费者的行动更多体现的是购买决策的实践过程。

在现实的消费生活中，消费者行为的这两个组成部分相互渗透、相互影响，共同构成了消费者行为的完整过程。

(二) 消费者购买决策过程

一般来说，消费者完整的购买决策过程由引起需求、搜集信息、比较评价、购买决策和购后感受五个环节构成（见图2-6）。每个环节都有其独特的特点和要求，消费者需要根据自己的实际情况和需求进行购买决策，不同的购买行为可以有不同的环节，也可以改变各环节的顺序。

图2-6 消费者购买决策过程

1. 引起需求

引起需求是消费者购买决策过程的起点。当消费者在现实生活中感觉到或意识到实际与期望之间有一定的差距，并产生了要解决这一问题的想法时，购买的决策便开始了。消费者的需求可以源自内在刺激，如外出游玩口渴想要买水喝；也可以源自外部条件刺激，如路过水果店看到很多人在购买新鲜水果而决定购买。同时，消费者的某种需求也可能是内外因素共同作用的结果。

2. 搜集信息

消费者因为需求未被满足而产生了购买动机后，便会开始进行与购买动机相关联的活动，他会乐于接收关于目标商品的相关信息，甚至会主动地搜集目标商品或相似商品的关联信息。

消费者搜集信息的来源主要有四个方面（见图2-7）。

(1) 个人来源：通过家庭、亲友、邻居、同事、网络口碑等获得信息。

(2) 商业来源：消费者获取信息的主要来源，其中包括从广告、推销人员的介绍、商品包装、产品说明书、论坛互动等获得信息。

(3) 公共来源：消费者从大众传播媒体、监测机构等获得信息。

(4) 经验来源：消费者从亲自接触、使用商品的过程中得到信息。

在这四种信息来源中，商业来源最为重要。从消费者角度看，商业信息不仅具有通知的作用，而且更具有针对性和可靠性，个人来源和经验来源只能起验证作用；而对企业来说，商业信息是可以控制的。在互联网时代，网络口碑、在线测评、购买评价、社交网络等已经成为线上购物的主要信息来源。

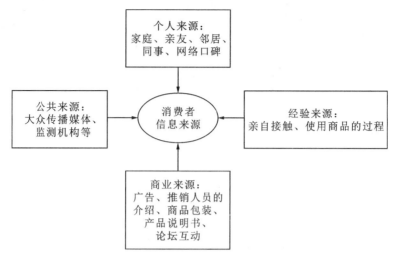

图 2-7 消费者信息来源

3. 比较评价

消费者汇总从各种信息渠道获取的资料后,进行整理、分析,根据一定的评价标准和选择方法对可能选择的商品、品牌进行比较、评价,从而确定偏好的商品和品牌。

消费者对购买方案进行评价的模式可以分为两类。

(1) 补偿性模式,是指消费者依据所考虑的产品属性来评判每个方案的加权得分或单纯加总得分,根据分数的高低来评估购买方案的优劣。在这种模式下,同一产品的不同属性之间相互弥补,即使某一属性表现不佳也可以通过其他属性来弥补。

(2) 非补偿性模式,是指产品的标准属性无法通过替代方案来弥补。在这种模式下,不允许用某一表现较好的属性来弥补另一表现较差的属性。非补偿性模式可具体分为联结式模式、析取式模式、排除式模式和编撰式模式四种。

4. 购买决策

消费者在进行比较、评价后,会形成具有指向性的购买意向。但是,只让消费者对某一商品和品牌产生好感和购买意向是不够的,真正将购买意向转为购买行动,其间还会受到两个方面因素的影响。

(1) 他人的态度。消费者的购买意向会因他人表现出的态度而增强或减弱。他人态度对消费意向的影响程度,取决于他人与消费者之间的关系以及他人态度的强弱。一般说来,他人与消费者的关系越密切、态度越强,对购买决策的影响就越大。

(2) 意外的情况。消费者购买意向的形成与预期收入、预期价格和期望从产品中得到的好处等因素密切相关。消费者欲采取购买行动时,若发生意外情况,如因失业收入减少,因产品涨价超出购买能力,或者有其他更需要购买的东西等,都会促使消费者改变或放弃原有的购买意向。

5. 购后感受

消费者购买商品后,通过自己的使用和他人的评价,会对自己购买的商品产生某种程度的满意或不满意。消费者对其购买活动的满意感（S）是其产品期望（E）和该产品可觉察性能（P）的函数，即 $S=f(E, P)$。若 $E<P$，则消费者满意；若 $E>P$，则消费者不满意。

消费者满意时，会对所购品牌产生信任，增加重复购买的可能性，并向他人宣传；消费者不满意时，会要求退货或不再购买这一品牌商品，并向外界传递商品或品牌负面信息；消费者介于满意和不满意之间时，会产生不安感，可能对该品牌做负面宣传。

顾 客 满 意

菲利普·科特勒认为，顾客满意（customer satisfaction）是指"一个人通过对一个产品的可感知效果与他的期望值相比较后，所形成的愉悦或失望的感觉状态"。顾客的预期是由过去的购买经验、朋友的意见以及营销人员和竞争者的信息和承诺来决定的。如果产品的实际状况不如顾客的预期，则顾客感到不满意；如果实际状况恰如预期，则顾客感到满意；如果实际状况超过预期，则顾客感到非常满意。

（三）消费者行为影响因素

消费者行为受到多种因素的影响，包括个人因素、社会因素、心理因素和环境因素等。这些因素相互交织、共同作用，影响着消费者的购买决策和购买行为。

1. 个人因素

（1）收入水平。消费者的收入水平是消费行为的基础和前提。高收入消费者通常具有更高的购买力和消费能力，可以购买更多、更高品质的商品和服务；而低收入消费者则可能更注重价格实惠和性价比。例如，在奢侈品市场中，高收入消费者是主要的购买群体，他们追求奢侈品牌所代表的尊贵、独特和品质，愿意为高昂的价格买单。而对于低收入消费者来说，奢侈品可能并不在他们的消费考虑范围内，他们更关注生活必需品的购买。

（2）年龄和生命周期。不同年龄段的消费者有着不同的消费特点和需求。年轻人可能更注重时尚和潮流，愿意为新兴事物和体验买单；中年人可能更注重实用性和品质，追求稳定和舒适的生活；老年人则可能更注重健康养生和便利性。例如，在旅游市场，年轻人更倾向于选择冒险、刺激的旅游项目，而老年人则可能更喜欢富有文化、休闲的旅游方式。

2. 社会因素

（1）家庭影响。家庭是消费者的重要社会单位，家庭成员的消费习惯、价值观和家庭角色都会影响消费者的购买决策。例如，在一个有小孩的家庭中，父母可能会更倾向于购买儿童用品和教育产品，以满足孩子的成长需求。

（2）参照群体。消费者往往会受到周围人的影响，特别是与自己有相似特征或兴趣的人。参照群体的意见、评价和行为会对消费者的购买决策产生重要影响。例如，在时尚界，明星、网红等公众人物的穿搭和推荐往往能引发消费者的模仿和购买热潮。

3. 心理因素

（1）动机。消费者的购买动机多种多样，包括需求、欲望、兴趣等。这些动机驱使消费者产生购买行为，并影响他们对产品的选择和评价。例如，在健身市场，消费者的购买动机可能是健康、塑形、提高生活质量等，他们会选择符合自己需求的健身器材和课程。

（2）感知与认知。消费者的感知会受到产品外观、品牌声誉、口碑评价等多种因素的影响。例如，在化妆品市场，消费者对产品的感知可能受到包装设计、广告宣传、用户评价等多种因素的影响，这些因素共同作用于消费者的购买决策。

微课：消费者心理分析

情 绪 消 费

情绪消费是以消费者的情感为主导的一种消费行为。例如，寺庙游的目的是情绪宣泄，"村BA""村超"主打情绪共鸣，"city walk"、反向旅游则重视情绪治愈，围炉煮茶、淄博烧烤的火爆来源于情绪释放（见图2-8）。在当下的年轻消费群体中，"情绪"已演变成一股强大的消费动力，影响着消费者的决策，还重塑了消费方式。

图2-8　情绪消费：围炉煮茶、淄博烧烤

4. 环境因素

（1）经济环境。宏观经济状况、市场供需关系等都会影响消费者的购买力和消费决策。在经济繁荣时期，消费者的购买力增强，消费意愿提升；而在经济衰退时期，消费者可能会更加谨慎地消费，更注重性价比和实用性。

（2）技术环境。科技的发展为消费者提供了更多购物渠道和支付方式，也改变了消费者的购物习惯和体验。例如，移动支付的普及使得消费者可以随时随地完成购物支付，大大提升了购物的便捷性。

口 红 效 应

20世纪30年代美国经济大萧条时期，"口红效应"（lipstick effect）经济理论被首次提出。"口红效应"是指因经济萧条而导致口红热卖的一种有趣的经济现象，也叫"低价产品偏爱趋势"。在美国，每当经济不景气时，口红的销量反而会直线上升。这是因为，在美国，人们认为口红是一种比较廉价的奢侈品，在经济不景气的情况下，人们仍然有强烈的消费欲望，所以会转而购买比较廉价的奢侈品。口红作为一种"廉价的非必要之物"，可以对消费者起到"慰藉心灵"的作用。此外，经济的衰退会让一些人的消费能力降低，这样手中反而会出现一些"小闲钱"，恰好可以去购买一些"廉价的非必要之物"。

第二节 客 户 画 像

在数字经济时代，企业对消费者进行数字化识别、触达、洞察和运营，对消费者的各种行为特征进行汇总，并以画像的形式进行可视化呈现，这就是客户画像。客户画像有助于企业更精准地了解客户，定位目标市场，制定个性化的营销策略，优化产品和服务，从而提升客户体验和满意度。

一、客户画像要素

客户画像是零售企业基于大量客户数据，通过深入分析和挖掘，形成的对目标客户群体的全面、细致且深入的理解。它最初主要应用于电子商务领域，在大数据时代背景下，用户信息遍布于互联网之中，将用户的每个具体信息抽象成标签，利用这些标签将用户形

微课：客户画像

象具体化，有利于为用户提供有针对性的服务。客户画像不仅仅包括客户的基本信息和消费习惯，还涉及客户的心理特征、价值观、生活方式等多个维度。客户画像主要包括以下五个关键要素。

1. 基本信息

基本信息是客户画像的基础，包括客户的姓名、性别、年龄、职业、地区、收入等基本情况。这些信息可以帮助企业了解客户的基本特征，为后续的营销策略提供依据。

2. 消费行为

客户购买、使用产品或服务的行为特征，包括购买频率、购买时间、购买数量、购买偏好等。这些信息可以帮助企业了解客户对产品或服务的喜好和消费习惯，为产品开发和销售策略提供依据。

3. 兴趣爱好

客户在日常生活中通常会表现出一定的兴趣爱好，如娱乐、旅游、美食、运动等，这些信息可以帮助企业了解客户的兴趣爱好，为客户提供更符合其需求的产品和服务，同时也能够帮助企业推广相应的品牌和产品。

4. 社交网络

客户在社交媒体平台上发表言论、分享经验、互动交流会留下大量数据，这些社交网络中的数据可以帮助企业了解客户的社交行为，包括客户的关注对象、分享内容、互动话题等，从而了解客户的价值观、性格等深层次特征。

5. 价值观念

客户对某品牌产品或服务通常会持有一定的价值观念和评价标准，包括品牌忠诚度、品牌认知度、产品认知度等。这些信息可以帮助企业了解客户的品牌偏好和消费观念，从而更好地满足客户需求，提高客户满意度和忠诚度。

客户画像的价值，对产品经理而言，可以快速了解客户的需求和状况，帮助不断迭代、调整产品；对市场人员而言，可以了解市场竞争动态，帮助确定营销内容、营销策略和渠道；对销售人员而言，可以精准对接目标市场，帮助找到有效客户，确定业务方向和销售策略。同时，通过对这些信息的分析，企业还可以更好地了解自身产品的优势和不足，进而改进和优化产品和服务，提升自身的竞争力。

客户画像示例如图 2-9 所示。

二、客户数据来源及内容

在零售业务中，客户数据是构建客户画像的核心。这些数据不仅反映了客户的消费行为和偏好，还能揭示出客户的需求和潜在价值。这些数据可能来自多个渠道，包括但不限于以下几个方面。

图 2-9 客户画像示例

1. 基本信息数据

基本信息数据通常通过客户注册时填写的信息、会员系统或问卷调查等途径获取。这类数据包括客户的姓名、性别、年龄、职业、联系方式、居住地等。这些基本信息是了解客户的基础，有助于企业初步判断客户的消费能力和消费习惯。

2. 交易行为数据

交易行为数据主要来源于销售记录、POS 机系统、电商平台等。这类数据包括客户的购买商品种类、购买数量、购买频率、购买金额、支付方式等。这些数据能够直接反映客户的消费能力和消费偏好，对于制定营销策略至关重要。

3. 浏览与搜索行为数据

浏览与搜索行为数据主要来源于网站日志、APP 使用记录等。这类数据记录了客户在网站或 APP 上的浏览轨迹，包括浏览的页面、停留时间、搜索的关键词、点击的广告等。通过分析这些数据，企业可以了解客户的兴趣点和需求，从而进行精准推荐。

4. 社交媒体与互动数据

社交媒体与互动数据主要来源于微博、微信、论坛等社交媒体平台。这类数据包括客户在社交媒体上的点赞、评论、分享、转发等互动行为。这些数据能够反映客户的社交属性和影响力，有助于企业评估客户的潜在价值。

5. 反馈与调研数据

反馈与调研数据主要来源于电话调查、在线问卷、客户评价等。这类数据记录了客户对产品的满意度、对服务的评价、对价格的接受度等。通过分析这些数据，企业可以了解客户的真实需求和期望，从而改进产品和服务。

以京东为例，作为国内电商领域的领军企业，京东拥有海量的用户数据。京东利用先进的大数据分析技术，对用户的行为数据进行深度挖掘。通过分析用户的浏览记录、购买历史、搜索关键词等信息，京东能够洞察用户的消费偏好、购买习惯以及潜在需求。这些数据不仅为京东的商品推荐和广告投放提供了有力支持，还为其市场策略调整和产品优化提供了决策依据。

知识拓展

客户隐私保护与数据安全

客户隐私保护主要关注个人信息的保护和处理,确保个人信息免受未经授权的访问、泄露或滥用。这涉及法律法规、技术方案、组织管理等多个领域。

数据安全是指保护数据免受未经授权的访问、篡改或披露,主要领域包括密码学、网络安全、数据库安全、操作系统安全等。

尽管两者在目标和方法上存在一定的联系和区别,但它们的共同目标都是保护用户信息和隐私的安全。

三、构建客户画像

(一)客户画像类型

早期的客户画像较为简单,结构类似于个人档案信息,无法准确地体现消费者的特征,可用性较差。但是随着大数据技术的发展,数据量呈爆发式增长,企业能够利用技术捕捉到更多更真实的消费者行为数据,构建更加全面、精准的客户画像,因此客户画像也变得更有价值。大数据时代典型的客户画像主要包括两类:消费者的需求画像和消费者的偏好画像。

1. 消费者的需求画像

消费者在线上线下购物会留下大量的数据痕迹,这就为企业了解消费者的行为和需求提供了有效渠道。企业通过搜集各种交易行为数据,对消费者的个人消费能力、消费内容、消费品质、消费渠道和消费频率等信息进行梳理分析,可以为每个消费者构建一个精准的消费行为和需求画像,尤其是会员客户。

2. 消费者的偏好画像

随着互联网技术深入发展,越来越多的人习惯于在网络上开展各类活动,从而形成了网络虚拟社会。一个人在网络上听歌、浏览网页、观看视频等都会映射出他在现实生活中的偏好。

随着大数据技术的发展,客户画像变得越来越丰富,越来越精细。通过搜集消费者线上线下的行为信息并对其进行分析,零售商能够了解消费者的行为偏好,进而利用偏好画像对消费者展开精准定向广告投放。

行业聚焦

<h3 style="text-align:center">2023年消费主流用户画像</h3>

1. 追求自我的Z世代

18～24岁，人群数量约为2.8亿人。

消费特征：有个性，为自己的喜好消费，移动互联网重度爱好者；情感需求旺盛，圈层文化盛行，为个人兴趣买单；"懒人经济"和"宅经济"的主要消费群体。

消费品类偏好：个人洗护、食品（包含饮料）、虚拟服务、潮流服饰。

2. 理性又追求科技智能的新中产

25～45岁，人群数量约为4亿人。

消费特征：理性消费，追求品质，无经济压力；更关注产品的科技、健康、外观、便利等属性；消费习惯多体现在住房、文化、健康、智能家居、智能穿戴、智能汽车、子女教育等方面。

消费品类偏好：潮流服饰、家居百货、护肤品、保健食品。

3. 有钱有闲的老年人

50岁以上，人群数量约为2.64亿人。

消费特征：与时俱进的消费群体，移动互联网下沉的重要对象；KOL、网购、"剁手党"、候鸟型老人，兴趣化生活；有闲有钱肯花钱。

消费品类偏好：保健食品、健康监测、药品、运动服饰。

4. 理性又求新的青年群体

18～35岁，人群数量约为2.27亿人。

消费特征：更重视性价比，习惯货比三家，慢生活，压力小；容易接受新事物，服务类消费和新耐用品的主要群体；消费力强但收入有限，爱手机、爱网络，容易被"种草"。

消费品类偏好：食品（包含饮料）、家居百货、电子产品、美妆。

（资料来源：千锋教育）

（二）客户画像构建步骤

客户画像是企业进行市场营销的重要基础性工作之一，对于企业发展具有重要意义。通过五个步骤可以帮助企业全面了解目标客户，优化产品设计，制定精准营销策略，提升竞争力和价值。

1. 收集客户数据

收集客户数据是客户画像分析的第一步，也是最为关键的一步。企业可以通过各种方式，如问卷调查、用户访谈、社交媒体数据分析等，来获取客户的基本信息、偏好、兴趣爱好、行为特征等关键数据。

收集客户数据的渠道可以分为直接渠道和间接渠道（见表2-2）。直接渠道是指企业内部的数据库所存储的客户信息，企业体量越大、交易越多，则收集的信息越丰富。间接渠道是指从企业外部获取客户信息。

表2-2 收集客户数据的主要渠道

数据收集渠道		说明
直接渠道	市场调查	通过电话调查、问卷调查、面谈等方式获取一手数据
	服务过程	客户表达对商品或企业的看法或期望、对服务的评价和要求等
	消费者投诉	客户通过各种渠道表达对商品或企业的不满，构建投诉档案
	销售终端	通过办理会员卡获取客户基本信息，客户消费后获取购物信息等
间接渠道	网络搜索	借助搜索引擎、黄页、网站等平台方式获取客户信息
	老客户	与企业分享自己对商品或企业的一些看法和信息
	专业机构	专业咨询机构等对外提供付费或免费的专业分析报告

2. 分析客户数据

在获得客户数据后，企业需要对数据进行分类、整理、汇总、统计和分析，消除重复、错误或无效的数据，保证数据的准确性、完整性和可靠性，以便形成更加客观、全面的客户画像。

针对不同类型的客户数据，可以采用不同的分析方法和工具，比如利用SPSS、Datainside等工具进行数据挖掘和分析；还可以通过统计方法、机器学习等技术来进行探索性分析，深入挖掘数据中的关联和规律。

3. 确定客户特征，构建标签体系

在对客户数据进行分析后，企业需要将关键客户特征进行筛选、提炼和归纳，以便更好地了解目标客户的基本特征和行为习惯，这些高度凝练的客户特征标识可以用来建立客户画像标签。

客户标签是一种用于对客户进行归类的标记或标签。构建客户画像的核心工作是为客户贴标签。利用客户标签可以实现客户画像构建、客户群细分、精准营销、客户价值提升、信息分析挖掘和快速推送。

但是，值得注意的是，使用客户标签，不能通过某个客户的某次行为来断定某类客户的偏好，而应基于大数据分析的结果且大数据要具有针对性。客户标签有多个维度，如表2-3所示。

表 2-3　客户标签维度及内容

标签维度	标签内容
人口特征	性别、年龄、地域、教育水平、出生日期、收入水平、星座等
兴趣偏好特征	兴趣爱好、使用 APP/网站、浏览/收藏内容、互动内容、品牌偏好、产品偏好等
社会特征	职业、婚姻状况、家庭情况、社交/信息渠道偏好等
消费特征	收入状况、购买力水平、常用交通方式、餐饮习惯、已购商品、购物渠道偏好、购买频次等
心理特征	生活方式、个性、价值观等

4. 建立客户画像

在确定客户特征和标签后，要构建一个客户画像的框架，企业需要将这些特征进行整合，形成一个完整的客户画像。客户画像应该包括客户的基本信息、兴趣爱好、消费特点、购买决策、生活方式等方面的内容。同时，建立客户画像需要充分考虑客户的细分，以便更好地进行有针对性的营销和服务。

虽然在足够多数据的支持下，企业可以运用相关软件系统自动生成客户画像，但为了提高客户画像的体系化和应用性，应采用人工和软件相结合的方式来绘制客户画像，即先人工设计客户画像的方向和分类体系，然后运用相关软件系统进行数据收集、建模和分析。

5. 验证和维护客户画像

验证是为了证实客户画像所贴标签是否准确。企业需要使用客户画像来指导产品设计、营销等方面的工作，提升客户满意度和企业的市场竞争力，因此必须保证客户画像的准确性。客户画像中的有些标签具有事实标准，可以用标准数据集验证模型的准确性；而有些标签没有事实标准，则需要通过有效的测试方法来加以验证。

同时，客户画像并不是一成不变的，随着时间的推移、客户行为和市场环境的变化，客户画像中的客户特征也会发生变化。因此，企业需要定期对客户画像进行更新和维护，以保持其有效性和可用性。此外，企业还需要不断优化画像的分析过程，提升数据质量，增加洞察深度。

（三）客户画像的呈现方式

客户画像可视化是指将客户特征数据以图形化、直观化的形式展示出来，其目的是帮助企业更好地了解自己的客户群体。

1. 表格呈现

表格呈现是指利用表格的形式，将客户画像中的关键信息如年龄、性别、职业、消费习惯等整理在一起，通过简洁明了的数据展示，帮助企业人员快速了解客户的基本特征。

2. 图表呈现

图表呈现是指通过柱状图、饼图、折线图等图表形式，将客户画像中的数据进行可视化展示。这种方式能够更直观地反映客户在各个维度上的分布情况，有助于企业人员更深入地分析客户特征。

3. 画像卡片

企业可以为客户创建个性化的画像卡片，卡片上包含客户的基本信息、兴趣爱好、消费习惯等关键特征，以及根据这些特征制定的营销策略或建议。这种方式既便于企业人员随时查看和了解客户，也能够帮助他们在与客户互动时更有针对性。

4. 故事化呈现

将客户画像以故事的形式进行呈现，通过描绘客户的日常生活、消费场景等情境，企业人员能够更深入地理解客户的需求和期望。这种方式有助于增强企业人员对客户的共情能力，从而更好地为客户提供服务。

客户画像的各种呈现方式如图 2-10 所示。

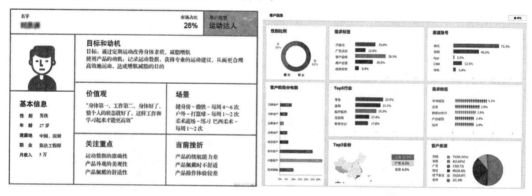

图 2-10　客户画像的呈现方式

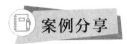
案例分享

某服装零售商构建的客户画像

客户姓名：张××

客户编号：CX-001

年龄：28 岁

性别：女

职业：金融行业市场部经理

所在城市：北京

收入水平：中高

消费特征：

  购买频率：每季度至少购买一次。

  购买金额：单次购买金额通常为 500~1500 元。

  购买偏好：偏爱简约、时尚、高品质的服装，注重款式和面料。

  购买渠道：主要通过线上购物，偶尔会在实体店购买。

兴趣爱好：

  休闲活动：喜欢旅行、阅读、参加时尚活动。

  关注的品牌：喜欢一些国际知名品牌，如太平鸟、ICICLE 之禾等。

社交属性：

  社交媒体：活跃在微博和小红书，经常分享自己的穿搭和购物心得。

  粉丝数量：微博粉丝数超过 5000 人。

  影响力：在时尚圈有一定的影响力，经常受到品牌邀请参加活动。

心理特征：

  性格特点：自信、独立、有品位。

  消费观念：认为服装是展现个人魅力的重要方式，愿意为高品质和时尚感买单。

营销策略建议：

  产品推荐：针对客户喜好，推荐最新款的简约时尚服装，突出面料和款式的特点。

  活动邀请：邀请张小姐参加品牌方举办的时尚活动或 VIP 专属活动，增加其与品牌方的互动。

  定制化服务：为张小姐提供定制化的穿搭建议和购物方案，提升提购物体验和满意度。

四、客户画像的应用

客户画像在零售业务中的具体应用十分广泛，它不仅有助于企业更深入地了解消费者，优化产品和服务，还能指导企业制定更精准的营销策略，从而提升整体竞争力、扩大市场份额。

1. 精准营销与个性化推荐

通过对客户画像的分析，零售企业可以识别出不同客户群体的购买偏好、消费习惯和需求特点，根据客户的个人特点和偏好提供个性化的推荐，减少无效的广告投放和推广，降低营销成本，减少资源浪费。

根据客户的兴趣、历史购买记录以及与其他客户的相似性等信息，企业可以为客户推荐其可能感兴趣的产品或服务，如定向推送优惠信息、定制化的产品推荐等，加强营销活动的针对性，提高购买转化率和客户满意度。

例如，星巴克通过采集和分析客户的消费数据、会员信息以及社交媒体互动等数据，构建了详细的客户画像。对于经常购买特定口味咖啡的客户，星巴克会推送相关的优惠信息和新品推荐；对于喜欢在店内阅读的客户，星巴克会提供安静的阅读区域和舒适的座椅。这些个性化的营销策略不仅提高了客户的满意度和忠诚度，还为星巴克带来了持续的业务增长。

2. 产品优化与新品开发

客户画像为零售企业提供了客户对产品的反馈和期望，企业可以根据这些信息对产品进行改进和优化，以满足客户需求。通过分析客户画像，企业还可以发现新的市场机会和潜在需求，为新品开发提供方向。

例如，腾讯公司基于社交和通信服务工具微信的客户画像，根据用户的使用习惯和反馈，不断更新版本，2024年初微信安卓版 8.0.45 对多人语音通话界面有一处细微的调整：用户若连接了外放设备，在通话界面点击"扬声器"，可以切换选择蓝牙、耳机、音响或扬声器。这一调整有效提升了用户体验。

3. 市场细分与目标客户定位

客户画像可以帮助企业更准确地划分细分市场，识别出不同客户群体的特征和需求，从而制定有针对性的市场策略。通过分析客户画像，企业可以确定目标客户群体，并为其提供更符合其需求的产品和服务。

例如，京东通过对用户数据的深度挖掘，将市场细分为不同的客户群体。针对高端"头等舱乘客群"的消费行为，京东与众多一线品牌合作，为用户提供奢侈品品牌、电脑数码"高端品专柜"、全屋定制、进口生鲜水果等高品质、高附加值的商品，打造以"京东服务＋"等为代表的一系列高品质服务，并推出专属定制化配送服务"京尊达"，满足其用户增值享受型需求。

4. 客户关系管理与服务提升

通过客户画像，零售企业可以了解客户群体在年龄、性别、职业、地理位置等方面的特点，预测客户的潜在需求和行为，从而针对不同的客户群体进行个性化、有针对性的沟通和服务。企业通过提供定制化的营销活动，利用专属会员权益等方式来增强客户黏性，提高客户满意度和忠诚度。

例如，拼多多利用客户画像分析用户的购买习惯、偏好和投诉反馈等信息，对于经常购买某一类商品的用户，拼多多会提供专属的优惠和推荐；对于有过投诉的用户，平台会及时跟进处理，提升用户满意度。

5. 库存管理与供应链优化

零售企业可以根据客户画像中展现的用户购买习惯和购买行为预测信息优化库存管理，确保产品供应与需求相匹配；还可以根据这些信息优化供应链管理，降低库存积压，减少浪费，提高物流效率，从而降低成本。这不仅有助于提升用户体验，还能为企业创造更多的价值。

例如，苏宁易购通过客户画像分析用户的购买需求和趋势，能够预测未来一段时间内的商品需求。基于这些预测，苏宁易购可以优化库存管理，避免库存积压或缺货现象。同时，苏宁易购还可以根据客户需求调整供应链策略，确保商品供应的及时性和稳定性。

6. 线上线下融合与多渠道营销

客户画像可以帮助企业实现线上线下渠道的融合，通过分析客户在不同渠道的购买行为和偏好，企业可以制定跨渠道的营销策略，为客户提供无缝的购物体验，提高销售效果和客户满意度。

例如，美团利用客户画像分析用户的消费习惯和偏好，将线上和线下的业务紧密结合起来。通过个性化推荐和优惠活动等方式，美团引导用户在线上浏览、下单，在线下享受服务。这种线上线下融合的模式不仅提升了用户体验，还拓展了美团的业务范围。

7. 风险管理与信用评估

客户画像中的信用记录和支付行为等信息可以帮助企业评估客户的信用风险，制定相应的风险管理措施。通过对客户画像的分析，企业可以识别出潜在的欺诈行为或异常交易，保障企业的利益。

例如，蚂蚁金服通过客户画像分析用户的信用历史、行为偏好、履约能力、身份特质、人脉关系五个维度信息，对用户进行信用评估。基于评估结果，蚂蚁金服为用户提供个性化的金融服务，如贷款、信用卡等。同时，通过客户画像，蚂蚁金服还能及时发现潜在的风险因素，从而采取人脸识别、个性化验证等有效的风险管理措施。

案例分享

五粮液的消费者分析与精准营销

五粮液,作为中国知名的白酒品牌,其在市场中的成功很大程度上归功于对消费者的深入分析和精准营销策略。

1. 消费者分析

五粮液首先对其目标消费者进行了深入的分析。企业构建的典型用户画像可能包括中年男性、具有一定的经济实力、居住在二三线城市、对白酒有着深厚的情感和较高的品鉴能力等。这类消费者注重品质生活,追求有文化底蕴和高品质的产品。

为了更好地满足这类消费者的需求,五粮液不仅注重产品的品质,还在产品包装、口感和品牌形象上下足了功夫。企业明白,对于这类消费者来说,白酒不仅仅是一种饮品,更是一种社交工具和文化符号。

2. 精准营销策略

产品定位与品牌建设:五粮液坚持其高端白酒的定位,通过强调其百年历史、传统工艺和独特口感,成功塑造了高品质、有文化底蕴的品牌形象。这种定位不仅迎合了其目标消费者的需求,还进一步提升了品牌的知名度和美誉度。

线上线下融合营销:五粮液在线下通过各类品鉴会、文化活动等方式与消费者进行深度互动,提高消费者品牌忠诚度;同时也在线上积极开展营销活动,如社交媒体推广、KOL合作等,以扩大品牌的影响力。

个性化包装与产品创新:为了满足消费者对独特和稀缺产品的追求,五粮液推出了限量版产品和个性化包装。这不仅增加了产品的附加值,还进一步巩固了品牌在高端市场中的地位。

3. 市场反馈与调整

五粮液非常注重市场反馈,并根据消费者的需求和市场的变化进行及时调整。例如,五粮液通过大数据分析发现,消费者对低度白酒的需求在增加。于是,五粮液迅速推出了39%vol五粮液等低度产品,以满足市场的这一新需求。

本章学习总结

技能训练

一、在线答题

即测即评

二、简答题

1. 简述心理因素对消费者行为的影响。
2. 简述消费者行为分析对企业的重要性。
3. 描述消费者在购买决策过程中比较评价环节的主要活动。
4. 简述客户画像在零售业务中的重要性。
5. 什么是客户画像？请列举其五个关键要素。

三、论述题

1. 分析并论述社会因素对消费者行为的影响，并举例说明。
2. 论述如何有效应用客户画像提升零售业务的营销效果。

案例分析

一、案例背景

1828年，王老吉创始人王泽邦（乳名阿吉）在广州十三行靖远街开设第一家凉茶铺。到2004年，王老吉正式更名为广州王老吉药业股份有限公司，品牌进入现代化发展阶段。王老吉凭借其独特的草药配方和清凉的口感，在市场上占有一定的份额。2023年，商务部等5部门公布"中华老字号"复核结果，王老吉入选，再次确认了其在凉茶行业的领先地位和品牌影响力。近年来，随着健康饮食和生活方式的兴起，凉茶作为一种健康饮品，受到了越来越多消费者的青睐。王老吉也紧跟市场趋势，不断创新和优化产品，以满足日益多样化的消费者需求。

二、营销策略

1. 市场拓展与渠道建设

王老吉持续加大市场拓展，特别是在餐饮渠道和即饮市场上的布局。通过发力餐饮渠道和即饮市场，以及重点跟进礼品及宴席市场等，王老吉不断提升市场铺货率和占有率。

在线上渠道方面，王老吉积极拥抱数字化转型，通过电商平台和社交媒体等线上渠道，拓宽销售途径，提升品牌影响力。

2. 产品创新与市场响应

王老吉坚持"单品多元化＋品类多元化"的产品战略，推出了一系列创新产品，如刺柠吉、荔小吉等，以满足消费者多元化的需求。这些新品的推出，不仅丰富了产品线，也为公司带来了新的增长点。

同时，王老吉还通过开发各类定制罐、联名款产品等方式，持续强化与传统节日和多消费场景的关联，提升品牌影响力。

3. 国际化布局加速

近年来，王老吉加快了国际化步伐，积极拓展海外市场。通过发布全新海外品牌标识"WALOVI"以及进入美国主流渠道和国际电商平台等措施，王老吉正逐步提升其在全球市场的知名度和影响力。

三、市场挑战与应对策略

尽管王老吉在凉茶市场占据领先地位，但仍面临来自多方面的竞争。其主要竞争对手包括其他凉茶品牌，如加多宝、和其正等。这些品牌在市场上也具有一定的知名度和市场份额，对王老吉构成了一定的竞争压力。为应对这些挑战，王老吉采取了以下策略。

（1）持续创新：通过不断创新产品和服务，满足消费者多样化的需求。例如，推出低糖、无糖等新款凉茶产品，以满足现代消费者对健康和美味的双重追求。

（2）加强品牌营销：通过加大品牌营销力度，提升王老吉在消费者心目中的品牌形象和知名度。例如，开展各种营销活动、赞助热门综艺节目等。

（3）深化渠道合作：与各大电商平台、超市等建立深度合作关系，拓宽销售渠道，扩大产品覆盖面，提高购买便利性。

问题：

1. 请通过多种渠道收集数据，描述王老吉的主要消费者群体特征。
2. 分析王老吉消费者的购买决策过程，包括购买动机、信息搜索、购买地点选择等。
3. 王老吉应如何调整市场策略？

实训任务

一、任务目标

（1）深入理解消费者行为分析的重要性：能够认识到消费者行为分析在零售企业制定市场战略、产品设计方案、营销策略等方面的基础性作用。

（2）掌握消费者行为分析的主要内容：能够熟悉消费者行为分析的基本框架，包括消费者分类、消费方式、消费者购买决策过程及影响因素等。

(3) 应用客户画像进行市场分析：能够基于客户画像进行市场分析，理解客户画像在精准营销、产品优化、市场细分等方面的应用。

二、任务背景

新零售以消费者为中心，消费者行为分析成为企业获取竞争优势的关键。为了提升学生的实践能力和市场分析能力，本实训任务要求学生选择一家零售店，完成一个消费者行为分析案例，并基于分析结果构建客户画像，进行市场分析。

三、任务分析

(1) 消费者行为分析：学生需要回顾并理解消费者行为分析的基本框架，包括消费者分类、消费方式、消费者购买决策过程及影响因素等。

(2) 案例选择：学生需选择一个具体的零售产品或服务作为分析对象，可以是服装、电子产品、食品等。

(3) 数据收集：学生需通过市场调研、问卷调查等方式，收集与所选产品或服务相关的消费者行为数据。

(4) 客户画像构建：基于收集到的数据，学生需构建客户画像，包括基本信息、消费行为、兴趣爱好、社交网络、价值观念等关键要素。

(5) 市场分析：学生需运用客户画像进行市场分析，包括精准营销、产品优化、市场细分等方面。

四、任务操作

(1) 分组与选题：将学生分为若干小组，每组选择一个品牌作为分析对象。

(2) 数据收集与处理：通过市场调研、问卷调查等方式，收集与所选产品或服务相关的消费者行为数据，并进行整理和分析。

(3) 客户画像构建：基于收集到的数据，构建客户画像，包括基本信息、消费行为、兴趣爱好、社交网络、价值观念等关键要素，并以可视化方式呈现。

(4) 市场分析：运用客户画像进行市场分析，包括精准营销、产品优化、市场细分等方面，并提出具体的市场策略建议。

(5) 撰写报告：每组需撰写一份详细的实训报告，包括任务背景、数据收集与处理、客户画像构建、市场分析、市场策略建议等内容。

五、任务评价标准

一级指标	二级指标	得分
消费者行为分析理解程度	对消费者行为分析的基本框架有清晰理解	
	能够准确阐述消费者分类、消费方式、消费者购买决策过程及影响因素	
	能够将理论知识应用于实际案例分析中	

续表

一级指标	二级指标	得分
数据收集与处理	数据收集方法合理，数据来源可靠	
	数据处理得当，分析准确	
	数据呈现清晰，易于理解	
客户画像构建	客户画像包含基本信息、消费行为、兴趣爱好、社交网络、价值观念等关键要素	
	客户画像构建准确，能够反映消费者特征	
	客户画像可视化呈现清晰，易于理解	
市场分析	能够运用客户画像进行精准营销、产品优化、市场细分等方面的分析	
	提出的市场策略建议具有针对性和可行性	
	分析逻辑清晰，条理分明	
实训报告撰写	报告内容完整，包括任务背景、数据收集与处理、客户画像构建、市场分析、市场策略建议等	
	报告格式规范，条理清晰，易于阅读	
	报告语言表达准确，无错别字、语法错误等	

 任务反思

_____
_____
_____

第三章 "货"——商品规划

本章学习目标

◆ **素养目标：**

(1) 提升市场洞察力，增强创新思维；
(2) 增强品牌意识，树立正确的消费观；
(3) 提升团队协作和沟通能力。

◆ **知识目标：**

(1) 了解商品定位和品类管理的含义；
(2) 掌握商品定位和品类管理的方法及应用场景；
(3) 熟悉零售企业自有品牌的发展状况。

◆ **技能目标：**

(1) 能够对零售商品进行定位分析；
(2) 能够根据市场变化及时调整零售商品策略；
(3) 能够根据零售企业实际情况制定品类决策。

章节思维导图

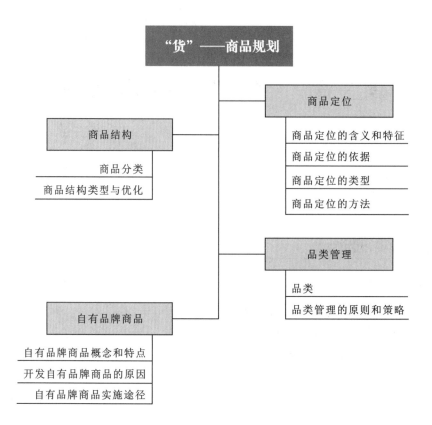

导入案例

一个抓住"意外"成功起飞的茶饮界品牌——林里

2012年,第一家LINLEE手打柠檬茶在广东湛江诞生,以"柠檬+果蔬"开创一系列新式柠檬茶饮。2020年7月,品牌从湛江走向广州,广州第一家门店开在天河南一路,门店招牌取名"邻里",拥有注册商标"昌盛邻里",寓意繁荣昌盛,左"邻"右里。2021年初,山寨"邻里"开始不断涌现,以廉价"小作坊"的出品充斥市场;同年6月,LINLEE团队宣布全面升级品牌为"LINLEE",放弃"邻里"的使用;7月底,全国范围内门店招牌已经全部更换为"LINLEE·手打柠檬茶",并且品牌获得三七互娱独家投资,至今在全国范围内拥有超过1500家门店。

在品牌扩张的道路上,比柠檬茶知名度更高的,是店里的赠品玩具小黄鸭。在林里,顾客每买一杯饮料,店家就会赠送一个黄色、圆润、塑胶质感、肚子空心、可以漂在浴缸里的小鸭子。除了基础款小黄鸭，还有各种颜色的小鸭子，林里会随机或者根据暗号赠送鸭子配件，并结合热点不定期推出限定鸭（见图3-1）。林里成了全网知名的"鸭子制造商"。

图3-1　林里柠檬茶和玩具小鸭子

但是，近期网友吐槽鸭子的表情和造型逐渐变丑，在社交网络上发起"丑鸭子"征集帖，想要看看鸭子的"丑值"极限，不料这一举动实现了全网反向"种草"，点燃了网友的购买和晒单热情，林里和它的小鸭子在互联网上意外爆火。

事实上，"丑鸭子"并非品牌有意打造的IP形象。在最初规划里，赠送小鸭子只是为了安抚消费者因长久排队产生的烦躁情绪。但是当"丑鸭子"意外风靡后，品牌立马跟进：第一，林里开辟出了多元体，在原来鸭子的大小基础上，增加了中号鸭、大号鸭，并制定了"10小换1中，3中换1大"的统一"汇率"；第二，林里结合不同潮流热点上线潮流限定周边，如鸭鸭积木、鸭鸭水枪、小黄鸭CCD相机、鸭鸭毛毡包、北京烤鸭贴纸等；第三，品牌结合城市主题进行了多元"种群"扩充，如潮汕游神热时上线的"英歌鸭"、长沙限定的"烤肉鸭"、广东限定的"广东烧鸭"等。

如今，鸭子IP已经成为林里品牌增长的一大着力点。多元的鸭子形象为品牌带来了更多话题和玩法，原本只是无意增加的赠品成为品牌差异化营销的抓手。在某种程度上，林里的鸭子成了消费者热捧的便宜、多变、可爱的玩具，有消费者甚至迷上小鸭子DIY改造而自购配件，还有消费者把每次点单送的小鸭子当作开盲盒的惊喜。

至此，林里的鸭子IP完成了从"审丑"到"审美"的两极打通，激活了年轻消费者的收集喜好，及时抓住年轻消费者对个性的追求和对创意表达的渴望，将小黄鸭的意外走红转化为一种"鸭"文化现象，并构建起一个充满活力的共创生态系统。

（资料来源：营销品牌官，2024-06-22，https：//mp.weixin.qq.com/s/g5A34CvqFh2kLxKb924gjQ）

思考：

1. 请分析企业进行商品定位需要考虑哪些因素。
2. 你从该案例中得到哪些启示？

第一节 商品定位

零售业是一个庞大而复杂的行业,连接着商品和消费者,它的发展与人们生活水平的提高息息相关。在竞争激烈的零售市场中,商品定位是至关重要的一环。一个合理的商品定位可以帮助企业更好地了解消费者的需求,增加产品销量,提升品牌竞争力。

一、商品定位的含义和特征

1. 商品定位的含义

商品定位是指零售企业针对目标消费者和生产商的实际情况,动态分析确定商品的经营结构,实现商品配置的最优化状态。商品定位包括对商品品种、档次、价格、服务等方面的定位。商品定位既是企业决策者对市场判断分析的结果,同时又是企业经营理念的体现。

对企业来讲,商品定位就是要满足目标消费者的需求,提升顾客满意度;取得持久的竞争优势,占领消费者的心智。

2. 商品定位的特征

(1) 顾客满意度。顾客满意度是商品定位的首要条件,也是任何企业赖以生存的主要因素。商品定位应确保所选商品能满足目标消费者的需求和期望,从而赢得消费者的满意和忠诚。

(2) 长期性。企业需要长期满足消费者的需求,通过持续的商品优化和创新,树立和维护企业的良好形象。这意味着商品定位不是一蹴而就的,而是需要企业根据市场变化和消费者需求进行不断调整和优化。

(3) 竞争性。商品定位应具有竞争性,使本企业商品能够从众多竞争商品中脱颖而出,吸引消费者的注意和选择。这需要企业在进行商品定位时,充分考虑竞争对手的情况,找出自己的差异化优势,并通过有效的营销策略将这一优势传递给消费者。

二、商品定位的依据

1. 业态

业态是根据经营商品重点的不同而划分的营业形态。业态不同实质上就是商品构成和定位的不同。例如,生鲜食品类是超市经营的主力商品,其构成比例超过50%;便利店以速食和饮料为主,生鲜类食品构成比例往往在30%以下;百货商店涵盖了从日常生活用品到高端奢侈品的各个方面,重视时尚商品的经营,力求提供一站式的购物体验;

专业店专注于某一特定领域的商品,顾客通常对产品的性能、品质和性价比有较高的要求;专卖店经营某一品牌的精品或高端商品,强调品牌的独特性和高端定位。

2. 消费对象

业态一经确定,目标顾客基本可以明确。企业主要从年龄、性别、民族、婚姻状况、文化程度、职业、家庭规模、收入情况,以及行为特征、消费习惯、生活特点、对商品的要求等方面明确消费者轮廓,然后深入分析消费者购买频率、购买时间、购买需求、购买价格等。顾客层次不同,对商品的要求也不同,企业只有明确消费对象的情况,才能有针对性地组织商品服务,做好商品定位。

3. 区域

位于城市核心区域的购物中心、商业中心和交通便利的繁华区域往往能够吸引周边办公楼的白领人群、商务人士以及高消费能力的居民,因而这些地方的商业体的商品定位可以更加高端、时尚,满足快节奏、高要求的都市生活需求;新兴商业区往往汇聚了年轻、有活力的消费群体,商品定位可以更加年轻化、潮流化,以满足这一群体的个性化需求;处于街头巷尾的小型商店,则经营价格低廉的生活必需品;郊区环境相对宁静,消费者更注重生活品质和休闲体验,商品定位偏向于家庭消费、休闲娱乐等。

4. 地区经济发展水平

经济发展水平较高的地区,居民收入水平普遍较高,消费能力和购买力相对较强,消费者更加注重产品的个性化、品牌化以及科技含量,追求时尚潮流和新颖体验,企业在进行商品定位时,可以选择高品质、高附加值的产品,以满足消费者对品质生活的追求。相反,在经济发展水平较低的地区,居民的消费能力和购买力有限,市场需求倾向于基础和实用,消费者对品牌的认知度相对较低,商品市场相对单一,企业在进行商品定位时需要注重性价比和实用性。

三、商品定位的类型

(一)价格定位

与目标市场定位较为相似,零售企业商品的价格定位决定了该企业的档次,即走高端路线、中端路线还是低端路线,这需要和企业的目标消费群体相吻合。

微课:商品定位的类型

1. 高端路线

选择高端路线的零售企业,商品价格定位通常较高,旨在满足对设计、品质、服务有极高要求的消费者群体。比如苹果公司的产品,一直以来都定位于高端市场,以创新的设计、卓越的品质以及强大的品牌影响力吸引高收入消费者。

2. 中端路线

中端路线是零售市场中常见的定位之一，它面向的是大众消费群体中的中产阶层或追求性价比的消费者。比如热风（hotwind），作为一家快时尚服装品牌，其产品定位于中端市场，通过快速响应市场趋势和消费者需求，提供多样化的产品选择，以满足广大消费者的日常穿搭需求。

3. 低端路线

选择低端路线的零售企业，其商品价格定位较低，主要面向低收入人群或追求极致性价比的消费者。比如名创优品，以低价策略著称，其产品种类丰富，价格亲民，吸引了大量价格敏感型消费者。

案例分享

瑞幸咖啡：以9.9元战略颠覆市场，挑战星巴克的"咖啡帝国"

在咖啡市场的激烈竞争中，瑞幸咖啡以其独特的商业模式和激进的价格策略，成功地在中国乃至全球范围内挑战了星巴克的主导地位。通过一系列创新举措，瑞幸不仅在价格上打出了"9.9元"的亲民牌，更是在服务、体验和数字化运营方面实现了超越，成为业界瞩目的新星。

1. 价格革命："9.9元"背后的市场策略

瑞幸咖啡的成功，首先归功于其大胆的价格战。在传统咖啡品牌普遍定价较高的背景下，瑞幸以"9.9元"的超低价位切入市场，迅速吸引了大量对价格敏感的消费者。这一策略不仅降低了消费者的入门门槛，也打破了高端咖啡品牌的垄断格局，使得更多人能够享受到便捷、高性价比的咖啡体验。

2. 数字化转型：重塑咖啡消费场景

科技赋能下的新零售模式除了价格优势，瑞幸还借助数字化工具重塑了咖啡消费场景。通过APP预订、无人零售机等渠道，瑞幸实现了线上线下无缝融合，极大提升了运营效率和顾客体验。这种基于大数据分析的精准营销和个性化服务，让瑞幸在满足消费者需求的同时，也有效控制了成本，确保了"9.9元"策略的可持续性。

3. 品质与创新并重：打造独特品牌价值

尽管价格低廉，但瑞幸并未牺牲产品品质。公司持续投入研发，推出多款口味独特、品质上乘的咖啡饮品，满足不同消费者的需求。同时，瑞幸还积极拓展非咖啡产品线，如茶饮、轻食等，进一步丰富了品牌内涵，增强了客户黏性。

4. 市场扩张：从中国走向世界

在国内市场取得初步胜利后，瑞幸开始着眼于全球布局。通过与国际知名品牌合作、开设海外门店等方式，瑞幸正逐步将"9.9元"概念推向世界舞台，挑战星巴克在全球咖啡市场的领导地位。

（资料来源：搜狐，2024-07-17，https://www.sohu.com/a/793878866_122008281）

（二）种类定位

商品定位的中心内容是确定经营商品的种类，主要从商品的宽度和深度两个维度来确定。

1. 商品宽度

商品宽度也称为商品广度或产品线的数量，它指的是零售企业所经营的商品品类的多样性和范围。比如沃尔玛，作为全球较大的零售企业之一，其商品种类涵盖了食品、日用品、电子产品、服装等多个领域，具有广泛的商品宽度，以满足不同消费者的多样化需求。

2. 商品深度

商品深度是指零售企业在某一特定商品品类或产品线下，所提供的不同规格、型号、款式或价格档次的商品数量。比如安踏，在运动鞋领域具有深厚的积累，其产品线不仅覆盖了跑步鞋、足球鞋、篮球鞋等多种类型，还在每种类型下提供了多种款式、颜色和尺码的选择，安踏通过丰富的商品深度，以满足不同消费者的个性化需求。商品深度在一定程度上能够衡量企业在某一商品领域内的精细化和差异化程度。

（三）区域覆盖型定位

区域覆盖型定位是指企业根据所在的市场区域、企业的业态、商圈范围以及商圈内大多数消费者的共同消费需求来确定商品定位。这种定位类型下的企业所经营的商品种类比较多、规模与样式比较全、高中低档兼顾，综合性较强，能够满足该市场区域内绝大多数消费者的需求。

比如家乐福，作为一家全球性的连锁超市，在不同国家和地区根据当地的市场需求和消费者习惯进行商品定位。在中国市场上，家乐福不仅提供了丰富的食品、日用品等常规商品，还针对中国不同地方消费者的口味和习惯引入了特色商品和服务，以满足当地消费者的需求。

（四）特色型定位

特色型定位是指企业在商品、服务、技术等经营资源方面具有独占性或者明显优势,并利用这些优势资源而组合出特色明显、吸引力强的商品定位。这种定位方式能够吸引对特定商品或服务有偏好的消费者群体,从而实现差异化竞争。

比如巴奴毛肚火锅,专注于毛肚火锅,提出了"产品主义"的理念,强调真材实料、健康美味,在毛肚的选材、处理及烹饪工艺上下足了功夫,这一特色定位使得巴奴在火锅市场上独树一帜,赢得了消费者的广泛认可。

(五)创新性定位

创新性定位是指企业通过开发新产品、引入新技术、提供新服务等手段不断创新,以满足消费者对新鲜感和个性化的需求。

比如特斯拉,作为电动汽车行业的领军者,其商品定位不仅在于提供高性能的电动汽车产品,更在于推动电动汽车行业的创新和发展。特斯拉通过不断研发新技术、推出新产品、提供优质的售后服务等方式来满足消费者对电动汽车的期待和需求。

四、商品定位的方法

1. 避强定位

避强定位是在目标市场中避开强有力的竞争对手的一种定位方式。企业可以根据自己的资源条件另辟蹊径,将自己的产品定位在另一个市场区域,使自己的产品特色与竞争对手存在明显的差异,以取得相对的优势地位。

微课:商品定位的方法

例如,小米手机自 2011 年推出以来,将自己定位为"为发烧而生"的智能手机,专注于性价比,以较低的价格提供高性能的硬件配置和流畅的用户体验。小米通过直接与消费者沟通、减少中间环节、优化供应链管理等方式,有效降低了成本,并将这些节省下来的成本回馈给消费者,实现了"高配置、低价格"的竞争优势。此外,小米还注重打造自己的生态圈,通过推出智能家居产品、互联网服务等,构建了一个完整的生态系统,进一步增强了用户黏性,提高了用户的品牌忠诚度。这种定位策略使得小米手机在短时间内迅速崛起,成为国内市场的重要参与者,并逐渐向国际市场扩张。

2. 对抗性定位

对抗性定位是为了争夺同一细分市场,与市场中占支配地位的竞争者主动对抗的定位方式。虽然从竞争者手中"虎口夺食"可能困难重重,但是一旦成功就能取得较大的市场优势,赢得巨大的市场份额。

在智能手机市场,苹果一直以其卓越的产品设计、用户体验和广泛的品牌影响力占据高端市场的领先地位。然而,华为作为全球领先的通信技术公司,近年来在智能手机领域采取了对抗性定位策略,直接与苹果竞争。华为通过持续的技术创新,如推出更先进的摄像头技术、更快的处理器、更长的电池续航等,不断提升产品竞争力。同时,华为还加大了在全球范围内的品牌宣传力度,提高品牌知名度和美誉度,这种对抗性定位策略使得华为在全球智能手机市场中的份额持续增长。国际数据公司（IDC）数据显示，2024年一季度和二季度华为手机出货量增幅分别为110%和50.2%，以17.5%的市场份额再次成为中国智能手机市场出货第一名，增速领跑行业，在国内市场上对苹果构成了强有力的竞争威胁。

3. 重新定位

重新定位是企业面临巨大的外界压力等危机情况，或者出现新的消费趋势或新的消费群体时的选择。企业做出这种选择时必须慎重，因为这样可能引起品牌忠诚者的反感，也可能造成品牌定位模糊。

李宁作为中国本土体育用品品牌的代表，近年来经历了从传统运动品牌向时尚运动品牌的重新定位过程。在早期，李宁品牌主要面向专业运动员和体育爱好者，但随着市场变化和消费者需求的多样化，李宁意识到需要调整品牌策略以吸引更广泛的消费群体。因此，李宁开始注重品牌的年轻化和时尚化，通过与设计师合作推出联名款、在产品设计上融入更多时尚元素、提高品牌在国际市场上的曝光度等方式，成功地将品牌形象从传统的运动品牌转变为时尚运动品牌。这一重新定位策略不仅提升了李宁品牌的市场竞争力，还吸引了大量年轻消费者的关注和喜爱。

第二节 商品结构

随着市场竞争加剧，价格战早已由生产领域扩展到了零售领域。大量的零售企业正在低利润水平下运行。近年来，大型零售企业的利润率已由原来的10%以上降到5%以下，有些甚至不足3%，零售企业都在寻找提高经济效益的有效办法。其中，增加新的经营品种、开拓新的经营领域是很多零售企业普遍采用的一项措施。但是，在不断增加商品品种的同时，企业需要更加重视对所经营商品结构的优化，对商品结构的分析贯穿经营始终。

一、商品分类

零售商品分类是指零售企业能提供给消费者的相关商品群。根据不同的标准，商品可以分为不同的类别。

微课：商品分类

（一）根据商品的耐久性和有形性划分

（1）耐用品。耐用品是指在正常情况下能多次使用的有形物品，如汽车、家电等。这类商品使用周期较长，价格一般较高，消费者在购买时会比较谨慎。

（2）消耗品。消耗品也称为非耐用品，是指经过一次或几次使用就被消耗掉的有形物品，如食品、化妆品等。这类商品使用时间短，需要不定期更换，消费者购买频率较高。

（3）服务。服务属于非实体物品，其核心内容是向消费者提供效用，如培训、理发等，而非转移所有权。企业应提高服务技能，为不同消费者提供适当的服务，以增强自身竞争力。

（二）根据商品的用途划分

（1）消费品。消费品是消费者为了个人或家庭使用而购买的商品，直接用于最终消费，如食品、服装等。消费者在选购时不需要成为技术内行，虽然注重性价比，但是更多体现个人偏好。

（2）资本品。资本品是企业用于生产或商业活动的商品，如机器设备等。它与消费品的购买目的不同，在购买数量和购买方式方面也存在较大差异。

（三）根据消费者对商品的选择程度划分

（1）便利品。便利品是指消费者经常购买，且不需要花费太多时间进行选购的商品。便利品又可分为：① 日用品，指单位价值较低、经常购买和使用的商品；② 冲动购买品，指事前无购买计划，因感官受到刺激而临时决定购买的商品；③ 应急品，指消费者为满足紧急需要而购买的商品。

（2）选购品。选购品是指消费者在购买过程中，愿意花时间和精力去做比较的商品。此类商品价格较高，使用周期较长，多为中高档商品。

（3）特殊品。特殊品是指具有特定性能、特定用途、特定品牌或特殊效用的商品。这类商品一般适合开设专门商店或专柜销售，集中经营。

（4）未寻求品。未寻求品是指消费者尚不知道或知道但是尚未有兴趣购买的商品。这类商品需要加强广告宣传，吸引潜在顾客。

微课：产品层次

（四）根据消费者购买习惯划分

（1）日用杂品。日用杂品是指日常生活中经常购买和使用的商品。这类商品购买频率高、价格偏低，购买决策相对简单。

（2）日用百货。日用百货是指消费者经常使用和购买的、价值中等偏上的商品。这类商品需要品类丰富，符合消费心理。

（3）专用品。专用品是指具有特定用途的商品。这类商品一般价值较高，购买次数少，顾客对商品品质要求较高。

（4）流行品。流行品是指那些受某些因素影响，短期内出现大量需求的商品。消费者通常对这类商品的价格和质量要求不高，重点是新颖、追赶潮流。

知识拓展

超级市场的商品分类

超级市场的商品分类主要分为大分类、中分类、小分类和单品四个层次。

(1) 大分类。通常按商品特性划分，如水产品、畜产品、果蔬、日配加工食品、一般食品、日用杂品、家用电器等。大分类的划分最好不超过 10 种，以便于管理。

(2) 中分类。分类标准包括按商品功能用途划分、按制造方法划分、按商品针对的对象划分等。例如，在日配加工食品大分类下，可以分出奶制品、豆制品、冷冻食品等中分类。

(3) 小分类。分类标准包括按功能用途划分、按规格包装划分、按商品的成分划分、按商品口味划分等。例如，在畜产品大分类、猪肉中分类下，可进一步细分出排骨、里脊肉、肉馅等小分类。

(4) 单品。单品是商品分类中最小的且完整独立的商品品项。例如，"400 mL 飘柔洗发水""200 mL 沙宣洗发水""750 mL 潘婷洗发水"就是三个不同单品。

这种分类方式有助于超市实现科学化、规范化的管理，提高零售企业管理效率和经济效益，同时也有利于企业根据消费者的需要，选择并形成有特色的商品组合，体现自身的个性化经营特色。

二、商品结构类型与优化

商品结构是指零售企业在一定的经营范围内，按照一定的标准将经营的商品划分成若干类别和项目，并确定各类别和项目在总构成中的比重。

（一）商品结构类型

按照经营商品的构成，可以将商品分为主力商品、辅助商品和关联商品。

1. 主力商品

主力商品是指在零售企业经营中，无论是销售量还是销售金额都占重要比重的商品。主力商品可以体现出一个企业的经营方针、经营特点和企业性质，决定着企业的经营业绩。

2. 辅助商品

辅助商品是指在价格、品牌等方面对主力商品起辅助作用的商品。辅助商品可以增加商品宽度，丰富商品种类，为消费者提供更多选择，消除商品的单调感，提升顾客的购物体验。在某些情况下，辅助商品也可以成为店铺的盈利点，构成商店商品结构的重要部分。

3. 关联商品

关联商品是指与主力商品或辅助商品有密切联系，同主力商品或辅助商品共同购买、共同消费的商品。关联商品可以扩大消费者的选购范围，提升其购物体验，促使消费者增加购买频次和数量，从而增加销售机会，提高盈利能力和市场份额。关联商品可分为基础类、增强类、补充类、替代类、附加类等。

关联商品的分类

基础类：消费者购买某一特定商品或服务的基础配套产品，构成购买组合的一部分。例如，购买手机时，充电器和数据线是手机的基础配件。

增强类：可以增强原始商品的功能或性能，提升用户体验。例如，购买一台游戏主机后，与之相配套的游戏软件就属于增强类关联商品。

补充类：能够为原始商品提供补充的功能或服务。例如，购买了一台咖啡机后，与之匹配的咖啡豆或咖啡杯就属于补充类关联商品。

替代类：可以替代原始商品的功能，通常属于竞争关联商品。例如，随着公共交通便捷性的提高，私家车的使用频率可能会降低，公共交通工具就属于替代类关联商品。

附加类：这类商品是消费者根据个人需求而附加购买的产品，通常不是购买某一特定商品所必需的。例如，购买数码相机时，相机包、镜头、存储卡等都属于附加类关联商品。

（二）商品结构优化

对零售企业而言，获得尽量多的商品数量和品种已不是运营过程中要解决的首要问题，重点是如何对可获得的商品进行合理的筛选，即对商品结构进行优化，从而使企业的销售资源得到合理的配置，发挥最大的作用，取得最佳的经济效益。

第三节 品类管理

一、品类

（一）品类的定义

品类（category），是指能满足消费者的某种需求，具有关联性或可代替性的，能明确地实施管理的商品或服务的集合。

从零售商的角度来看，品类是商品的分类，它与消费者需求或者利益点密切相关，每一个细分类都代表了一种消费者的需求。品类在零售业中具有重要地位，是企业所有经营活动的基础，不仅影响商品的展示和销售，还关系到企业的市场策略和品牌建设。

具体而言，品类的概念可以从以下几个不同的角度进行理解。

（1）消费者的角度。品类是消费者为了满足某种需求而选择的商品或服务类别。例如，咖啡店提供的"咖啡"就是一个品类，它满足了消费者对于提神醒脑、享受悠闲时光的需求。

（2）企业的角度。品类是零售企业最基本的买货计划单元，它能帮助企业有效地组织商品、制定采购和销售策略。

（3）管理和营销的角度。对品类的管理涉及对商品进行分类、描述和策略性摆放，以便更好地满足消费者的需求，同时提升企业的销售效率和品牌影响力。

（二）品类角色

品类角色是零售商从自身市场定位出发，确定的某品类在其经营架构中的角色，以追求不同的销售目标。品类角色的确定及其对零售商营业的贡献，体现了零售商在重点业务上的核心竞争能力。

品类角色与品类定义不同，品类定义更多地体现出零售商主动地对现有经营商品的结构性分类；品类角色主要从品类对零售商的意义出发，讨论某品类商品能给零售商带来何种利益。

品类角色划分常用的两种方法分别是以零售商为导向的划分方法和以顾客为导向的跨品类分析法。其中，以顾客为导向的跨品类分析法是被普遍运用的、较全面的划分方法。该方法从消费者、市场及竞争对手的重要性出发，将品类分为目标性品类、常规性品类、季节性/偶然性品类和便利性品类四种角色。

1. 目标性品类

目标性品类是零售商门店的标志，当提到这个品类时，顾客会在第一时间内将该门店作为首选。

目标性品类的特点：该品类代表零售商门店的形象；该品类对目标顾客群非常重要；该品类在销售增长方面居于所有品类的领先地位；该品类拥有比其他品类更多的资源。

目标性品类的特点决定了它不可能涵盖很多的商品或服务，基本上只能占门店10%～15%的品项。例如，当说到葡萄酒，消费者第一时间会想到家乐福；说到婴儿用品，第一时间会想到沃尔玛；说到个人护理品，第一时间会想到屈臣氏。目标性品类不是通过低价和低利润的方式来建立的，而是通过个性化的服务、差异化的竞争方式来建立其地位。

2. 常规性品类

常规性品类运营的好坏决定了商店是否能够可持续性地稳步发展，它是零售商通过给目标消费群提供持续的、有竞争力的价值，帮助零售商门店发展成为消费者的选择。

常规性品类的特点：该品类在销售额和利润之间提供了平衡；该品类是消费者每日需要的重要品类；该品类的销售额和利润占比与其所获得的相关资源比较接近。

常规性品类基本是相同业态零售商共有的，零售商向顾客提供与竞争对手相同的商品或服务，满足消费者多方面需求的品类，品类差异化不大，基本上占门店60%的品项，如超市中的生鲜食品、日用百货、干货等。

3. 季节性/偶然性品类

季节性/偶然性品类是零售企业通过给目标顾客群提供频繁的、有竞争力的价值，帮助提升零售商门店在消费者心目中形象的品类。

季节性/偶然性品类的特点：该品类在某个时期处于领导地位；该品类能帮助提升零售商在目标顾客群心目中的形象；该品类给目标顾客群提供频繁的、有竞争力的价值；该品类在利润、现金流和投资回报率方面处于次要地位。

季节性/偶然性品类的特点决定了它们不是长期在店内销售的品类，只是由于季节性的需求而出现在店内，如端午节的粽子、中秋节的月饼等。它们没有固定的位置，多出现在应季的时候，通常是在主通道、端架、堆头等进行陈列并进行短期销售。因此，该品类在零售门店基本上占10%的品项。

4. 便利性品类

便利性品类是零售企业通过给目标顾客群提供良好的价值，帮助提升零售企业形象的品类。

便利性品类的特点：该品类为额外的"便利性"购买提供机会；该品类有助于提升零售商的"一站式"购物形象；该品类为利润的增长提供机会。

便利性品类的销售额一般不会太高，但是它满足了顾客"一站式"购物的需求。便利性品类虽然只占门店约10%的品项，但仍是零售利润的主要贡献者。

 知识拓展

品类角色的划分

品类角色的划分直接影响到该品类在零售商门店所能够享受到的资源的分配，因此品类角色的划分非常重要。

购买频率较高、数量较大的品类和有较大的家庭购买比例的品类一般被认定为目标性品类或常规性品类，二者的区别在于目标性品类是被零售商认为有自身优势且易于与其他零售商相区别的品类。购买频率较低但家庭购买比例较大的品类或与季节/假日有关的品类常常被认定为季节性/偶然性品类。如果某品类家庭购买比例较小，或者消费者主要从其他渠道购买该品类，那么这种品类通常被认定为便利性品类。一般来说，不同企业对同一品类会划分为不同的品类角色，不同角色的品类之间不宜直接竞争。

同一品类由于在各企业的品类角色不同而形成差异化经营，同一品类因为不同企业资源投入的不同，会形成品类角色的不同。例如，个人护理品类在便利店中是便利性品类，但在大部分零售卖场则会被作为常规性品类或者目标性品类来经营。

（三）品类评估

品类评估是对一个品类在市场中的表现进行综合全面分析的过程，目的在于了解品类的经营状况、市场潜力以及存在的问题，从而为品类的发展提供决策依据。品类评估的内容涉及以下方面。

（1）品类发展趋势评估。主要分析品类的发展趋势，包括市场规模、增长速度、消费者需求变化等。对零售商来讲，发展趋势评估可以帮助预测品类的未来走向，从而把有限的资源分配给最需要的品类，确定正确的品类价格策略、陈列方式和促销方案。

（2）品类销售表现评估。主要通过销售额、销售量等指标，评估品类的市场表现和市场占有率。零售商通过分析哪个品类表现得好，哪个次品类带动了整个品类的发展，分配给该品类的资源与收益是否均衡等，来判断货架的陈列方式、价格策略、促销方案是否行之有效。

（3）市场和竞争对手表现评估。主要分析市场上竞争对手的情况，包括竞争对手的数量、市场份额、营销策略等。对零售商来讲，评估的目的是将自己与竞争对手进行横向、客观的比较，快速看到同一品类在同一市场不同零售商中的业绩表现。

（4）供应商考核评估。主要对供应商的服务质量、供货稳定性、价格、交货期等进行评估。评估的目的在于衡量不同供应商及品牌的表现，便于零售商可以通过利用80/20原则将有限的精力和资源放在主要的供应商及品牌上，确保供应链的稳定和优化，带动整体品类的增长。

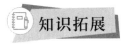
知识拓展

供应商策略、品类角色及衡量方法

不同品类角色的评价指标和品类策略如表3-1所示。

表3-1　不同品类角色的评价指标和品类策略

品类角色	评价指标	品类策略
目标性品类	市场份额和销售	势力范围保护/防御； 增加客流量； 创造消费者满意的购物体验； 增加现金收入

续表

品类角色	评价指标	品类策略
常规性品类	毛利	拓展业务； 催生利润； 并购
季节性/偶然性品类	顾客满意度	创造消费者满意的购物体验； 提升形象； 并购
便利性品类	投资回报率	增加现金流； 与供应商合作共赢； 库存管理

二、品类管理的原则和策略

品类管理（commodity management）是指将所经营的商品或服务按照一定规则进行分类，并将每一类商品或服务作为企业经营的基本业务单元进行管理的一系列相关活动。简单来说，品类管理是零售商或供应商的一种工作方法，它将具有相似市场供应或使用特性的物料或服务归为一组，形成"品类"，并对其进行系统化的管理和优化，通过实现消费者价值，使企业经营效率得到提升。

品类管理是高效满足消费者需求的重要策略之一，是扩大需求、最大化利用店内资源的主要手段。

（一）品类管理的原则

1. 以消费者需求为导向

该原则是品类管理的核心。通过深入了解和分析消费者的需求和行为，来确定产品的品类策略和管理方式。

2. 品类管理策略与企业整体战略相一致

品类管理策略应与企业整体战略相一致，确保每个品类的管理策略与企业总体使命、战略目标保持一致。每个品类都在企业的整体品类组合中扮演特定的角色，共同服务于企业的整体战略目标。

3. 以商品品类为基本活动单位

将商品分成不同的类别，并将每个类别作为企业经营战略的基本活动单位进行管理。通过明确每个品类的角色和目标，实现对企业资源的有效分配和优化。

4. 将数据作为决策基础

品类管理应强调数据说话，通过收集和分析销售、库存、消费者行为等数据，优化品类策略和执行计划，帮助企业更精准地满足市场需求，提高资源利用效率。

5. 持续优化和改进

品类管理是一个持续的过程，需要不断地评估和调整品类策略，以适应市场变化和顾客需求的变化，企业需要保持灵活性和创新性，及时调整品类组合和管理方法。

（二）品类管理的策略

1. 品牌优化管理策略

品牌优化管理是指根据品类的角色，对确定的品类进行市场细分，对不同品牌商品的绩效做出恰当的评估，并在评估的基础上，给予品类中绩效表现最好的品牌最大支持，摒弃无效的品牌，为消费者提供最佳的商品选择。具体策略包括以下几点。

（1）界定品类界限：明确所要管理的具体品类及其相关品牌，根据企业自身能力和目标市场（如消费者的收入、年龄、职业等）来确定管理范围。

（2）评估品牌绩效：通过对品牌、产品、品类及制造商在市场和消费者两方面的表现进行评估，保留和扩大表现良好的品牌，调整和改善表现欠佳的品牌，淘汰表现极差的品牌。

（3）优化品牌组合：根据评估结果，优化品牌组合，确保品类中既有代表零售商特色和形象的目标性品牌，也有满足消费者大部分需要的常规性品牌，同时考虑季节性/偶然性品牌和便利性品牌的需求。

2. 货架优化管理策略

货架优化管理是根据消费者的购买决策、商品品种及商品品牌的市场占有率和市场趋势，结合商品的销售比例，用科学的分析方法确定各类商品在货架上的陈列位置和陈列面积大小，优化空间分配，使有限的货架空间创造出最优效益。具体策略包括以下几点。

（1）货架空间分配：根据商品的市场表现和消费者需求，合理分配货架空间。一般来说，目标性品类应放置在最高立方空间、最大客流量、显眼易见的地方；常规性品类应位于高立方空间、客流量大的地方；季节性/偶然性品类应放置在一般立方空间、一般客流量的地方；便利性品类应置于低立方空间和门店剩余位置。

（2）陈列方式优化：采用关联性陈列、垂直陈列、水平陈列等科学的陈列方式，提高商品的可见性和易选性。同时，注意陈列的高度、标签的易读性、货架插卡的使用等细节，以提升促销效果。

（3）动态调整：根据销售数据和消费者反馈，定期调整货架陈列，确保货架上的商品始终符合市场需求和消费者偏好。

3. 促销策略

促销策略是品类管理中刺激消费者购买、提升销售业绩的重要手段。具体策略包括以下几点。

（1）价格促销：通过满减、打折、降价等方式吸引消费者购买。价格促销是较为直接有效的促销手段之一，但需避免因过度降价而导致品牌形象受损。

（2）赠品促销：通过购买指定商品获得赠品或积分等额外奖励，增强消费者的购买动力。赠品需要与主销商品相关联，以提高促销效果。

（3）联合促销：与供应商或其他品牌合作联合开展促销活动，共同吸引消费者关注。联合促销可以扩大促销范围，提升品牌影响力。

（4）主题促销：围绕特定主题（如节日、季节、事件等）开展促销活动，营造购物氛围，激发消费者的购买欲望。主题促销需要注重创意和执行力，以确保活动效果。

案例分享

小产品大市场：名创优品的出圈之路

从货架小店到超级门店，从便宜好物到兴趣消费，从国内到国外，名创优品已经很难再被普通的零售概念所定义，它越来越像一个城市的潮流生活符号，标记出最活跃的年轻消费群体。

名创优品作为全球较大的自有品牌生活家居综合零售商，以独特的自有品牌切入生活家居与日用杂货市场，涵盖生活家居、包袋配饰、彩妆、个人护理、香水等十多个主要品类，致力于以极致的性价比为消费者提供产品与服务。

同时，名创优品从边缘品类着手，巧妙地避开了服饰等传统高毛利但竞争激烈的品类，与无印良品等品牌错位竞争，选择更加小巧、高频消耗的生活日用品类，"以小博大"更具竞争优势。

除了品类差异，名创优品选品亦呈现出细化定制的特点。在海外市场选品环节，名创优品海外团队根据不同市场需求，先从总部的商品池中挑选，并兼顾本土化设计。各地海外团队会每月向总部提供消费者洞察报告，反馈产品开发需求，总部针对不同地域消费习惯，开发本土化产品。

例如，针对美国家庭的家居陈设通常铺设地毯和不配置卧室顶灯的习惯，名创优品设计开发了一系列居家潮袜和小夜灯。而印度尼西亚是全球穆斯林人口较多的国家之一，当地名创优品的公仔、包袋和部分产品的包装都会融合本地文化元素来设计。

同时，基于对消费者的深入洞察，名创优品于业内率先提出兴趣消费概念，通过与全球顶级 IP 深度合作，持续推出"好看、好玩、好用"的优质时尚产品，在满足年轻消费群体物质追求的同时，以众多有趣的 SKU 和快速上新的水平，以及"探宝式"的门店购物体验，链接消费者的情感价值。

（资料来源：产业科技，2023-11-28，https：//baijiahao.baidu.com/s？id=1783779271120881150&wfr=spider&for=pc）

第四节　自有品牌商品

一、自有品牌商品概念和特点

（一）自有品牌商品概念

自有品牌（private brand，PB）商品，是指零售企业通过整理、分析消费者对某类商品的需求，设计开发满足这一需求的新商品，自设生产基地或指定生产企业进行加工生产，贴有零售企业品牌商标，并通过本企业的渠道进行销售的商品。自有品牌商品实质上是零售企业贴牌生产（original equipment manufacturer，OEM）的商品，它与面向全国销售的全国品牌（national brand，NB）商品不同。

（二）自有品牌商品特点

（1）全程控制。零售企业对自有品牌商品从设计、生产到销售的全过程进行控制，确保产品符合企业的标准和要求。

（2）降低成本。零售企业拥有自有商标的注册权和使用权，可以减少广告费支出；自己产销省去了进货等中间环节，降低了交易费用和流通成本。

（3）独特性与差异性。自有品牌是企业自主开发和经营的品牌，具有独特的品牌标识和包装设计，与市场上其他品牌形成差异化，有助于零售企业建立独特的品牌形象和市场地位，为企业带来品牌溢价和品牌忠诚。

（4）价格优势。零售企业能够通过规模采购、生产流程优化等方式降低成本，从而以更低的价格为消费者提供质优价廉的商品。

自有品牌有狭义与广义之分，其区别如表 3-2 所示。

表 3-2　自有品牌狭义与广义之分

对比项目	自有品牌（狭义）	自有品牌（广义）
企业主体	零售企业	品牌拥有者
商品性质	所有品类（零售商品）	品牌属性所适合的所有品类
品牌权属	零售企业	品牌拥有者

续表

对比项目	自有品牌（狭义）	自有品牌（广义）
主营业务收入	B2C 销售收入占比较大	包含 B2B、B2C 销售收入
产品开发模式	由零售企业主导研发、设计等工作，并将所属品牌在约定时间内授权给制造企业进行产品加工制造	品牌拥有者主导研发、设计等工作，并在约定时间内授权给制造企业，使其获得品牌使用权并加工制造
运营模式	零售企业主导	品牌拥有者主导
营销模式	由零售终端直接销售给消费者，零售企业负责运维产品形象	可通过流通及零售达到消费者手中，品牌拥有者负责运维品牌形象
商品责任归属	零售企业承担	品牌拥有者承担
品牌策略	由业态定位结合消费者定位，以满足消费者需求，体现零售企业以商品的价值观为核心的品牌策略	由市场定位结合品牌定位，先于产品定位，以品牌核心价值观及目标市场为核心的品牌策略

二、开发自有品牌商品的原因

零售企业开发自有品牌商品的原因是多方面的，它不仅有助于增强企业的市场竞争力，还能带来实际的经济效益和品牌价值。

1. 有利于增强市场竞争力和对商品价格的控制力

通过开发自有品牌商品，零售企业能够形成独特的竞争优势，降低与竞争对手的商品重合率，提升企业的品牌知名度和顾客信任度，从而增强企业的市场竞争力。

自有品牌商品的价格由零售企业自主制定，在面对市场竞争和电商冲击时，自有品牌商品能够为企业提供更大的价格调整空间，帮助企业保持市场竞争力。

2. 降低信息收集成本和宣传成本

零售企业直面消费者，能够更快速地获取市场前沿信息和消费者需求，从而降低信息收集成本，有助于企业更准确地把握市场动态，为自有品牌的开发提供有力支持。

零售企业可以通过自身的销售渠道进行自有品牌商品的营销推广，如爆品推广、展会展销、终端形象建设等，提升品牌知名度和影响力。

3. 应对市场挑战和转型升级

在市场竞争日益激烈的环境下，零售企业通过自有品牌商品的开发，可以形成独特的竞争优势和差异化特点，从而在市场中立于不败之地。

通过自有品牌商品的开发和推广，企业可以逐步向自营模式转变，提升企业的盈利能力和市场竞争力。同时，自有品牌也有助于推动企业的创新发展，为企业带来更多的发展机遇和市场空间。

案例分享

元初食品：12年坚守，自有品牌零售商初具模样

近年来，国内零售商越来越注重自有品牌的打造。总部位于福建省厦门市的元初食品，是一家定位于"健康三餐提供者"，主推自有品牌商品、自建零售渠道、自控供应链的食品连锁企业。社区生鲜超市是其核心供应渠道，其拥有超过数千个SKU、超过2千家合作供应商和全球范围内的3个产品研发中心。

从成立之初起，建立自有品牌就是元初发展的核心重点。近年来，元初的自有品牌销售占比始终稳定在50%～60%。2018年，元初食品发力"数字零售"，同时异地"破冰"也有所提速，2018年10月登陆泉州，2019年3月试水深圳。截至目前，元初食品在包括厦门、泉州、深圳、温哥华、大连在内的全球范围内有超过130家门店。

"我们给元初的定义，成立自有品牌就是要传递价值，这个价值包括价格，每一位消费者都有权利花最少的钱，买到品质最好的食品。这也是元初的初心。"元初食品公司总裁陈启明表示，元初将此总结为"质优价实"四个字。有了这一自有品牌战略的"指导思想"后，才有了之后自有品牌开发的品类结构和价格策略。

元初从成立之初起，其自有品牌建设就对标国际标准，实现全球同步。每款自有品牌商品都备有厚厚的产品手册，包含从源头到终端各个环节的国际国内标准、法律法规和操作指南，以此来指导自有品牌商品的开发。

以元初开发的爆款产品椰子水为例，由于椰子水的颜色及风味会受椰子产地、季节等因素影响而产生差异，一些生产商会采用添加蔗糖的方式平衡口感。但元初采用的是100%纯天然的椰子水，不添加一勺糖，并会在包装上告诉消费者产品颜色及风味差异的原因。

在基础价值之上，元初自有品牌商品的开发还要体现对消费者的理解这一个性化价值，即要理解消费者的心智。品类经理每开发一个自有品牌商品，都必须画出客户心智触达图，讲清楚这个商品是怎么开发的。

比如，某款饼干有基础的饱腹功能，但是否还要有炫耀功能及健康功能，品类经理都会结合细分需求、场景、消费人群对商品进行详细的划分，这个划分会涉及商品的包装、定价等。这也是其自有品牌的竞争力之一，就是避免"大路货"，形成差异化的供给。

（资料来源：福建省商务厅转自中国连锁经营协会，2023-04-19，https://swt.fujian.gov.cn/xxgk/jgzn/jgcs/ltyfzc/lsy/202304/t20230419_6151791.htm）

三、自有品牌商品实施途径

1. 与生产者合作

商品设计：零售企业根据市场需求和自身品牌定位，设计商品的规格、类型、质量标准、原材料和包装等。

委托生产：商品设计完成后，零售企业可以委托具有生产能力的企业进行生产。此种模式下，零售企业负责品牌运营和销售，生产企业则负责按照设计要求进行生产。

质量控制：零售企业需要与生产企业建立紧密的合作关系，确保生产过程中的质量控制，以保证自有品牌商品的质量符合市场需求和品牌定位。

2. 自建生产基地

投资建厂：零售企业可以选择自建生产基地，生产自行研发和设计的商品。这种方式需要企业具备一定的规模和经济实力，以支持工厂的日常运营管理。

全程控制：零售企业需要全程控制商品的生产过程，从原材料采购、生产加工到成品检验，确保商品的质量和品质符合企业标准。

降低成本：零售企业通过自建生产基地，可以省去中间环节，降低生产成本，增大利润空间；同时，也可以更好地控制库存和物流，提高整体运营效率。

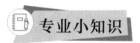

授 权 品 牌

授权品牌（licensing brand），又称品牌许可，是指品牌属于其他公司，但零售企业通过合同获得了该品牌的授权使用权。在这种情况下，零售企业可以在特定的时间和特定的区域内使用该品牌。授权品牌可以是知名品牌或者其他公司的新兴品牌，通过与品牌所有者的合作，零售企业可以借助品牌的知名度和影响力来提升自身产品或服务的市场竞争力。

2023 年中国商超自有品牌案例报告

中国连锁经营协会发布的《2023 中国商超自有品牌案例报告》显示，中国超市 TOP100 企业的自有品牌销售占比呈逐年上升趋势，2022 年已经达到

5%。无论是电商还是实体零售企业，对自有品牌的态度都从"试水"转变成了热衷，还通过宣传促使消费者对自有品牌的认知与高品质、低价格等挂钩。自有品牌的发展仍存在战略模糊、定位低价等情况，相应的商品采购、销售能力等方面均面临不少挑战。

山姆会员商店自有品牌的销售占比在30%左右。据介绍，2000年，山姆会员商店把自有品牌Member's Mark引入中国市场，几乎涵盖所有品类。

截至2022年10月底，盒马自有品牌商品类目超过1200种，销售占比达到35%。预计到2025年，盒马的自有品牌销售占比将达50%。盒马鼓励新品的创新，基于互联网和数字化能力以及对消费需求的洞察，盒马推出了相应的预制菜产品。

永辉超市旗下自有品牌也拓展销售渠道。据永辉超市相关负责人介绍，2022年永辉自有品牌增加了在社交平台的推广，曝光总量超1亿，加速品牌年轻化，扩大消费群体，丰富消费年龄层。

（资料来源：中国连锁经营协会）

本章学习总结

技能训练

一、在线答题

即测即评

二、简答题

1. 简述商品定位的含义及其对企业的重要性。
2. 列举并解释商品定位的几种主要类型。

3. 什么是品类管理？请列举其几个关键特点。
4. 解释自有品牌商品的概念及其对企业的好处。
5. 描述商品结构优化的重要性。

三、论述题

1. 论述商品定位在企业市场策略中的具体应用及其对企业品牌建设的影响。
2. 结合实例分析自有品牌商品对企业发展的推动作用。

案例分析

A 公司，成立于 2012 年，是一家专注于智能硬件和电子产品研发的全球化移动互联网企业，同时也是一家专注于智能家居家电的创新型科技企业。自 2013 年推出首款智能手机以来，A 公司凭借其独特的商品定位策略，在短时间内迅速崛起，成为中国乃至全球智能手机市场的重要参与者。

A 公司将自己定位为"为拍照而生"的智能手机品牌，这一定位不仅凸显了 A 公司产品的高性能，还强调了其面向的是对智能手机有高度需求和热情的消费者群体。A 公司通过直接与消费者沟通、减少中间环节、优化供应链管理等方式，有效降低了成本，并将这些节省下来的成本回馈给消费者，实现了"高配置、低价格"的竞争优势。

除了高性价比的智能手机，A 公司还注重打造自己的生态圈，通过推出智能家居产品、互联网服务等，构建了一个完整的生态系统。这一策略不仅增强了用户的黏性，提高了品牌忠诚度，还为 A 公司带来了更多的增长点和收入来源。

A 公司的商品定位策略取得了显著的成效。在国内市场，A 公司的市场份额持续增长，成为智能手机市场的领军企业之一。在国际市场，A 公司也积极拓展业务，产品销往全球多个国家和地区，品牌影响力不断提升。

问题：

1. A 公司是如何通过商品定位策略实现市场快速扩张的？
2. A 公司的商品定位策略对其在市场竞争中的优势有何影响？

实训任务

一、任务目标

（1）掌握商品定位的依据与策略：能够根据零售企业的业态、目标消费群体、区域经济发展水平等因素，制定合理的商品定位策略。

（2）理解商品结构优化的重要性：能够分析零售企业的商品结构，提出优化建议，以提升销售效率和盈利能力。

（3）熟悉品类管理的核心概念与技巧：能够理解品类定义、品类角色及品类评估，并能运用这些知识对零售企业的品类进行优化管理。

二、任务背景

请选择一家品牌超市,假设你是这家超市所属零售企业的市场部经理,企业近期计划进入新市场,并希望在竞争激烈的市场中脱颖而出。请你为企业制定一套科学的商品定位和品类管理策略。

三、任务分析

(1)商品定位分析。
① 分析目标市场的消费者需求、购买习惯及偏好。
② 评估区域经济发展水平及消费能力。
③ 确定企业的业态、目标消费群体及品牌形象。
④ 根据以上分析,制定商品定位策略,包括价格定位、种类定位、区域覆盖型定位、特色型定位、创新性定位等。

(2)商品结构优化分析。
① 分析企业现有商品结构的优缺点。
② 根据市场需求及消费者偏好,调整商品结构,提升销售效率和盈利能力。
③ 确定主力商品、辅助商品及关联商品的组合策略。

(3)品类管理策略分析。
① 确定各品类在零售企业中的角色(目标性品类、常规性品类、季节性/偶然性品类、便利性品类)。
② 制订品类评估计划,包括品类发展趋势、市场竞争情况及供应商表现等。
③ 根据品类评估结果,制定品类管理策略,包括品牌优化管理策略、货架优化管理策略、促销策略等。

四、任务操作

(1)商品定位策略制定:编写一份详细的商品定位报告,包括目标市场的消费者分析、商品定位依据、价格定位、种类定位等。
(2)商品结构优化方案:制定一份商品结构优化方案,包括现有商品结构的调整建议、新增商品的选品策略、关联商品的组合建议等。
(3)品类管理策略实施计划:编写一份品类管理策略实施计划,包括品类角色的确定、品类评估计划、品牌优化管理策略、货架优化管理策略及促销策略等。

五、任务评价标准

一级指标	二级指标	得分
商品定位策略制定	消费者分析准确,符合目标市场特点	
	商品定位依据清晰,与企业业态、目标消费群体及品牌形象相符	

续表

一级指标	二级指标	得分
商品定位策略制定	价格定位合理，符合市场需求及消费者购买能力	
	种类定位科学，能够满足消费者需求	
商品结构优化方案	现有商品结构调整建议合理，能够提升销售效率	
	新增商品的选品策略科学，符合市场需求及企业定位	
	关联商品的组合建议有效，能够提升消费者购买体验	
品类管理策略实施计划	品类角色确定准确，符合企业市场定位	
	品类评估计划全面，能够准确反映品类经营状况及市场潜力	
	品牌优化管理、货架优化管理、促销等具体策略实施计划可行，能够提升企业盈利能力	

任务反思

第四章 "场"——零售场景搭建

本章学习目标

◆ **素养目标：**

(1) 具备创新思维和跨界整合能力；
(2) 具备团队协作能力和执行力；
(3) 具备适应环境变化的能力和心理抗压能力。

◆ **知识目标：**

(1) 理解零售场景的重要性和作用；
(2) 掌握零售门店内部设计的方法；
(3) 掌握商品陈列的基本原则和方法。

◆ **技能目标：**

(1) 能够设计和优化零售场景方案；
(2) 能够设计有效的线上线下营销渠道；
(3) 能够搭建营销场景，提升消费者购物体验。

章节思维导图

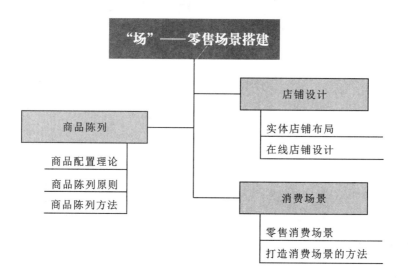

导入案例

沃尔玛大卖场门店"变身"

沃尔玛于1996年进入中国,在深圳开设了第一家沃尔玛购物广场和山姆会员商店。目前沃尔玛在中国经营多种业态和品牌,包括沃尔玛大卖场和山姆会员商店,沃尔玛中国已经在全国100多个城市开设了数百家门店和数家配送中心。

沃尔玛从2018年2月1日起将公司法定名称由"沃尔玛百货公司(Wal-Mart Stores, Inc.)"变更为"沃尔玛公司(Walmart Inc.)",表明了沃尔玛越来越重视为顾客提供无缝连接的零售服务,以为顾客提供多种购物方式,包括在门店、网上、移动设备上购物,或以门店取货和接受送货上门的方式购物。

沃尔玛中国总裁朱晓静表示,沃尔玛自1962年成立以来一直坚守"花得少,过得好"的企业使命。她还表示,中国市场有巨大的活力和潜力,零售商要赢得消费者的信任,应该聚焦顾客,提供对他们有意义的差异化。

作为一家科技赋能的全渠道零售商,沃尔玛正在以"精选一站式全渠道购物体验"重新定义大卖场业态的发展模式,将自己打造成为以门店为核心的全渠道零售商。

经过升级的沃尔玛大卖场,产品布局、门店体验感等方面都有了变化。新升级的大卖场门店内SKU数量减少了近一半,商品丰富而不重复,践行一站式购物要精选,而不过分追求大而全。

沃尔玛大卖场营业面积为 5000~20000 平方米,为了提升顾客的购物体验,沃尔玛还对大卖场门店的购物动线进行了优化,采用了简约的门店设计(见图 4-1)。针对消费者反映的"难以找到特定商品"的问题,门店增加了商品品类的导航标志,并使商品介绍标识更加细分明确。

图 4-1 沃尔玛零售大卖场

沃尔玛在线下新增了多个专区,包括季节性商品区、地方特产区、全球购专区、宠物用品区、鲜花区等。这些专区的设立增加了试吃投入,让线下购物更加有趣。同时,新增的全球购专区让顾客可以在大卖场逛"免税店",手机即刻下单,商品丰富度直线上升。

沃尔玛在店外租赁区域引进了多种服务类商家,包括餐饮、亲子娱乐、鲜花、美发沙龙等。这些商家与沃尔玛形成了业态互补,共同打造了一个集购物、餐饮、娱乐、服务于一体的综合型生态圈。顾客可以在这里享受到一站式的生活服务体验。

基于自身在线下零售的完整布局,根据研究公司 Marketplace Pulse 的数据,沃尔玛的在线市场 Walmart.com 上有超过 4.2 亿件商品和超过 10 万名活跃卖家,其中超过三分之一的卖家位于中国。截至 2024 年 8 月,沃尔玛在线市场的销售额已经连续四个季度增长 30% 以上,沃尔玛在擅长的食杂领域已经超越亚马逊,成为最大的在线平台。

思考:
1. 新零售中的"场"是如何提升消费者购物体验的?
2. 在新零售模式中,技术如何使"场"的概念得到拓展?

第一节 店 铺 设 计

店铺是消费者找到所需商品的地方,也是消费者与零售商进行交易的地方。店铺设计是指对实体店铺或在线店铺的空间、布局、视觉元素、品牌形象、顾客体验等方面进行规划和设计的过程。店铺设计旨在创造一个能够吸引消费者、功能性强且能准确传达品牌理念与产品特色的购物环境或平台。店铺设计对树立品牌和店铺形象、促进销售、提高顾客满意度和忠诚度等都具有重要作用。

一、实体店铺布局

（一）店铺设计的原则

店铺是零售商与消费者直接接触的场所，也是商品销售和品牌形象展示的主要场所。因此，店铺设计需要考虑有关经营效率的各种问题，应遵循以下原则。

1. 满足需要原则

店铺设计是一项具体而细致的工作，需要考虑零售商和消费者双方的需求。一方面，要尽可能高效率地利用有限的空间展示零售商销售的各类商品；另一方面，要通过店铺的外观设计和内部设计为消费者提供舒适的购物环境，使其获得美好的购物经历。

2. 适应性原则

店铺设计必须与企业品牌形象和市场定位相一致，准确反映出零售商的经营内容和主题，便于消费者理解和记忆；同时，设计也要具备一定的灵活性，要能够不断适应时尚和季节的变化，与周围环境相协调。

3. 效率原则

科学优化店内布局和流程，不仅要保证顾客在店内可以自由流动，还要合理组织商品销售管理工作，使进、存、运、销各个环节紧密配合，从而节省劳动时间，提高销售效率和服务质量，增加经济效益和社会效益。

4. 经济安全原则

店铺设计要合理控制成本，避免因盲目追求店铺的规模、装修档次、差异性等而过度投资；确保店铺的安全措施到位，避免因意外事故而产生损失，须采取一系列的预防措施，保护顾客和商品的安全。

除了把握以上原则，零售商在设计店铺时还需要注意一些细节：
（1）明确品牌定位，着力打造品牌文化环境；
（2）掌握消费者购物习惯趋势，传播品牌视觉信息；
（3）整体装饰紧紧围绕品牌定位、品牌标识等的理念，简洁而富于变化；
（4）舒适的照明，适度的音效，营造一种轻松的视听感受。

（二）店铺外观设计

店铺的外观设计是吸引消费者注意力、传达品牌形象和营造购物氛围的关键环节。店铺的外观设计与其零售业种和业态息息相关，设计虽然千差万别，但是必须符合两个原则："让顾客知道"和"让顾客进店"。

1. 门面设计

门面是店铺给顾客的第一印象，其造型直接影响顾客的进店意愿。门面造型应与店铺的整体定位、品牌形象及所售商品风格保持一致，营造出独特的品牌氛围；应采用合理的色彩搭配来突出品牌特色，吸引目标顾客群体；利用恰当的照明设计增强门面的立体感，突出店铺特色，确保顾客在远处也能清晰看到店铺标识和商品展示。

2. 出入口设计

出入口是顾客进出店铺的通道，其设计应兼顾便捷性、安全性和美观性。店铺的出入口要足够宽敞，便于顾客携带物品进出；同时要考虑无障碍设计，方便特殊人群进出；高度设计也要科学合理，避免产生压抑感。

零售商要根据出入口的位置来设计卖场通道和顾客流动方向。另外，店铺出入口附近要设置清晰的店铺名称、营业时间、方向指引等标识，方便顾客快速找到店铺并了解基本信息。

3. 招牌设计

招牌是店铺的重要标识，其设计应简洁明了、易于识别。招牌应位于店铺显眼的位置，高度适中，确保从各个角度都能清晰可见；招牌要鲜明、醒目，色彩应与门面造型相协调，要选择能够吸引目标消费群体的颜色；招牌的文字内容必须与店铺销售的商品相吻合。

4. 橱窗设计

橱窗是展示商品、吸引顾客的重要窗口，是店铺的"眼睛"，其设计应注重创意与实用性的结合。橱窗设计应以商品为主体，通过场景布置、道具搭配等方式展现商品特色，并根据季节、节日或促销活动设定和更换橱窗主题。构思新颖、主题鲜明、风格独特、装饰美观、色调和谐、与店铺外观风格统一是橱窗设计的基本要求。

（三）店铺内部布局

店铺内部布局是零售商在设立实体店铺时，对店内空间、商品、人员和动线等方面进行的规划和安排。一个合理的店铺内部布局对于提升消费者的购物体验、促进销售增长，以及有效实现商家的经营目标具有至关重要的作用。

微课：货位布局

1. 卖场功能区域划分

在对店铺内部进行设计时，首先要对店铺内的有效空间进行划分，区分出用来陈列和销售商品的卖场与不直接用来陈列和销售商品的非卖场。以超市为例，整体区域可划分为商品展示区、销售区、客户休息区、收银区、服务台、仓储区和员工工作区。通常情况下，为了保证营业效率，一个店铺的卖场面积应占店铺可使用面积的 60%～70%。对于规模较大、经营商品较多的多层建筑店铺，零售商需要进行分层规划。图 4-2 所示为某服装店内部布局。

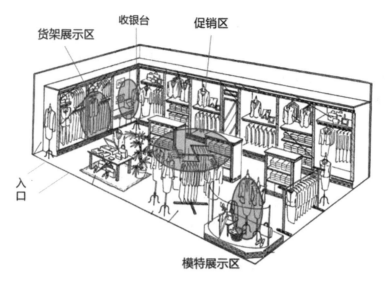

图 4-2　某服装店内部布局

2. 通道设计

通道是指顾客在店内购物时的行走路线。通道的设计要确保顾客能够顺畅地浏览商品，避免拥堵和混乱。通道设计主要分为以下两类。

（1）直线式通道（单向通道）。其设计特点是商品不重复摆放、顾客不走回头路，顾客依照货架排列的方向单向购物，避免购物过程中出现交叉和拥堵，顾客能在最短的时间内完成购买行为。

（2）回型通道（环型通道）。回型通道设计通常以流畅的圆形或椭圆形为主，按从右到左的方向环绕整个卖场，引导顾客依次浏览商品，提高商品的曝光度。回型通道可分为大回型和小回型两种线路，具体选择取决于卖场的面积和商品布局。

3. 动线设计

一般情况下，实体门店需要设计顾客活动路线、商品活动路线和店员活动路线三条动线。

（1）顾客活动路线：指顾客从进店、选购商品、付款到出店的全程购物路线。顾客活动路线应设计得简单明了，避免过多的分叉和转向，使顾客能够轻松找到目标区域和商品；同时，最大限度地曝光所有商品，确保商业空间内的每个角落都能方便到达，方便顾客发现和选择商品。线下门店常见的顾客动线设计如图 4-3 所示。

（2）商品活动路线：指商品从到店、进出仓库、卖场陈列、顾客购买、携带出店的路线。其设计要求商品在门店内能高效地流通，最大限度减少因商品进出对顾客造成的不便和商品因流动本身造成的损失。

（3）店员活动路线：指店员从进店到出店的路线。其设计要求路线高效便捷，确保员工能够迅速到达各个工作区域，减少员工在店内移动的时间和距离，提高工作效率，也要注意与顾客动线应相互分离，避免相互干扰。

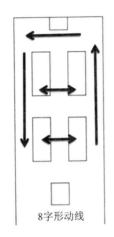 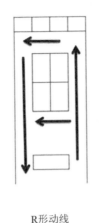 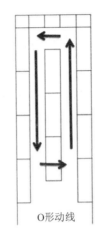

8字形动线　　　　　　　　R形动线　　　　　　　　O形动线

图 4-3　线下门店常见顾客动线设计

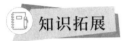

便利店布局的基本方法

便利店内商品陈列密集，布局紧凑，货架、收银台、堆头位等都需要精心设计。便利店一般采用线条式布局方法，即将陈列商品的货架或其他设备在门店营业现场进行纵向或横向平行排列。其优点是可以充分利用空间，便于对商品进行安全管理和补货上架；缺点是不方便顾客在店内自由流动。

便利店的通道设计应尽量直而长，减少弯道和隔断；通道一般由货架分隔而成，中心货架应不高于 165 cm，能使货架最上层的商品与顾客自然视线持平，不会产生视觉疲劳。

便利店的收银台设置在出入口处，结账通道可根据便利店规模大小设置 1～2 条；在条件允许的情况下，也可以设置一条"无购物通道"，作为无购物顾客的专门通道，以免在出入口造成拥堵。

图 4-4 所示为某便利店布局。

图 4-4　便利店布局

二、在线店铺设计

（一）店铺整体设计

根据品牌定位和目标消费者群体，确定店铺的整体风格，通过色彩、图案、字体等设计元素提升品牌识别度和记忆度，能让顾客直观识别出店铺的主营业务。

（二）店铺内容设计

1. 分类与导航设计

设置清晰的商品分类和导航栏，方便在线用户快速找到所需的商品大类和具体商品。

2. 商品详情页设计

设计详细的商品详情页，内容包括产品描述、规格参数、用户评价等信息，使用高清的产品图片和详细的视频介绍，展示商品的特点和细节，增强用户购买欲望和信心。

3. 促销活动设计

设计吸引用户的各类促销活动，如满减、折扣、赠品等，增强用户的购买意愿；提供优惠券和积分系统，增强用户黏性，提高复购率。

（三）用户体验设计

1. 响应式设计

响应式设计包括调整在线店铺网页布局、字体大小、图片尺寸等，以适应不同屏幕尺寸，实现跨设备兼容，确保店铺设计能够在电脑、手机、平板等不同设备上提供一致且良好的用户体验。

2. 操作简单易用

提供强大的搜索功能，支持关键词搜索、筛选等，帮助用户快速找到商品。确保店铺操作简便，用户能够轻松完成浏览、搜索、购买等流程。

3. 社交互动设计

根据用户的购买历史和兴趣推荐相关商品，提高用户体验和购买率；设置社交分享功能，方便用户将商品分享到社交媒体上，提高产品或品牌的曝光度和吸引力。

4. 售后服务设计

提供完善的客户服务系统，及时解决用户售前、售中、售后问题，提升用户满意度;优化购物车和结算流程,确保用户能够顺利完成购买流程;展示用户评价,提高商品的可信度,同时为后续潜在购买用户提供参考。

第二节 商品陈列

商品陈列是指零售商在销售场所内,按照一定的布局方式,将商品摆放、展示给顾客的过程。这个过程不仅仅是将商品简单地放置在货架上,而是需要通过正确地运用商品配置和陈列技巧,达到吸引消费者注意、激发购买欲望、提升品牌形象和促进销售的目的。好的商品陈列可以帮助店铺销售额在原有基础上提高10%左右。

微课:商品陈列

一、商品配置理论

商品配置是指在商业环境中,针对目标市场和消费者需求,对商品进行合理的分类、组合、展示和摆放,以达到最佳的商品销售效果。通过合理的商品配置,可以引导消费者的购物行为,提高商品的曝光率和购买率。

商品的配置中有多种理论和方法被广泛应用,其中较重要的是磁石点理论(见图4-5)。所谓磁石,是指零售卖场中能吸引顾客注意力的地方;磁石点就是顾客的注意点。

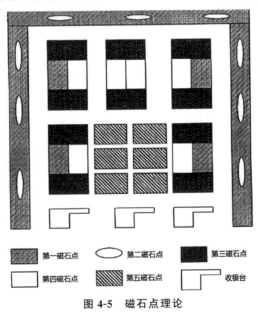

图4-5 磁石点理论

1. 第一磁石点

第一磁石点位于卖场中主通道两侧,是顾客进入卖场的必经之地,也是商品销售最重要的地方。该磁石点应配置主力商品,购买频率高、消费量大的商品,采购量大的商品。

2. 第二磁石点

第二磁石点位于主通道的末端、电梯出口、道路拐角等能起引导顾客在店内向前走的位置。该磁石点应配置最新商品，具有季节性的时令商品，明亮、华丽的商品。

3. 第三磁石点

第三磁石点位于端架的位置，通常面对着出口或位于货架端头。该磁石点应配置特价品、高利润商品、季节性商品、购买频率高的商品和促销商品。

4. 第四磁石点

第四磁石点位于卖场中副通道的两侧，这个位置的配置不能以商品群来规划，应该主要摆放单品。该磁石点应配置热门商品、有意大量陈列的商品和广告宣传的商品。

5. 第五磁石点

第五磁石点位于卖场结算区（收银区）前面的中间位置，可根据各种节日组织大型展销、特卖等，以堆头为主进行主题展示，可吸引顾客在结账前进行最后的购物选择，增加顾客的购买量。

二、商品陈列原则

1. 显而易见原则

显而易见原则是指商家在展示商品时，要确保所有商品都能够被顾客清晰地看到，并且能够使顾客轻易地识别出商品的相关信息，从而做出购买决策。这一原则的核心在于提高商品的可见性和易识别性，要做到分类明确、正面展示、高度适中、避免遮挡。

2. 最大化陈列原则

商品陈列的目标是占据较多的陈列空间，尽可能增加货架上的陈列数量，以吸引顾客注意并增加购买机会。零售商可以尽可能地把商品全品项分类陈列在一个货架上，满足不同消费者的需求；同时，确保货架上摆满商品，提高商品展示的饱满度和可见度，防止陈列位置有空缺或被其他物品挤占。

3. 集中陈列原则

集中陈列是将商品集中摆放在顾客视线范围内，方便顾客寻找和挑选，要求将同一品类、品牌、系列或具有关联性的商品集中摆放在相邻的货架或位置，以便顾客能够轻松找到所需商品，并促进连带购买。

4. 下重上轻原则

商品陈列要求将重量轻、体积小的商品摆放在上方，而将重量大、体积大的商品摆放在货架或展示架的下方。这一原则旨在确保商品陈列的稳定性，便于顾客拿取，符合习惯审美观和陈列的安全性。

5. 先进先出原则

商品陈列要按照商品出厂日期的先后顺序进行摆放和出售，将先出厂的商品陈列在货架前端，优先出售给顾客，避免商品滞留过期；后出厂的商品陈列在货架后端。这一原则的主要目的是确保商品的新鲜度，减少过期损耗，并提高库存周转率。

三、商品陈列方法

1. 分类陈列

将商品按照类别、品牌或价格等因素进行分类陈列，使顾客能够迅速找到所需商品。例如，超市中的商品区域可以分为生鲜区、日用品区、零食区等。

2. 主题陈列

围绕特定主题（如节日、季节、促销活动等）进行商品陈列，营造氛围，吸引顾客注意力。例如，在春节期间，可以将红包、春联、过年装饰品、节日礼盒等集中陈列，营造过年气氛。

3. 垂直陈列

垂直陈列又叫纵向陈列，是将同类商品按照大小、颜色、款式等垂直排列，形成有序的视觉效果。例如，330毫升罐装可乐、500毫升瓶装可乐、1升和2升的桶装可乐可按照下重上轻原则垂直陈列。这种方法有助于提升品牌形象，使顾客更容易比较和选择商品。

4. 水平陈列

水平陈列又叫横向陈列，是将商品沿着水平方向（即左右方向或横向）进行排列或布局（见图4-6）。在零售店铺中，水平陈列可以有效引导顾客的流动路径，使顾客能够按照店铺设计的路线自然行走，增加商品曝光和销售机会。但是，并非所有商品都适合水平陈列。例如，一些体积较大、形状不规则或需要特殊展示方式的商品可能更适合采用其他陈列方式。

5. 端头陈列

端头陈列是在货架两端进行商品陈列，这是销售力极强的位置（见图4-7）。端头陈列的商品可以是新商品、高利润商品、季节性商品，也可以是组合商品。端头陈列的商品需要定期更换，以保持新鲜感和吸引力。

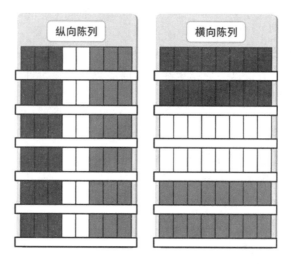

图 4-6 纵向陈列和横向陈列

6. 关联陈列

关联陈列也被称为配套陈列,是指将种类不同但效用方面相互补充的商品陈列在一起,或将与主力商品有关的商品陈列在主力商品周围,方便顾客购买。例如,将牙膏和牙刷、面包和牛奶陈列在一起(见图 4-8)。

图 4-7 端头陈列

图 4-8 关联陈列

7. 悬挂陈列

悬挂陈列是使用固定的或可以转动的有挂钩的陈列架来陈列商品(见图 4-9)。这种方法适用于小商品或不方便站立摆放的商品,既方便顾客挑选,又便于店员整理商品和门店卫生清洁。

图 4-9 悬挂陈列

第三节 消费场景

消费场景是零售活动的重要组成部分，对激发消费者的购买欲望、提升购物体验、塑造品牌形象等具有重要影响。

一、零售消费场景

（一）零售消费场景概念

零售消费场景是指消费者在购买商品或服务时所处的特定环境和情境。场景可以是线下的实体店铺，也可以是线上的电商平台，还可以是社交媒体平台、活动现场等。它不仅是消费者与商品或品牌进行互动和交流的空间，更是影响消费者购买决策和消费行为的重要因素。

微课：零售消费场景

4W1H 法可以帮助零售商系统地理解消费场景中应明确的关键信息。具体来说，4W1H 分别代表 who（谁）、when（何时）、where（何地）、what（什么）和 how（如何），如表 4-1 所示。

表 4-1 构成场景的要素

要素	作用	具体内容
人物（who）	明确场景中的主要角色	个人基本信息、习惯、消费需求等
时间（when）	影响场景的氛围、角色的状态和行为	季节、节假日、白天/晚上、晴天/雨天等
地点（where）	决定场景的环境条件和限制因素	国内/国外、城市/郊区、商圈、街道、楼宇等
行动（what）	明确场景的核心内容，理解场景的目的和意义	线上/线下、有目的/无目的购物、浏览、饮食、交流咨询、试用等

续表

要素	作用	具体内容
结果（how）	描述角色在场景中的具体行为及结果	停留、离开、消费等

消费来源于需求，现在人们的需求正在越来越多地与场景结合，从而使得消费行为越来越离不开场景要素。在实际应用中，可以根据具体场景的特点和需求，灵活运用这些要素来构建更加丰富、生动的消费场景。

 行业聚焦

《关于打造消费新场景培育消费新增长点的措施》

2024年6月24日，国家发展改革委会同农业农村部、商务部、文化和旅游部、市场监管总局联合发布《关于打造消费新场景培育消费新增长点的措施》（以下简称《措施》）。

根据《措施》，有关部门和地区将围绕居民吃穿住用行等传统消费和服务消费，培育一批带动性广、显示度高的消费新场景，推广一批特色鲜明、市场引领突出的典型案例，支持一批创新能力强、成长性好的消费端领军企业加快发展，推动消费新业态、新模式、新产品不断涌现，不断激发消费市场活力和企业潜能。

《措施》围绕餐饮消费、文旅体育消费、购物消费、大宗商品消费、健康养老托育消费和社区消费等方面制定了一系列政策举措。

（1）培育餐饮消费新场景。发展餐饮消费细分领域，鼓励因地制宜挖掘地方特色美食资源。提供高适配用餐服务，更好满足婴幼儿、孕产妇等人群多样化需求，推进餐饮与多业态融合发展。支持餐饮消费智能升级，推进餐饮经营主体数字化改造。

（2）培育文旅体育消费新场景。深化旅游业态融合创新，积极发展冰雪旅游、海洋旅游等业态，鼓励发展旅游专列等旅游新产品。推动城乡文旅提质增效，引导和扩大体育休闲消费。优化入境旅游产品和服务，提升入境旅游便利水平。

（3）培育购物消费新场景。推动购物消费多元融合发展，打造商旅文体融合的新型消费空间。利用新技术拓展购物消费体验，鼓励建设和升级信息消费体验中心，推动信息消费示范城市建设。办好中国品牌日活动，培育推广一批引领性消费品牌，培育国货"潮品"消费。

（4）培育大宗商品消费新场景。拓展汽车消费新场景，打造高阶智能驾驶新场景。丰富家装家居消费场景，推进室内全智能装配一体化和全屋智能物联。打造电子产品消费新场景，加大柔性屏、超级摄影、端侧大模型等软硬件

功能开发，开拓智能穿戴设备应用领域。

（5）培育健康养老托育消费新场景。加快消费场所适老化改造，鼓励商场、超市等开设老年专区或便捷窗口。鼓励养老机构与医疗卫生机构通过毗邻建设、签约合作等方式满足老年人健康养老服务需求。探索社区、家庭互助等托育服务新模式。

（6）培育社区消费新场景。支持社区盘活现有闲置房屋场所，推动养老育幼、邻里助餐、体育健身、健康服务、家政便民等服务进社区。推进农村客货邮融合发展，完善县乡村三级快递物流配送体系，优化农村社区消费环境。

（资料来源：中国政府网，2024-06-25）

（二）商品场景化

商品场景化是指将商品置于特定的使用场景或生活情境中，通过模拟真实或虚构的环境，展示商品如何融入消费者的日常生活，解决其实际需求或提升生活品质。商品场景化的核心在于将商品与消费者的日常生活、工作环境或特定情境紧密结合，让消费者更直观地感受商品的价值，从而增加消费者的认知和信任，提高消费者的购买意愿和满意度。

要实现商品场景化，需要做到以下方面。

1. 明确目标消费者

明确购买和使用商品的目标消费群体，包括他们的年龄、性别、职业、居住地、兴趣爱好、消费习惯等，以便精准定位场景化的方向和内容。

2. 分析消费场景

深入了解目标消费者在日常生活中的消费场景，包括家庭生活、办公室、户外、社交等场合。分析这些场景中的痛点、需求和潜在机会，为商品场景化提供设计素材和灵感。

3. 构建场景故事

根据目标消费者的特点和消费场景，构建具有吸引力的场景故事。这些故事应围绕商品的核心功能和价值展开，通过情节和细节的生动描绘与展示，让消费者产生共鸣和情感连接。

4. 视觉化呈现

利用图片、短视频、VR/AR等多媒体技术手段，将场景故事以视觉化的方式呈现给消费者。通过高质量的画面和音效，营造出身临其境的购物体验，使消费者更加直观地了解商品的使用效果和场景适应性。

5. 互动体验

在实体店铺或线上平台设置互动体验区，让消费者参与场景体验。通过试用、试穿、互动游戏等方式，让消费者在互动中感受商品的魅力，增强购买的动力和信心。

商品场景化的优势在于它能够更直接、更生动地展现商品的价值和效果，让消费者更容易产生共鸣和购买欲望。同时，通过场景化设计，企业还可以更好地了解消费者的需求和反馈，从而不断优化产品和服务，提升市场竞争力。

宜家的"多场景"商业模式

作为全球较大的家具和家居用品零售商，宜家提供"种类繁多、美观实用、老百姓买得起的家居用品"，通过打造"场景"，以贩卖"生活理念"的体验式服务，为每个家庭提供客厅、卧室、厨房等各类家居灵感和产品解决方案，从而让更多的消费者以不同的方式进入了宜家（见图4-10）。

图4-10 宜家家居

一、线下商场场景化

1. 样板间展示

宜家商场中设有大量样板间，这些样板间按照不同的生活场景进行布局，如客厅、卧室、厨房、浴室等。每个样板间都精心搭配了宜家的家具和家居用品，营造出温馨、舒适的家居氛围（见图4-11）。消费者可以在这些样板间中亲身体验产品的使用效果，感受产品如何融入自己的日常生活。

图 4-11 宜家样板间展示

2. 动线设计

宜家的动线设计巧妙，引导消费者按照特定的路线浏览商场，确保每个区域都能得到充分展示。这种设计不仅提高了消费者的购物效率，还延长了他们在商场内的停留时间，从而提高了购买概率。

3. 互动体验

宜家鼓励消费者与产品进行互动，如试坐沙发、试躺床垫等。这种非跟踪式推销方式让消费者在轻松愉快的氛围中了解产品，增加了购物的乐趣和好感。

二、家居指南与线上场景化

1. 家居指南

《宜家家居指南》发行量超过 2 亿本，是世界上发行量最大的品牌产品手册。该指南不仅仅是一本简单的商品列表，更是一本充满设计灵感的生活杂志。指南中展示了各种家具和家居用品在不同场景中的应用效果，为消费者提供了丰富的搭配灵感和购物参考。

2. 线上商城

宜家线上商城同样注重场景化展示，通过高清图片、视频和 VR 技术，让消费者在虚拟环境中体验产品的实际效果（见图 4-12）。此外，线上商城还提供了详细的产品信息和用户评价，帮助消费者做出更加明智的购买决策。

图 4-12 宜家产品目录和线上商城

二、打造消费场景的方法

（一）场景复制

场景复制是指通过模拟和再现消费者熟悉的场景，将生活化、专有化、仪式化的原生场景复制到特定的产品、渠道或空间中。通过这种方式，以消费者熟悉的生活/工作方式搭建场景，为消费者带来亲切感，从而提升产品的吸引力和消费者的使用体验，降低价格敏感度。

例如，麦当劳、肯德基等餐饮连锁店，在全球范围内复制了统一的店面设计、装修风格和菜单选项，还通过标准化的服务流程和培训，确保全球各地的消费者都能享受到一致的就餐体验。这种场景复制不仅提升了品牌的识别度和信任度，还通过规模效应降低了运营成本，实现了快速扩张。

（二）场景嫁接

场景嫁接是指将相关的文化情感、角色符号、场景需求等元素嫁接到产品的包装造型、品牌活动或在线应用程序上，给用户带来全新的价值体验。这种方法强调运用跨界思维，为消费者带来前所未有的新鲜感、独特的差异化体验以及深度的参与互动。通过场景嫁接，企业将产品与特定的场景相结合，创造出更加独特的产品或服务。

例如，江小白表达瓶上印有各种情感表达的话语，这些话语与年轻人的情感场景紧密相连，使得江小白不仅仅是一种酒类产品，更成了一种情感表达的媒介。这种情感场景嫁接让江小白在众多酒类产品中脱颖而出，深受年轻人喜爱（见图 4-13）。

图 4-13　江小白表达瓶

（三）场景参与

场景参与是指借助场景道具，设计有价值且有趣的营销活动，邀请消费者参与，并将选择权交给消费者，与其共同创造新产品、新方法、新文案等。在消费者主权时代，通过设计吸引人的场景参与活动，可以让消费者成为品牌传播和口碑营销的重要力量，激发消费者的创造力和热情，增强消费者的参与感和贡献感，增强品牌与消费者之间的互动关系。

例如，五月花卫生纸品牌为了展示其产品柔滑、强韧和湿水不易破的特性，将各大城市地铁站、商城变成了艺术场景——卫生纸画廊。品牌邀请了专业人士和普通消费者，在活动现场使用五月花卫生纸来创作水墨画，将中国传统的水墨画与卫生纸结合，充分展现了五月花卫生纸柔滑、强韧、湿水不易破的特性。这种活动方式不仅让消费者亲身体验了产品的特性，还通过参与艺术创作的方式增强了品牌与消费者之间的互动和联系。

（四）场景叠加

场景叠加是指围绕消费者的生活、工作、社交等方面，对场景进行追踪与设置，从线上到线下设置多个场景点，并将这些场景点串联成场景流，给予消费者最饱满的场景体验。场景叠加是消费升级背景下的营销手段，单一的场景体验难以满足消费者的多样化需求，因此需要通过场景叠加来构建更加丰富和立体的场景体验，实现对消费者全方位、多层次的触达和互动，从而加深消费者对品牌的认知和记忆。

例如，迪士尼乐园通过场景叠加的方式，为游客创造了一种全方位的沉浸式体验。从进入游乐园开始，游客就被各种精心设计的场景所包围，包括主题建筑、角色互动、表演秀、游乐设施等。这些场景不仅各自独立，而且相互关联，共同构建了一个充满奇幻和惊喜的迪士尼世界。这种场景叠加的方式不仅丰富了游客的体验内容，还延长了游客在乐园内的停留时间，增加了消费的可能性。

总的来说，场景复制的重点是体验环境的真实度和震撼性，给场景赋予情感；场景嫁接的重点是行业关联性和差异化，关联性有利于推广产品，差异化可以吸引消费者；场景参与的重点是流程体验、互动环节，要能调动消费者的参与感；场景叠加的重点是通过场景的点、线、面构建品牌"多面体"，增强消费者黏性。

案例分享

山西文旅携手《黑神话：悟空》强势出圈

2024年8月20日，首个国产3A游戏巨作《黑神话：悟空》正式上线（见图4-14），迅速吸引了全球游戏爱好者的目光，游戏中的众多取景地也受到玩家关注。根据官方公布的36处取景地，其中来自山西省的取景地多达27处，如大同云冈石窟、悬空寺、忻州五台山佛光寺、朔州崇福寺、应县木塔、晋中平遥镇国寺、双林寺、临汾隰县小西天、洪洞广胜寺、晋城高平铁佛寺、陵川西溪二仙庙、泽州玉皇庙等，占比接近八成。

在《黑神话：悟空》的加持下，山西旅游的热度暴涨，游戏取景地迅速成为网红打卡点。2024年8月22日，2024数字文旅品牌创新大会上启动了"跟着悟空游山西"活动，山西省文旅厅借势大力宣传和推广山西旅游。

图 4-14 《黑神话：悟空》

1. 发布主题旅游路线，串联游戏元素

为了吸引更多游客，山西省文旅厅发布了多条与《黑神话：悟空》相关的主题旅游路线，如"古建华章与彩塑满堂晋北线""楼阁飞云与神仙洞天晋南线"和"神奇上党与绝美造像晋东南线"等。这些路线巧妙地将游戏中的取景地串联起来，让游客在游览过程中能够身临其境地感受游戏场景，增强旅游体验。山西省文旅厅还发出"天命人集结令"，邀请《黑神话：悟空》首批通关者免费体验"跟着悟空游山西"主题线路（见图4-15）。

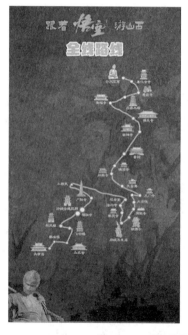
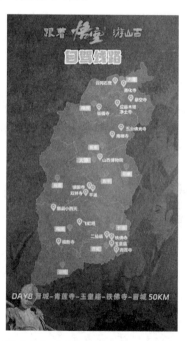

图 4-15 "跟着悟空游山西"路线图

2. 利用游戏元素进行旅游宣传

山西省文旅部门还通过线上线下相结合的方式，利用《黑神话：悟空》的游戏元素进行旅游宣传。在线上，通过社交媒体、旅游网站等平台发布游戏取景地的美图、视频和旅游攻略（见图4-16），吸引游客的关注和兴趣；在线下，通过举办旅游文化节、非遗面食大会等活动，将游戏元素与本地文化相结合，为游客提供更加丰富多样的旅游体验。

图 4-16 取景地对比图

3. 开发游戏周边产品,延长产业链

为了进一步提升旅游产业的附加值,山西省相关部门还开发了与《黑神话:悟空》相关的旅游周边产品,如主题明信片、文创商品等(见图 4-17)。这些产品不仅具有收藏价值,还能让游客在离开山西后继续回味这段独特的旅游经历。

图 4-17 文创商品

4. 加强游客互动,提升旅游体验

在旅游过程中,山西省还注重加强与游客的互动。例如,在景区内设置线下装置打卡点,让游客可以拍照留念并分享到社交媒体上;同时,还推出了通关文牒、通关信物卡等互动道具,让游客在游览过程中能够感受到更多的乐趣和成就感。

本章学习总结

技能训练

一、在线答题

即测即评

二、简答题

1. 简述店铺设计的主要目的。
2. 实体店铺布局中需要考虑哪些细节？
3. 在线店铺设计中，用户体验设计包括哪些方面？
4. 商品陈列的原则有哪些？
5. 打造消费场景的方法有哪些？

三、论述题

1. 论述实体店铺外观设计中门面设计的重要性及其设计要点。
2. 结合实例，论述商品场景化在提升消费者购买意愿中的作用。

案例分析

某知名咖啡品牌"悠悠咖啡"计划在城市中心繁华商业区开设一家新门店。该区域人流量大，周边有众多办公楼、购物中心和居民区，是城市中的热门地段。为了确保新门店能够脱颖而出，吸引目标消费者群体（主要是年轻上班族、时尚人士及咖啡爱好者），并有效传达其高端、休闲的品牌形象，悠悠咖啡决定进行全方位的店铺设计。

问题：

请分析悠悠咖啡在新门店设计中可能考虑的关键因素,并提出具体的设计建议。可以参考真实企业案例或行业最佳实践来丰富你的分析。

实训任务

一、任务目标

(1) 掌握店铺设计的基本原则与要素:能够理解并应用店铺设计(包括实体店铺和在线店铺)的基本原则,如满足需要原则、适应性原则、效率原则和经济安全原则,以及店铺外观设计和内部布局的关键要素。

(2) 学会商品陈列的技巧与方法:能够掌握商品陈列的基本原则,如显而易见原则、最大化陈列原则等,并能灵活运用分类陈列、主题陈列、垂直陈列等商品陈列方法。

(3) 理解并构建消费场景:能够理解消费场景的概念,学会分析消费场景要素,并能运用场景复制、场景嫁接、场景参与等方法打造具有吸引力的消费场景。

二、任务背景

假设你是一家新兴零售企业的市场部经理,企业计划在市中心开设一家零食零售实体店,并同步建立线上店铺。为了提升店铺的吸引力和销售额,你需要负责店铺的整体设计、商品陈列以及消费场景的构建。

三、任务分析

(1) 店铺设计。
① 分析目标消费群体的需求和偏好,确定店铺的整体风格和定位。
② 考虑实体店铺的外观设计,包括门面、出入口、招牌和橱窗的设计,以及在线店铺的整体风格、分类导航、商品详情页等设计。
③ 规划店铺内部布局,包括卖场功能区域划分、通道设计、动线设计等。
(2) 商品陈列。
① 根据商品定位和销售策略,选择合适的商品陈列方法。
② 制订商品陈列计划,包括陈列位置、陈列数量、陈列方式等。
③ 定期评估商品陈列效果,根据销售数据和顾客反馈进行调整。
(3) 消费场景构建。
① 分析目标消费群体的消费场景,明确消费场景的关键要素。
② 运用场景复制、场景嫁接、场景参与等方法,打造具有吸引力的消费场景。
③ 评估消费场景的效果,根据顾客反馈和销售数据进行优化。

四、任务操作

(1) 店铺设计。
① 制定店铺设计方案,包括实体店铺和在线店铺的设计草图、布局图等。
② 与设计师、施工团队等合作,确保设计方案得以实施。

③ 监督设计方案的执行过程，确保设计质量和进度。

（2）商品陈列。

① 制订商品陈列计划，并与销售团队沟通，确保陈列计划符合销售策略。

② 组织商品上架和陈列工作，确保商品陈列整齐、有序。

③ 定期检查商品陈列情况，及时调整陈列位置和方式。

（3）消费场景构建。

① 制定消费场景构建方案，包括场景主题、场景元素、互动方式等。

② 与营销团队、活动策划团队等合作，确保消费场景得以实施。

③ 评估消费场景的效果，收集顾客反馈和销售数据，用于后续优化。

五、任务评价标准

一级指标	二级指标	得分
店铺设计评价标准	满足需要原则：店铺设计是否充分考虑了零售商和消费者的需求，提供了舒适的购物环境和高效的商品展示	
	适应性原则：店铺设计是否适应目标消费群体的需求和偏好，以及零售企业的业态和定位	
	效率原则：店铺内部布局和流程是否科学优化，有助于提高销售效率和服务质量	
	经济安全原则：店铺设计是否合理控制成本，确保安全措施到位，避免意外事故而产生损失	
	创新性：店铺设计是否具有创新性，能够吸引消费者的注意力并提升品牌形象	
商品陈列评价标准	显而易见原则：商品是否容易被顾客看到和识别，陈列位置是否醒目	
	最大化陈列原则：商品陈列是否占据了较多的陈列空间，增加了商品的曝光和购买机会	
	集中陈列原则：同类或关联商品是否集中陈列在一起，方便顾客寻找和挑选	
	下重上轻原则：商品陈列是否稳定，符合习惯审美观和陈列的安全性	
	陈列效果：商品陈列是否能吸引顾客注意，激发购买欲望，提升销售额	
消费场景构建评价标准	目标消费者明确性：消费场景是否明确针对目标消费群体，满足其需求和偏好	
	场景要素完整性：消费场景是否包含了所有关键要素，如人物、时间、地点、行动和结果	

续表

一级指标	二级指标	得分
消费场景构建评价标准	场景故事吸引力：构建的场景故事是否有趣、有吸引力，能够引起消费者的共鸣	
	视觉化呈现效果：场景是否通过高质量的画面和音效进行视觉化呈现，营造出身临其境的购物体验	
	顾客参与度：互动活动环节是否新颖、有趣，能够吸引顾客的参与	

任务反思

第五章 "圈"——商业经济共享

本章学习目标

◆ **素养目标：**

(1) 具备一定的市场敏锐度和洞察力；
(2) 具备一定的创新思维；
(3) 养成廉洁自律的职业操守。

◆ **知识目标：**

(1) 掌握商圈理论；
(2) 熟悉零售企业采购管理的基本原则和模式；
(3) 掌握不同配送模式的特点和应用场景。

◆ **技能目标：**

(1) 能够对目标商圈进行分析，确定店铺选址位置；
(2) 能够制订合理的采购计划，提高采购效率和降低成本；
(3) 能够选择合适的配送模式，确保货物安全、准时送达。

章节思维导图

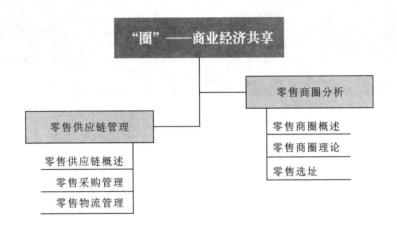

导入案例

郑州亚细亚：商圈复兴与新零售战略转型

一、背景概述

1989年5月6日，营业面积达1.2万平方米的亚细亚商场在河南郑州的核心商业圈"二七商圈"高调亮相。开业当天，郑州万人空巷争睹风采，其新颖的队列操升旗迎宾仪式、统一着装、微笑服务，以及商品陈列的时尚感，让习惯了计划经济卖方市场营销模式的消费者如沐春风，引发消费狂潮。

作为中国商业零售业的璀璨明珠，亚细亚以其先进的经营理念、豪华的购物环境及丰富的商品种类，在20世纪90年代风靡全国，引领了"中原商战"的潮流，一句广告语"中原之行哪里去——郑州亚细亚"响彻全国。然而，由于内部管理混乱、快速扩张，亚细亚出现资金链断裂等问题，在20世纪末陷入了困境，并于2001年9月正式宣布破产。

从债权竞拍到重新开业，历经17年。2023年8月6日，"亚细亚"在重新装修升级后原址重开，更名为"亚细亚卓悦城"，与34年前相同，通过仪仗队、升旗仪式、商战展馆这些回忆感满满的方式，亚细亚卓悦城的开业现场被推向高潮，再次唤醒了老一代郑州人的记忆（见图5-1）。

二、新零售战略转型举措

亚细亚卓悦城自开业以来，积极融入"主题城市＋特色街区＋老字号综合体"的新二七商圈业态，进行新零售战略转型。

1. 重塑品牌形象

亚细亚卓悦城保留原亚细亚商场的核心元素，打造商战展馆致敬历史；同时融入现代时尚元素，使商场外立面更加时尚、现代。商场定位为"潮玩食趣

图 5-1 亚细亚新旧对比

新领地",围绕 18~25 岁青年客群打造社交化、体验化、年轻化购物中心,130 多家入驻品牌中有 90 多家为餐饮品牌,占比超过 65%,对青年人的"偏爱"毫不掩饰。

2．优化内部布局

商场内部进行了大刀阔斧的改革,整个商场内部中庭由原来的长方形改造为圆弧形,安置了 LED 透明屏,在不同时段,通过声、光、电技术打造不同效果体验,形成有独特识别度的打卡点。商场集装箱街区设置有汉服文创中心、空中牧场,规划了"二七之眼",将 8 米高的落地窗打造成观景二七广场的最佳位置,吸引游客前来留影打卡。

3．线上线下融合

建立线上商城,与线下实体店形成互补,实现线上线下无缝对接;通过社交媒体、直播等渠道进行线上营销,吸引更多年轻消费者关注和购买。

4．注重顾客体验

举办各类主题活动、文化展览等,提升商场的文化氛围和吸引力;在商场内设置中央舞台、玻璃栈道等互动设施,增加顾客购物过程中的娱乐性和趣味性。

三、以点带面,点亮商圈"夜经济"

2024 年 8 月 6 日晚,以亚细亚卓悦城开业周年庆为契机,由郑州市二七区、郑州市商务局等联合举办的"二七商圈夜经济文化周"同步开启。8 月 6 日至 11 日,二七区通过政府搭台、企业唱戏,政府出钱、企业让利相结合的方式,精心策划了爱国主义教育、全民健康日、"郑好办"助农专区发布会、二七商圈音乐之夜等五大类主题活动,探索"文化+夜经济"发展路径。

为进一步推动二七商圈夜经济的发展,二七区政府与亚细亚卓悦城等紧密合作,通过专项资金补贴等多种促销费方式,积极打造商圈夜游、夜购、夜娱、夜食等多元化消费场景。亚细亚作为二七商圈的重要成员,它的重开不仅唤醒了尘封的"城市记忆",更为二七商圈的全面复兴注入了强劲动能。

思考:

1．什么是商圈?商圈与业态之间有什么关系?

2．在新零售背景下,亚细亚卓悦城面临哪些机遇与挑战?

第一节 零售商圈分析

一、零售商圈概述

商业是由商业企业的经营能力和消费者的购买行为共同决定的,而商圈是消费者到商业场所进行消费活动的时间距离或者空间距离。

(一)商圈的概念

商圈是指商业企业以其所在地点为中心,沿着一定的方向以一定的距离扩展,能对消费者产生辐射作用的范围,即商业企业吸引消费者的区域范围。这个区域范围的大小取决于消费者的实际购买能力和行为,以及商业企业自身的经营实力和策略。

一般来说,构成商圈的基本要素包括以下方面。

(1)消费人群。商圈的核心是吸引消费者,因此消费人群是商圈存在的基础,决定了商圈的客流量和消费水平。

(2)有效经营者。有效经营者是指能够合理配置和利用资源,不断推动产品和服务创新,为消费者和社会创造价值,确保商圈能够正常运营和持续发展的企业。

(3)商业发展前景。商圈需要有良好的发展前景,确保商圈能够长期稳定发展,并对消费者具有持续吸引力。

(4)商圈形象。商圈形象是指商圈在消费者心目中的整体印象和商圈特色,包括环境、功能、建筑形态、品牌组合、服务质量以及对外宣传等。商圈形象是吸引消费者和提高商业价值的关键因素之一,良好的形象有助于提升商圈的吸引力和竞争力。

(5)政策支持。政府通过政策支持、资金支持、基础设施建设与改造等,鼓励商业主体进行升级改造、智慧建设和业态融合等,提升商圈的服务质量和吸引力。

对于零售业而言,零售商圈特指某个零售店铺的市场覆盖区域,即该店铺主要吸引和服务的顾客群体的区域范围。这个区域大小不仅与消费者的生活习惯和消费习惯相关,还与店铺位置、商品种类、价格策略等因素息息相关。零售商圈的大小不仅反映了该零售店铺的市场份额大小,还可以作为衡量其经营效率和竞争力的一项重要指标。

行业聚焦

深圳锚定打造世界级地标商圈

2022年出台的《深圳市关于加快建设国际消费中心城市的若干措施》中明确提出,要加快福田中心商业区、后海超级商业区和罗湖核心商圈建设,打造集国际消费目的地和标志性城市景观于一体的世界级地标商圈；高标准建设华强北步行街、香蜜湖国际高端消费区、沙头角深港国际旅游消费合作区等一批重点商圈；建设国际一流商业消费街区，各区加大力度重点打造1~2个核心商圈。

深圳正在加快建设具有全球重要影响力的消费中心，对标国际一流打造世界级地标商圈以及一批高品质重点商圈是其中的关键抓手。2023年以来，深圳以"立足湾区、辐射全国、面向全球"为导向，锚定"世界级地标商圈建设"，多点发力，推动新兴商圈加速崛起、存量商圈提档升级，吸引更多优质消费资源布局深圳，进一步优化消费供给，提升城市消费能级，为深圳建设具有全球重要影响力的消费中心增动能添活力。

2023年7月，深圳公布首批市级示范特色商圈（步行街）和夜间经济示范街区名单，其中福田CBD商圈、宝安中心商圈、后海商圈均入选特色商圈，它们也是近年来深圳对标国际一流要重点打造的世界级地标商圈、高品质重点商圈。

走进深圳各大商圈，从区域首店、全国首店到旗舰店、新概念店，从潮牌服饰、美妆香氛到时尚精品、特色餐饮，各类首店、各种业态通过产品、服务以及商业模式等多维度创新，为深圳特色商圈带来更多新意，增强城市商业活力。

（资料来源：《深圳特区报》，2023-09-27）

（二）商圈构成

根据顾客到店的便利性、购物频率和消费习惯，商圈通常被划分为核心商圈、次级商圈和边缘商圈。

微课：商圈

1. 核心商圈

核心商圈又被称为第一商圈，是指最靠近店铺的区域。核心商圈的特点是与店铺紧密联系在一起，优势在于商店的集中度较高，消费者可以拥有较大的选择空间，并且能够享受到更多的便利服务。因此，顾客更愿意前往核心商圈购物，以满足自己的需求。店铺大约有50%~80%的顾客来自核心商圈。

一般来说，小型商店的核心商圈在0.8千米范围内，顾客步行到店的时间在10分钟以内；大型商场的核心商圈在5千米范围内，顾客无论使用何种交通工具到店，时间都不会超过20分钟。

思考：店铺可以提供哪些配套设施和服务，以提升核心商圈顾客的购物体验？

2. 次级商圈

次级商圈又被称为第二商圈，是指核心商圈外围的次要区域。在这个区域内，消费者相对分散，但是购买商品依然非常方便。作为核心商圈的补充，次级商圈能够满足居住在核心商圈外围的消费者的需求。对于这些消费者而言，受生活或工作地点限制，无法经常光顾核心商圈，次级商圈的存在能够为他们提供方便的购物选择。店铺大约有15%～25%的顾客来自次要商圈。

一般而言，小型商店的次级商圈范围在1.5千米以内，顾客步行到店的时间不超过20分钟；而大型商场的次级商圈范围在8千米之内，顾客无论采用何种交通工具到店，所需的平均时间都不超过40分钟。

思考：次级商圈中常见的商业形式有哪些？

3. 边缘商圈

边缘商圈又被称为第三商圈，指的是位于次级商圈之外的地区，处于商圈的最外缘。边缘商圈的位置相对较远，通常远离市中心或主要商业区，这也导致了客流量相对较少的情况。在这些地区，消费者通常需要经过较长的距离才能到达商店，因此购物相对不太方便。店铺大约有5%～10%的顾客来自边缘商圈。

一般来说，小型商店的边缘商圈范围在1.5千米之外，顾客步行到店需要20分钟以上；而大型商场的边缘商圈范围在8千米之外，顾客无论使用何种交通工具来店，平均时间都超过40分钟。

思考：店铺可以举办哪些活动让边缘商圈的消费者克服距离不便来店消费？

核心商圈、次级商圈、边缘商圈的构成如图5-2所示。

图5-2 商圈构成图

一个成熟的商圈，一般具有以下特征：

（1）至少拥有一个比较著名的主力商业设施；
（2）所聚集的商业业态既能体现多样化，又不互相孤立；
（3）交通便利；
（4）配套设施齐全。

店铺经营者需要注意各类商圈形态的区域范围、特点和消费习性等，如表5-1所示。

表 5-1 商圈形态

商圈形态	区域范围	特点	消费习性
商业区	商业集中区域及周边	范围大，人口流动大，各类商业体林立	快速、娱乐、流行、消费金额高等
住宅区	居民社区及周边	居住人口较多，需求多样化	群体稳定，便利商品、日用品需求大
办公区	写字楼、企事业单位所在地周边	上班族云集	外来人口多，较便利，消费水平高
文教区	大中小学校所在地周边	以学生为主	休闲食品、文具等购买率高，消费水平不高
混合区	商住混合区，住教混合区	人口特点复杂	需求多元化

（三）商圈分析

商圈分析是指店铺经营者对商圈构成情况、特点、范围及影响商圈规模变化的因素进行实地调查和分析，为选址、制定与调整经营方针和策略提供依据。

1. 商圈分析的重要性

（1）商圈分析是新店合理选址的前提。

新店选址时，为吸引更多的目标顾客，要求经营者明确商圈范围，了解商圈内人口的分布状况及其他相关资料，选定适宜的地点，使商圈、店址、经营条件协调融合。此外，还需评估可达到的经营效益，创造经营优势。

（2）商圈分析有助于制定竞争经营策略。

零售企业为取得竞争优势，需要经营者通过商圈分析，掌握客流性质、了解消费者需求、采取有针对性的经营策略，赢得消费者信任。

（3）商圈分析有助于制定市场开拓战略。

零售企业制定或调整经营方针、经营策略，需要立足于商圈内各种环境因素的现状及发展规律、趋势。商圈分析可以帮助经营者明确目标顾客群体，在力求保持基本顾客群的同时，着力吸引潜在顾客群。

（4）商圈分析有助于加快资金周转。

商圈规模会随着经营环境的变化而变化，零售店铺的经营规模又会受到商圈规模的制约。当商圈规模收缩时，零售店铺如果保持规模不变，就会导致流动资金积压，影响资金周转。因此，通过商圈分析，了解经营环境及由此引起的商圈变化，经营者就可以适时调整经营策略，缓解资金周转压力。

2. 商圈分析的内容

（1）明确目标市场和商圈范围。

目标市场：确定要分析的具体商圈，是一个城市、一个地区还是一个特定的消费群体。

商圈范围：明确商圈的范围、具体的地理位置和商圈半径的划分。

（2）基础数据收集。

人口特征：包括商圈内人口的规模、年龄结构、性别比例、收入水平、教育程度等。这些因素直接影响消费者的购买力和消费习惯。

地理特征：包括商圈的地理位置、交通状况、周边环境等。交通便利性、周边设施完善程度等因素都会影响顾客的到店率和消费体验。

商业特征：包括商圈内的商业设施类型、数量、分布情况以及竞争态势、未来发展规划等。这些因素有助于零售企业了解自身在商圈中的定位和市场占有率。

（3）消费者行为分析。

购买行为与需求：包括消费者的购买频率、购买量、购买偏好等。这些因素有助于零售企业了解消费者的需求特点和变化趋势，从而调整商品结构和营销策略。

消费习惯和偏好：包括消费者的购物习惯、消费心理、品牌忠诚度等。这些因素有助于零售企业制定更具针对性的营销策略，提高顾客满意度和忠诚度。

（4）竞争对手分析。

竞争态势：包括商圈内竞争对手的数量、规模、市场份额等。这些因素有助于零售企业制定差异化的竞争策略。

竞争策略：包括竞争对手的营销策略、产品策略、价格策略等。这些因素有助于零售企业学习借鉴优秀经验，同时避免与竞争对手直接冲突。

（5）市场潜力评估。

增长潜力：主要评估商圈内人口增长、经济发展、消费升级等趋势对市场潜力的影响。这些因素有助于零售企业预测未来市场需求和增长空间。

发展机会和威胁：主要分析商圈内存在的未满足需求、新兴消费趋势等发展机会。这些因素有助于零售企业发现新的市场机会并制定相应的市场策略。

（6）商圈发展趋势预测。

技术影响：分析大数据、云计算、人工智能等新技术对商圈发展的影响。这些因素有助于零售企业把握技术变革带来的机遇和挑战。

政策环境：关注政府政策对商圈发展的支持和限制。政策环境的变化可能会对商圈的未来发展产生重大影响。

消费者变化：预测消费者需求、消费习惯等方面的变化趋势，有助于零售企业提前布局和应对市场变化。

二、零售商圈理论

商圈理论是研究商业活动在空间上的分布规律和聚集效应的重要理论，主要包括以下几种。

(一)零售引力法则

零售引力法则是 1931 年由威廉·雷利对美国的都市商圈进行调查后提出的,又被称为雷利法则。该法则认为,具有零售中心的两个城市,对位于二者中间的城市的零售交易吸引力与各自城市的人口成正比,与各自城市与中间城市之间的距离成反比。

这一理论主要用于分析两个商业中心或零售设施之间的吸引力关系。若城市的某个商圈有大量的、多样的商品和商业性服务,就会吸引更多的消费者去该商圈或城市购买商品,接受商业服务,因此,该商圈或城市就具有更大的吸引力。该理论证实一个城市的人口越多,规模越大,商业越发达,对顾客的吸引力就越大。

例如,作为全球较大零售商之一的沃尔玛在选择新店址时,会充分考虑所在城市的人口规模及店铺与周边地区的距离。因此,沃尔玛在进入新市场时,会优先选择人口密集且交通便利的城市或地区,以确保其对周边顾客的强大吸引力。沃尔玛在 1996 年进入中国市场,地点是深圳,目前在中国已经拥有广泛的门店网络和忠实的顾客群体,成为中国市场上的重要零售品牌之一。

(二)赫夫模型

20 世纪 60 年代,美国加利福尼亚大学经济学者赫夫提出了关于预测城市区域内商圈规模的赫夫模型。该模型在雷利法则的基础上进行了扩展,引入了"商业集中区零售面积规模"这一新指标,更全面地考虑了商业设施的规模对消费者购物选择的影响。赫夫认为,有购物行为的消费者对店铺的心理认同是影响商圈大小的根本原因。消费者更愿意去具有消费吸引力的店铺购物,这些店铺通常面积更大、商品可选择性更大,商品品牌知名度高,促销活动也更具吸引力。

例如,京东作为即时零售赛道的开创者和引领者,通过自营物流以及与达达等物流平台深度协同,构建了覆盖全国的快速配送网络,大大缩短了消费者从下单到收货的时间。同时,京东不断丰富商品种类、提升品牌知名度和服务质量,增强了其作为购物场所的吸引力。这种"缩短时间+增强吸引力"的策略,正是赫夫模型在电商领域应用的生动体现。

(三)商圈饱和理论

商圈饱和理论认为,任何一个商圈内所能支持的某类商店数量都是有限的,存在一个饱和点。当商圈内的某类商店数量超过这个饱和点时,每家同类商店都将难以获得足够的投资回报。商圈饱和理论有助于商家在选址和扩张时,避免进入已经饱和的商圈,从而减少竞争压力和经营风险。商圈零售饱和指数的计算公式如下:

$$IRS = 消费者需求 / 营业面积 = (C \times RE)/RF$$

其中，IRS 表示商圈零售饱和指数，这一指数反映了每平方米营业面积所承载的潜在顾客购买额，即商圈内某类商品的饱和程度；C 表示商圈内某类商品的潜在消费者数量；RE 表示通过市场调研和历史销售数据，估算的商圈内消费者对该类商品的人均年消费金额；RF 表示商圈内现有营业面积。

如果 IRS 值较低，说明该区域内同类商店已经较为饱和，新增店铺可能面临激烈的竞争和有限的增长空间；相反，如果 IRS 值较高，则表明该区域内顾客需求旺盛而且供给相对不足，存在较大的市场潜力。

例如，星巴克利用商圈饱和理论，对目标区域的零售市场进行详细分析，评估该区域内同类咖啡店的竞争情况和潜在顾客需求。通过计算商圈零售饱和指数，星巴克能够准确判断某地区是否适合开设新店，从而避免过度竞争和资源浪费。

三、零售选址

（一）零售选址的原则

零售选址指的是零售企业在一定约束条件下，从多个备选店址中选择最佳的开店位置。它是零售业务中至关重要的一环，直接影响到店铺的客流量、销售额以及长期盈利能力和未来发展前途。零售选址是零售企业经营者确定经营目标和策略，形成差异化甚至垄断经营的重要条件，也是获得竞争优势的重要途径。

零售选址的原则主要包括以下几项。

1. 便利性

门店应位于消费者容易到达的主干道旁边、交通枢纽附近、社区中心等人流密集的区域，减少消费者到达门店的时间成本；为消费者提供整洁舒适、安全便利、设施齐全的购物环境；对于驾车者，门店附近应提供充足的停车位，以方便停车购物，提升消费者购物体验。

2. 扩充性

选址应考虑人口增长迅速、新兴商业区等未来具有较大发展潜力的地区，确保选址不仅适应当前运营，还能适应未来的扩张需求；考虑竞争环境，选择竞争相对较弱但仍有足够市场需求的区域，避免过度竞争导致利润下降。此外，还可将门店开设在知名品牌或连锁店附近，利用品牌协同效应吸引更多消费者，提升店铺知名度和美誉度。

3. 营利性

综合考虑租金、装修、人力等成本因素，选择性价比高的地段，确保门店在经营过程中能够获得合理的利润；根据门店的定位和目标顾客群体，选择与之匹配的市场区域，以提高销售转化率和顾客满意度。

 **案例分享**

麦当劳与肯德基的选址技巧

1. 商业繁华地段

地段繁华是肯德基、麦当劳选址必须具备的前提条件,只有拥有足够大的消费群体,才能满足一家大型餐饮品牌的正常运营。各地旅游景区几乎都有肯德基和麦当劳的踪影,但是在这些景区开设分店的目的不是营利,而是获得更大的品牌形象展示空间,从而提升消费者潜意识中的信任感,带动整个地区甚至整个品牌的口碑宣传效益。

2. 建筑格局

只有拥有好的建筑条件,才有利于后期视觉效果的打造。肯德基和麦当劳都对建筑格局要求非常严苛,从楼面到梁底,从厨房到就餐区域,每一部分都有细化的硬件要求。

3. 选址的商业格局

麦当劳的选址标准已经形成了可复制的范本,特别是它的商业布局(见表5-2)。

表 5-2 麦当劳选址的商业布局

序号	因素	内容要求
1	现在和未来	基于麦当劳"20年不变"的企业原则,麦当劳在选址时对各方面都要求注重长远
2	店铺亮眼	其所有店铺均选择在一楼门面,定位于视觉营销和印象加深的营销理念
3	有条不紊	如果某个地段租金过高,麦当劳会静待时机,先在周边开设门店
4	优势互动	麦当劳也需要借力,在大型商场、繁华购物广场开设"店中店",实现品牌借力
5	明确领域	麦当劳的消费群体大多为年轻人和小朋友,故而优先选址于时尚之地和游乐园附近

4. 肯德基选址步骤

首先,肯德基在进军一个全新的区域时,一定会制定该区域的策略规划,具体可分为确定市场消费属性、对该区域做出资金预估和市场规划两个要点。

其次,制定好策略规划后,肯德基会进行商圈的规划和分析,具体分为3种类型(见表5-3)。

表 5-3　肯德基商圈规划和分析

序号	类别	具体内容
1	一类商圈	这一活动范围的消费者10分钟内即可到店，消费额占店内总营业额的60%～70%
2	二类商圈	这一活动范围的消费者不会经常进店消费，消费额占店内总营业额的20%左右
3	三类商圈	最难吸引消费者进店消费的区域（太远），消费额只占店内总营业额的10%左右

5. 相关要素的评估

肯德基和麦当劳在选址时，最重要的是明确在一个拟定的区域里，人流最集中的地方在哪里，同时，这也可以判断该区域是否具备较大的商业发展潜力。所以，它们在选址时会记录几个候选地址的门前过客，数量最多的那个地址就是最合适的店面地址。

在大多数的商圈，有麦当劳就会有肯德基，这并不是单纯的企业之间的"抢生意"行为，这样做能有效地起到"抱团取暖"的作用，使消费者更清晰地意识到，在某个商圈内能同时找到几大快餐品牌。这样不仅能给消费者带来便利，企业间还实现了消费者信息共享、品牌一同传播、取长补短的优势结合等益处。

（资料来源：《一本书读懂餐饮O2O（第2版）》）

（二）零售选址的方法

1. 量本利分析法

量本利分析法，全称为产量成本利润分析法，也叫盈亏平衡分析法，是通过分析生产成本、销售利润和产品数量这三者的关系，掌握盈亏变化的规律，来确定最佳商业设施位置，以实现成本最小化、利润最大化的目标（见图5-3）。

在零售选址过程中，量本利分析法主要用于评估不同选址方案的成本和收益，从而确定最优的选址位置。主要涉及以下几个步骤。

（1）确定影响因素。明确影响零售选址决策的各项因素，如土地成本、运输成本、人力成本、市场需求、税收政策等。

（2）量化成本和收益。针对每个零售选址方案，量化该方案的固定成本和变动成本，并预测各方案在不同产量下的销售收入。

（3）计算盈亏平衡点。利用量本利分析法的公式，计算每个零售选址方案的盈亏平衡点，即企业收入和成本相等、利润为零时的产量水平。

盈亏平衡点＝固定成本／（单位售价－单位变动成本）

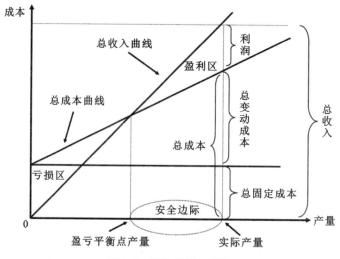

图 5-3 盈亏平衡分析法

（4）比较方案。计算出各零售选址方案的盈亏平衡点后，比较不同方案的盈亏平衡点、安全边际以及预期的利润水平。选择具有较小盈亏平衡点、较大安全边际和较高预期利润水平的选址方案。

需要注意的是，量本利分析法是一种简化的分析方法，它假设在一定范围内，销售量、售价、变动成本和固定成本都保持不变，而实际情况可能更为复杂多变。因此，在应用该方法时，企业需要结合其他分析工具和方法，综合考虑多种因素，以做出更为准确和全面的决策。

2. 加权评分法

加权评分法通过为不同的影响因素分配不同的权重，并基于权重对各选址方案进行评分。企业可以评估不同店铺位置在客流量、竞争环境、租金成本、品牌形象等方面的表现，从而选择最有利于企业发展的店铺位置，这也有助于提升企业的市场占有率和盈利能力。

下面以某零售企业配送中心选址为例，说明加权评分法在零售选址中的应用场景和实施步骤。

（1）识别影响因素，明确权重。明确影响选址的所有重要因素，如地理位置、交通便利性、土地成本、劳动力资源、市场需求等；然后根据各因素对选址方案的重要程度，为它们分配不同的权重（见表5-4）。

表 5-4 各影响因素及其权重分配

影响因素	地理位置	土地成本	交通便利性	劳动力资源	市场需求	自然环境	政策环境	社区关系
权重	10	8	9	6	7	5	3	2

（2）设定并量化评分标准。为每个影响因素设定评分等级，如优、良、中、差等，并明确各等级的具体标准和分值（见表5-5）。

表 5-5　评分标准

等级	分值
优（A）	9～10
良（B）	7～8
中（C）	5～6
差（D）	0～4

（3）评分并计算结果。根据评分标准和等级，对各零售选址方案在各影响因素上的表现进行评分；然后将分数与其对应的权重相乘并求和得到总得分；最后根据总得分对各选址方案进行排序，得分最高的方案即为最佳选址方案（见表 5-6）。

表 5-6　各选址方案得分

影响因素	地理位置	土地成本	交通便利性	劳动力资源	市场需求	自然环境	政策环境	社区关系
方案甲	A（10）	B（8）	A（9）	B（7）	C（6）	A（10）	B（7）	C（5）
方案乙	B（8）	A（10）	B（7）	C（6）	A（10）	B（8）	C（5）	A（10）
方案丙	C（6）	B（8）	C（5）	A（9）	B（8）	C（6）	A（9）	B（8）

方案甲总得分：$10\times10+8\times8+9\times9+7\times6+6\times7+10\times5+7\times3+5\times2=410$（分）

方案乙总得分：$8\times10+10\times8+7\times9+6\times6+10\times7+8\times5+5\times3+10\times2=404$（分）

方案丙总得分：$6\times10+8\times8+5\times9+9\times6+8\times7+6\times5+9\times3+8\times2=352$（分）

根据总得分，方案甲得分最高（410 分），因此选择方案甲作为最佳配送中心选址。

需要注意的是，加权评分法中权重分配的大小直接影响评估结果的准确性和可靠性，因此需要特别注意权重分配的合理性和科学性；选址要综合考虑量化和非量化因素，评分标准应尽可能客观、具体和可量化，以减少主观因素对评估结果的影响，确保选址方案的全面性和可行性。

3. 重心法

重心法是一种用于零售选址的有效方法，它通过计算使得总运输成本最小的位置来确定商业设施的最佳位置。

$$\text{重心横坐标} = \sum(\text{各点横坐标}\times\text{对应人口数})/\text{总人口数}$$

$$\text{重心纵坐标} = \sum(\text{各点纵坐标}\times\text{对应人口数})/\text{总人口数}$$

其中，横坐标和纵坐标表示选址地域内各点的位置，人口数表示该点的人口数量。通过对所有点的横坐标和纵坐标分别乘以对应的人口数后求和，再除以总人口数，可以得到选址区域的重心坐标。重心位置越接近人口分布的中心，表示选址越优。

重心法的应用不仅限于零售选址，它还被广泛应用于物流配送中心的选址。例如，成都红旗连锁作为一个连锁零售品牌，其经营网点较多，送货频率较高。为了降低连锁经营的成本，公司在对成都市部分红旗连锁超市网点分析的基础上，使用重心法来确定配送中心的地址。通过重心法计算出合适备选地，再结合各项固定和可变成本的综合考虑，最终确定了配送中心的最佳位置。这种方法的关键在于通过数学模型和计算，找到一个能使总运输成本最低的位置，从而提高效率、降低成本，并增强企业的竞争力。

第二节　零售供应链管理

一、零售供应链概述

（一）零售供应链含义

供应链最早来源于彼得·德鲁克提出的"经济链"，再由迈克尔·波特发展成为"价值链"，最终演变成为"供应链"。

供应链是指生产及流通过程中，涉及将产品或服务提供给最终客户活动的上游与下游企业所形成的网链结构。简单来说，供应链就是从供应商的供应商到客户的客户所组成的网络。其具体是指围绕核心企业，从原材料开始，制成中间产品和最终产品，最后通过销售网络把产品送到客户手中的，将供应商、制造商、分销商、最终客户连成一个整体的功能网链结构（见图5-4）。供应链的概念是从扩大生产概念发展而来的，它将企业的生产活动进行了前伸和后延。

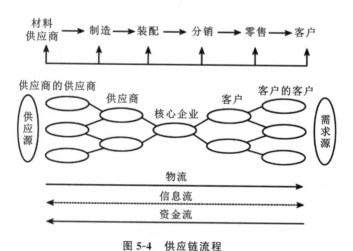

图 5-4　供应链流程

零售供应链是供应链的一种类型，是直接或间接满足顾客需求的各方所组成的供应链，即包括原材料供应商、制造商、分销商、零售商、顾客、运输商、仓储商等组成的一条价值链，在供应链上有物流、资金流和信息流。零售供应链管理可以帮助企业更好地控制库存、降低成本、提高客户满意度和忠诚度，对零售企业具有重要意义。

SCOR 模型

供应链运作参考模型（SCOR 模型，supply-chain operations reference model）是由国际供应链理事会开发和维护的流程参考模型。该模型将供应链界定为计划、采购、生产、配送和退货五大流程，并分别从供应链划分、配置和流程元素三个层次切入，描述了各流程的标准定义、各流程绩效的衡量指标，提供了供应链"最佳实施"方案（见图 5-5）。运用该模型可以使企业内部和外部用同样的口径和标准交流供应链问题，客观地评测其绩效，明确供应链改善目标和方向。

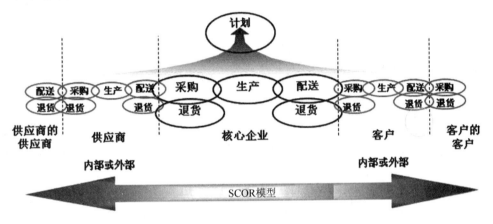

图 5-5　SCOR 模型

（二）新零售供应链特点

1. 复杂性

从系统的角度来看，零售业所涉及的产品种类繁多，零售商主导型供应链本身是一个复杂开放的系统，往往由多个、多类型甚至多国企业构成，各个成员之间存在着复杂的相互作用和关系。

2. 动态性

零售业面对的是一个需求瞬息万变的市场，为保持供应链整体竞争力，供应链各个企业实体之间的关系也会随着市场需求等因素的变化而动态地变化。零售商主导型供应链需要在竞争中合作、在竞争中重组，吸收新的有竞争力的企业，剔除失去竞争力的企业，因此，各个节点企业会存在进入和退出的情况。

3. 需求多变性

消费者的需求是多样化的、多变的，市场需求会随着消费者需求的变化而不断变化。供应链的形成、存在和重构都是基于一定的市场需求而发生的，消费者的需求和消费偏好等是供应链中物流、信息流、资金流运作的驱动力。

4. 交叉性

供应链中的节点企业既可以是这个供应链的成员，同时又可以是另一个供应链的成员，这在零售商主导型供应链中表现得尤为突出。众多供应链汇集在一起形成交叉结构，供应链与供应链之间、供应链内部各个实体之间都存在着频繁的物资、信息等的交换，在一定程度上增加了协调管理的难度。

5. 协同性

企业的所有行为都是围绕企业价值最大化这一最终目标展开的。以零售商为核心企业的零售商主导型供应链建立在共赢的利益基础上，通过各个成员之间取长补短、互惠互利、协同运作来实现利益的最大化。

二、零售采购管理

零售采购管理是零售企业运营过程中至关重要的环节，它涉及企业从供应商处获取商品或服务以满足消费者需求的全过程。采购活动的成功与否，直接关系到企业的成本、库存、销售和利润等多个方面。

（一）零售采购

采购是企业为了获得生产或销售所需的物资、服务或资源等而进行的购买行为。采购活动不局限于商品本身的购买，还包括与供应商之间的谈判、合同签订、货款支付、物流配送等多个环节。

零售采购是零售企业在市场调研的基础上，为了满足消费者需求而进行的选择商品、购买商品，取得商品所有权的一种经营活动。它是零售企业开展经营活动和夺取经营主动权的第一步，也是企业降低成本的重要手段。

与零售企业的其他活动相比，零售企业采购的重要性等同于生产企业生产的重要性。一方面，采购活动适当与否，决定了零售企业提供服务的基本质量。零售企业的服务是以有形的商品为基础的，没有这个基础，零售企业的服务就失去了意义。另一方面，零售采购是零售企业获取竞争优势的重要手段。零售企业可以通过降低采购费用、提高库存周转速度来扩大利润空间和提高投资回报率，同时通过与生产者或批发商等供货者建立密切的贸易关系来获得竞争优势。

（二）零售采购原则

零售企业若要取得市场竞争的优势，就必须了解目标消费者的特征和需要，商品采购就是满足消费者需求的一个重要环节。企业在组织商品采购时必须注意遵循以下基本原则。

1. 以需定进

以需定进就是要根据市场需求决定进货数量、规格、式样以及时机,保证购进的商品适合顾客的需要,尽快实现商品销售。对零售企业来说,买与卖的关系绝不是买进什么商品就可以卖出什么商品,而是市场需要什么商品,什么商品才容易卖出去,企业才买进什么商品。因此,以需定进原则又被称为以销定进原则,即卖什么就进什么,卖多少就进多少,进货完全由销售情况来决定。

2. 性价比第一

零售企业获得利润有两种主要途径:一是为产品赋予差异性,从而增加附加值;二是降低成本。企业经营者要时刻关注企业成本,谁能将成本降得更低,谁就有可能赢得市场。而降低成本非常重要的途径就是降低采购成本。也就是说,零售企业在采购时,不仅要注重商品的质量和性能,而且要力求以最低的成本购进,做到采购的商品物美价廉,性价比达到最优。

3. 勤进快销

勤进快销是加速资金周转、避免商品积压的有效手段,也是促进零售企业经营发展的一项重要措施。零售企业必须利用自身的有限资金,根据市场需求的变化,以勤进促快销,以快销保勤进。

企业在运用勤进快销原则时应该注意"勤进"和"快销"都是相对的。"勤"并非越勤越好,而是需要根据企业的现实条件、商品特点、货源情况、进货方式等各种因素的变化,在保证商品销售不出现脱销的前提下,考虑进货批量;"快"是指在保证企业经济效益与社会效益的前提下,加快商品销售速度,提高周转率。

4. 信守合同

零售采购需要签订和信守合同。为了保证采购行为的合法性、有效性和严肃性,要通过法律形式确立商品买卖双方的交易活动,明确双方应承担的义务和可享受的权利,保证企业经营活动能够公平、合法、有效地进行。只有信守合同,保证交易双方的合法权益,才能更好地发挥企业经营的积极性,保证企业购销活动的顺利进行。

另外,零售企业还要承担商品"守门员"的社会责任,维护消费者的合法权益。零售企业不仅要以丰富多彩的商品品种、舒适的购物环境、便利的购买方式和良好的销售服务满足消费者的需求,而且它也是商品从生产领域向消费领域转移过程中的最后一个环节,其服务对象是供应链最终端的消费者。由于大多数消费者在购买中属于非专家型购买,缺乏足够的商品知识,容易上当受骗,零售企业应该为消费者把好最后一道关,在进货过程中加强商品检验,拒绝购进不符合质量标准的商品,维护企业的信誉和消费者的利益,为社会稳定尽职尽责。

 **知识拓展**

企业采购应遵循的法律法规

企业采购应遵循的核心法律法规包括《中华人民共和国民法典》《中华人民共和国政府采购法》《中华人民共和国反不正当竞争法》《中华人民共和国招标投标法》以及相关的税收法规和知识产权保护法规。这些法律法规共同构成了企业采购行为的法律框架，确保采购活动的合法性和规范性。

《中华人民共和国民法典》（以下简称《民法典》）对企业签订合同应遵守的相关规定进行了详尽说明，包括合同的订立、履行、变更和解除等方面。合同中应明确双方的权利和义务，确保合同条款的合法性和有效性。《民法典》强调诚信原则，企业在采购活动中应诚实守信，遵守商业道德，不得采取欺诈、胁迫等不正当手段。

《中华人民共和国政府采购法》主要适用于国家机关、事业单位和团体组织的采购活动。企业在与这些组织进行合作采购时，也应遵循相关法律法规。该法律对政府采购行为进行了全面规范，包括采购程序、供应商资格、采购合同等方面，确保采购活动的公开、公平、公正。

《中华人民共和国反不正当竞争法》要求企业在采购过程中不得采用不正当手段竞争，如贿赂、偷换参数、虚假宣传等，以维护公平竞争的市场环境。

《中华人民共和国招标投标法》适用于重大采购项目，确保公平、公正、公开的竞争环境，企业在进行招投标时，必须遵守法律法规，不得恶意竞争，不得侵犯其他企业的合法权益。

除了遵守国家法律法规，企业也应建立健全内部管理制度和流程，以确保采购活动的规范性和高效性。内容包括制定详细的采购管理制度，明确采购流程、审批权限和供应商选择标准等。同时，企业要加强员工培训和意识提升，提高员工的法律意识和合规意识。

（三）零售采购类型

企业采购方式多种多样，零售企业在经营活动中，应根据企业自身的经营特点、经营范围、规模大小等情况，选择合适的采购方式，为企业节省更多的人力、财力、时间和空间。

1. 按采购渠道分类

（1）直接采购。

直接采购是指零售企业直接与制造商或供应商进行交易，绕过中间商环节，从而降低成本。这种方式通常适用于大型零售企业或具有强大议价能力的企业。

直接采购可以确保商品的质量和新鲜度,同时减少中间环节带来的成本增加。但是,其要求零售企业具备强大的供应链管理能力,以确保采购的顺畅进行。

例如,沃尔玛山姆会员商店在全国拥有近 30 个加工厂,店内蔬菜采用直采模式,可以有效保证需求迅速增加时的蔬菜供应。一些线上食品购物平台也进一步提高了产地直采的商品比例,充分发挥了源头直采的供应链优势。产地直采作为各大生鲜电商平台的竞争焦点,已逐渐成为生鲜行业的标配。

农产品产地直采和基地专供

产地直采是指采购商绕过传统的供应链中间环节,直接从农产品的产地进行采购的一种采购方式。这种采购方式主要针对当季的新鲜农产品,如水果、蔬菜等,以确保产品的新鲜度和品质。

基地专供是指采购商与特定的农产品生产基地建立长期合作关系,从该基地直接采购符合特定品质和安全标准的农产品。

产地直采与基地专供的区别如表 5-7 所示。

表 5-7 产地直采与基地专供的区别

比较项目	产地直采	基地专供
针对对象	当季新鲜农产品,如水果、蔬菜	特定农产品,如有机蔬菜、绿色食品
采购渠道	从农产品的产地进行采购	从农产品的生产基地进行采购
优势	保证农产品的新鲜度和品质;降低采购成本	保证农产品的品质和安全性;供应稳定

(2)间接采购。

间接采购是指通过批发商、代理商等中间商进行采购。这种方式适用于小型零售企业或需要多样化商品的企业。

间接采购可以扩大采购范围,在获取更多种类的商品的同时降低采购风险。但是,中间商的存在会增加采购成本,并可能影响商品的品质和交货速度。

买 手 制

买手制最早起源于欧美国家的时尚产业,超市由于在经营服装时对进货没有经验，于是请有经验的人进行购货，这种有经验的人称为买手。买手制需要商家对商品的销路负责，销售不畅的商品无法退回厂商，这需要买手具备独到、精准的眼光，了解市场和消费者。买手不仅是商品的采购者，更是品牌文化和生活方式的传播者。

现在买手制发展成为一种零售经营模式，其核心在于零售商先向工厂或品牌企业买断产品，然后由零售商向消费者销售产品。随着经济全球化和消费升级的发展，买手制逐渐扩展到了家居用品、艺术品、餐饮业等领域。

（3）网络采购。

网络采购是指利用电子商务平台进行采购。随着电子商务的快速发展，越来越多的零售商开始采用网络采购方式。这种方式具有方便快捷、采购范围广、价格透明等优势。

网络采购可以大大提高采购效率，降低采购成本，同时也有助于零售商更好地了解市场动态和消费者需求。

2. 按采购方式分类

（1）现货采购。

现货采购是指采购时商品已经生产出来，并且可以直接提货。这种方式适用于需求稳定、库存周转快的商品。

现货采购的优势在于可以确保商品的及时供应，降低缺货风险。但是，现货采购要求零售商具备准确预测库存和高效管理库存的能力。

（2）期货采购。

期货采购是指采购时商品尚未生产出来，需要等待一段时间才能提货。这种方式通常适用于生产周期较长的商品或季节性商品。

期货采购的优势在于可以提前锁定价格，降低采购成本，并有助于零售商更好地规划库存和制定销售策略。但是，期货采购要求零售商具备强大的市场预测能力和风险承受能力。

（3）预购。

预购是指在商品生产前与供应商签订预购合同，并预付一定比例的订金。这种方式通常适用于定制化商品或独家代理商品。

预购的优势在于可以确保商品的品质和供应稳定性，同时也有助于零售商更好地控制成本和库存。但是，预购要求零售商具备强大的资金实力和风险承受能力。

3. 按采购策略分类

（1）集中采购。

集中采购是指企业将采购权集中到一个部门或团队，由它们统一负责企业的采购活动。这种方式通常适用于大型企业或跨国企业。

集中采购有助于企业整合各个部门的采购需求，形成较大的采购规模，从而获得更优惠的价格和更好的服务；有助于企业建立专业的采购团队，提高采购的专业性和效率。但是，集中采购可能造成不同部门的特殊需求被忽视、决策过程较长。

（2）分散采购。

分散采购是指企业将采购权下放到各个部门或团队，由它们自行负责采购活动。这种方式通常用于中小型企业或业务单元较为独立的企业。

分散采购可以更快地响应市场需求和变化，更好地满足各部门的特殊需求，提高采购的及时性和灵活性。但是，分散采购可能导致采购成本上升、采购过程难以统一管理和监控等问题。

（3）联合采购。

联合采购是指多个企业联合起来，共同进行采购活动。这种方式通常用于中小型企业或行业联盟。

通过联合采购，企业可以扩大采购规模，增强企业在与供应商谈判时的议价能力，提高采购效率，获得更优惠的价格和更好的服务。但是，联合采购要求企业之间能建立紧密的合作关系，协调采购过程中的各种利益冲突。

4. 按采购周期分类

（1）长期采购。

长期采购是指企业为了获得稳定、持续的供应而进行的长期合作采购。这种方式通常用于技术复杂、生产周期长或供不应求的商品。

长期采购可以确保企业获得稳定、持续的供应，降低缺货风险和采购成本；有助于企业与供应商建立信任关系，提高合作效率。但是，长期采购会导致企业对供应商的依赖程度过高，面临供应链风险。

（2）短期采购。

短期采购是指企业为了满足短期需求或应对市场变化而进行的采购活动。这种方式通常用于常规性、易获得的商品。

短期采购可以更好地满足企业的短期需求，更快地响应市场变化和客户需求，提高采购的灵活性。但是，短期采购可能导致采购成本上升、供应商选择受限等问题。

即 时 采 购

即时采购（just-in-time purchasing，JIT 采购），又称为准时化采购或零库存采购，是一种先进的采购模式。它要求供应商在恰当的时间、恰当的地点、以恰当的数量、恰当的质量提供企业所需的物料或服务。它是在 20 世纪 90 年代受即时化生产（JIT 生产）管理思想的启发而出现的。

即时采购的核心思想是消除一切无效劳动和浪费，通过不断地降低采购成本、提高质量、改善服务，最终提高企业的竞争力。

即时采购的特点包括以下方面。

（1）选择性采购：通常只与少数经过严格筛选的、表现优秀的供应商建立长期稳定的合作关系。

（2）小批量采购：鼓励企业采用小批量、多频次的采购方式，以减少库存积压和资金占用。

（3）高质量要求：即时采购对物料的质量要求非常严格，通常要求供应商实施全面质量管理，确保物料的质量符合企业的要求。

（4）紧密合作：强调企业与供应商之间的紧密合作和沟通。双方需要共同制订采购计划、分享需求预测、协调生产进度等，以确保物料的准时交付和成本的降低。

案例分享

华为采购：坚守原则，筑牢企业信誉基石

华为技术有限公司（简称"华为"），作为全球领先的信息与通信技术解决方案供应商，一直以来都坚持在采购过程中保持高度的廉洁自律。华为深知，采购环节的廉洁自律不仅关乎企业的经济效益，更是企业品牌形象和社会责任的重要体现。

1. 严格的供应商选择与评估

在选择和评估供应商时，公司建立了一套完善的供应商评估体系，不仅关注供应商的产品质量、价格和服务，还重点考察供应商的商业道德和诚信度。在评估过程中，华为会深入了解供应商的经营状况、财务状况、合规记录等，确保供应商具备高度的商业道德和诚信水平。

2. 采购流程的透明与公正

公司制定了严格的采购流程和规范，确保采购活动的每一个环节都公开透明、公平公正。采购人员在进行采购决策时，会综合考虑各种因素，如产品质量、价格、交货期等，并严格按照采购流程和规范进行操作。同时，华为还建立了内部监督机制，对采购活动进行全程监控，确保采购活动的合法合规。

3. 零容忍的廉洁纪律

公司明确规定，任何采购人员都不得接受供应商的任何形式的贿赂、回扣或其他不正当利益。一旦发现采购人员存在违规行为，华为会立即进行调查和处理，绝不姑息迁就。这种零容忍的态度，确保了采购活动的廉洁性和公正性，也树立了华为在业界的良好形象。

4. 廉洁文化的培育与传承

公司通过各种渠道和方式，向员工传递廉洁自律的理念和价值观。通过培

训、宣传、案例分享等方式，让员工深刻认识到廉洁自律在采购过程中的重要性和必要性。同时，华为还鼓励员工积极参与监督，对发现的违规行为进行举报，共同维护企业的廉洁形象。

三、零售物流管理

（一）零售物流

物流（logistics），起源于20世纪30年代，原意为"实物分配"或"货物配送"，是供应链活动的一部分。物流管理是企业为了满足消费者的需要，以最低的成本，通过运输、保管、配送等方式，实现原材料、半成品、产成品及相关信息从产地到消费地所进行的计划、实施和管理的全过程。

回收物流与废弃物流

回收物流，指的是对生产、流通、消费活动中产生的具有再利用价值的废旧物品进行加工、拣选、分解、净化等处理，使其重新成为有用的资源或转化为能源，进而重新投入生产或生活循环系统，焕发新的生命力。

废弃物流，主要处理那些已失去再利用价值的物品。从环境保护的角度出发，废弃物流将这些物品进行焚化、化学处理或运到特定地点进行堆放、掩埋。废弃物流的目标是确保这些物品得到妥善处理，以减少对环境的负面影响。

零售物流是指零售业中对商品从供应商到最终消费者进行的运输、储存、配送等活动的总称。零售物流涉及将商品从供应商或制造商处运送到零售商的仓库，再从仓库分发到最终消费者的整个过程。

在推进新零售发展的过程中，物流作为连接线下实体商业和线上电商的桥梁，以及推动新零售模式发展的润滑剂，必须满足各方新的需求（见表5-8）。

表5-8 零售企业、物流企业和消费者对物流的需求

序号	类别	物流需求
1	零售企业	① 能够预测销售情况和库存； ② 降低物流成本； ③ 实现零库存

续表

序号	类别	物流需求
2	物流企业	① 以行业全链路大数据为支持，向自动化、智能化优化升级； ② 实现仓储、运输等作业的智能化管理和服务
3	消费者	① 满足消费者个性化、碎片化需求； ② 提供精准、快速的商品配送服务； ③ 提供体验式物流配送服务

（二）"最后一公里"配送

"最后一公里"，指长途跋涉的最后一段里程，比喻完成一件事情的最后的关键性步骤、措施等。新零售在重塑业态结构与生态圈，对线上服务、线下体验以及现代物流进行深度融合的过程中，必须要解决从配送中心到最终消费者家门口这"最后一公里"的物流终端配送问题。

1. 前置仓模式

前置仓模式是一种在靠近消费者的位置设立仓库的配送模式。通过上游的直采，先将商品运输到城市分选中心进行加工处理等质量把关工作，再根据订单及消费者需求预测情况分发至各前置仓（见图 5-6）。前置仓距离目标消费者的居民小区 1~3 千米，企业可以更加快速地响应消费者需求，实现快速分拣和配送。

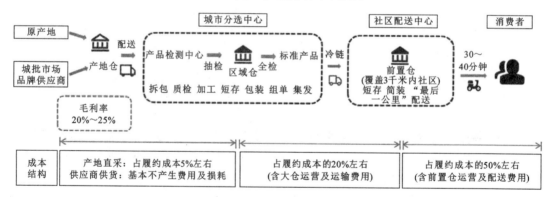

图 5-6 前置仓模式流程图

(资料来源：东北证券)

前置仓模式首要考虑的是门店和消费者之间的距离，通过选址下沉或者选址社区化，让前置仓和商品更接近消费者，改变了传统门店按流量大小选址的逻辑。"线上下单＋前置仓"的模式能够更好地为消费者提供到家服务，也减少了传统门店的装修物业成本，有助于为消费者提供更多有价格优势的商品。

2. 仓店合一模式

仓店合一模式是一种将仓库和门店功能融合的创新配送模式。该模式下，门店既是销售点也是仓储中心，商品在门店内实现存储、展示和销售，同时门店也承担部分的分拣和配送任务。仓店合一模式的实施，不仅解决了传统零售模式中库存积压、配送延迟等问题，还为消费者带来了更加便捷、高效的购物体验。

盒马鲜生是仓店合一模式的典型（见图5-7）。盒马鲜生门店内提供丰富的生鲜和其他品类商品，满足到店消费者的多样化需求；同时，实现线上APP和线下门店的无缝对接，线上订单商品通过自动传送带传至配送仓进行合并订单、打包等操作，确保在极短时间内完成拣货、装箱并交给配送员统一送出，大大提高了配送效率，保证了商品新鲜度。

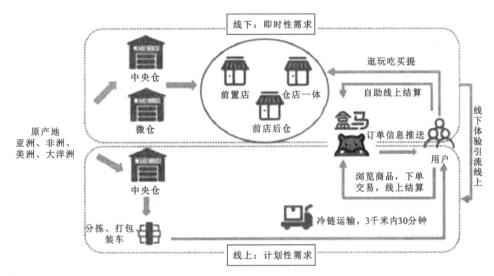

图5-7　盒马鲜生仓店合一模式

（资料来源：艾媒研究院）

3. 众包物流模式

众包物流模式是一种基于互联网平台的配送模式，它将物流配送任务从以前的交给专职人员配送转换成转包给"大众"配送，即直接以社会招募的非专业群体如自由职业者、兼职者等作为众包物流模式下的快递员。这种模式能够在充分利用社会闲散资源、提供额外就业机会的同时降低企业的物流成本。

以达达-京东到家为例，该平台连接了众多自由配送员和商家，商家将配送任务发布到平台上，由配送员接单并完成配送任务（见图5-8）。这种模式不仅提高了配送效率，还为消费者提供了更加灵活多样的配送服务。

4. 快递自提点模式

快递自提点模式是一种允许消费者自行到指定的自提点领取快递包裹的配送模式。该模式通过设立大量的自提点，如便利店、社区服务中心等，为消费者提供便捷的取件服务。

快递自提点分为加盟和自建两种模式。菜鸟驿站采用加盟模式，即物流公司与社区范围内的便利店合作，在消费者不方便签收的情况下，各快递公司的快递员将快件寄放

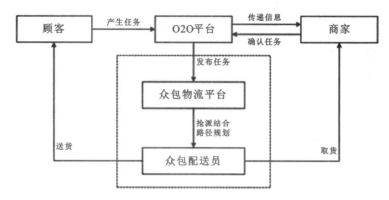

图 5-8 众包物流模式

在便利店内，消费者在方便的时间自提。顺丰采用自建模式，即企业在人口密集的地方设置自提点，消费者可以在方便的时候到自提点自行取货或者寄送。

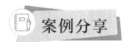

菜鸟驿站：物流领域的创新经营者

随着网购的普及，快递量激增，消费者对于便捷、安全的收件服务需求日益强烈，菜鸟驿站应运而生。菜鸟驿站通过布局社区、校园等高频生活场景（见图 5-9），可以让消费者通过手机 APP、官方网站等渠道查询包裹信息、预约取件时间等，实现全程数字化管理，有效解决了"最后一公里"的配送难题，赢得了消费者的广泛认可。

图 5-9 菜鸟驿站及取寄一体机

1. 技术创新，驱动服务升级

菜鸟驿站从成立之初起就不断创新，从智能快递柜的普及，再到大数据分析优化网点布局，2019 年开始，菜鸟通过将"时空 AI 预测能力"应用到城市内物流预测问题中，基于自研的深度时空预测模型，大幅提高时效和路径预测准度，提升配送服务质量。菜鸟智慧城市配送物流系统入选商务部 2022 年度商业科技创新应用优秀案例。

在快递送货上门环节，菜鸟将"物流多模态 AI 的认知决策技术"全面应用到物流决策过程中，以此提升消费者物流体验。菜鸟的"楼栋码"技术手段，可以帮助快递员提前根据消费者的楼栋信息进行包裹分拣，使送货上门人效提升 10%。"真实上门履约识别模型"则通过 AI 技术手段保障快递上门的真实、有效。目前，该技术已经在"天猫超市送货上门""菜鸟驿站送货上门"等场景中大规模应用。这种对技术的持续投入，不仅降低了运营成本，还增强了用户黏性，为加盟商创造了更加广阔的市场空间。

2. 开放合作，构建共赢生态

菜鸟驿站积极拥抱开放合作，与电商平台、快递公司、物业公司等多方建立深度合作关系，共同打造了一个互利共赢的物流生态圈。这种合作模式不仅为驿站带来了稳定的客源和货源，也为加盟商提供了全方位的支持与保障，降低了创业门槛和风险。

5. 智能快递柜模式

智能快递柜作为末端投递方式，是近年来兴起的一种新型配送模式。消费者凭取件码就能 24 小时在指定的地点自行提取包裹，这在很大程度上缓解了快递员与消费者时间节点不对称的问题，不仅提高了配送效率，还为消费者提供了更大的便利，在保护消费者隐私方面也有较大优势。

但由于维护保养费用高、物业门槛高、盈利模式难，快递柜很难大面积在社区铺设；而且快递柜自身格子数量和格子空间也存在一定局限性，导致快件容易出现爆箱爆柜的现象。

课堂讨论：每种配送模式的优缺点分别是什么？

（三）配送优化

1. 优化车辆类型

优化车辆类型是配送优化的第一步。需要根据配送货物的种类、数量、体积和重量，选择合适的车辆类型，从而提高配送效率并降低成本。例如，对于小件快递，使用电动三轮车或小型货车更为经济高效；而对于大件商品或批量货物，则需要使用大型货车或集装箱车。此外，随着新能源汽车技术的发展，采用电动车或混合动力车进行配送也是一种环保且经济的选择。

2. 优化路径

优化路径是配送过程中的关键环节。第一，可以利用大数据和人工智能技术，对配送路径进行智能规划，综合考虑交通状况、天气因素、货物特性等，为配送车辆规划最优路径，减少行驶距离和时间，降低燃油消耗和车辆磨损；第二，可以通过实时收集和分析交通信息，如路况、拥堵情况、交通事故等，动态调整路径、提供多条备选路径，避免延误；第三，可采用分区配送、集中配送、协同配送和回程货源匹配等，实现资源共享和优势互补，降低配送成本，提高配送效率。

优化配送路线的三种方法

（1）智能路线规划算法。通过智能路线规划算法，自动匹配车辆数据和路线信息、客户地点和司机信息、商品规格数量和装卸货点，结合大数据，秒算排车路线，最终根据要求如更短里程、更少费用、更短时间、更少车辆等，制定符合运输配送目标的优化配送路线。

（2）缩短调度时间。通过数据采集、分析和判断，确定最合适的车辆型号、容量和数量，规划最合理的运输路线，提前避开交通堵塞，确保货物定时送达。

（3）减少往返车次。结合商品数量、客户要求以及附近车辆信息等，进行实时对接，避免多点绕路、延迟到店等现象，提高车辆利用率。

3. 可视化配送

可视化配送是提升配送效率和客户体验的重要手段。通过引入物联网、大数据和云计算等技术，可以实现对配送过程的实时监控和数据分析（见图5-10）。客户可以通过手机APP或网站查询自己的订单状态、配送进度和配送员信息，实现订单的可视化管理。同时，企业也可以通过可视化配送系统对配送员进行实时调度和管理，提高配送效率和服务质量。

图 5-10　配送可视化图

4. 优化配送模式

优化配送模式成为零售企业提升竞争力的重要途径。通过优化配送模式，零售企业可以更加灵活地应对市场需求的变化，提高客户满意度和忠诚度。同时，优化配送模式还可以降低企业的运营成本，提高盈利能力。

案例分享

京东加码外卖业务，推出"秒送"专区

京东集团 2007 年开始自建物流，2017 年 4 月正式成立京东物流集团，2021 年 5 月，京东物流在香港联交所主板上市。京东物流以"技术驱动，引领全球高效流通和可持续发展"为使命，建立了包含仓储网络、综合运输网络、"最后一公里"配送网络、大件网络、冷链物流网络和跨境物流网络在内的高度协同的六大网络，是中国领先的技术驱动的供应链解决方案及物流服务商。

"京东小时达"是京东旗下的即时零售服务品牌，沃尔玛、永辉超市等超过 40 万家线下门店已入驻，涵盖超市便利、生鲜果蔬、3C 数码、家电家居、个护美妆、服饰运动、酒水母婴、鲜花绿植、蛋糕美食等多个零售业态，覆盖全国超 2000 个县区市。

2024 年 5 月，京东宣布即时零售业务全面升级，"京东小时达""京东到家"品牌整合升级为"京东秒送"，并发布新业务 LOGO，喊出"最快 9 分钟送达""9 块 9 免运费"等口号，推出"准时保"服务，赔付超时订单。京东 App 显示，其"秒送"专区已经上线"咖啡奶茶"板块（见图 5-11），目前瑞幸、库迪、蜜雪冰城、霸王茶姬等品牌都已入驻其中，其中大部分商家订单由"达达"配送。

图 5-11 京东秒送业务

行业聚焦

快递进村"加"速度，乡村振兴"邮"作为

农村寄递物流是农产品进城、消费品下乡的重要渠道之一。国家邮政局数据显示，近年来邮政快递业通过"快递下乡""快递进村""一村一站"等工程不断推动农村邮政快递网络下沉，农村地区揽投快件量10年间增长超10倍，成为激发乡村消费动能的有力支撑。

快递进村是工业品下乡、农产品进城的重要渠道，是全面推进乡村振兴的重要内容。近年来邮政快递业不断完善农村寄递物流体系建设，使快递进村有效帮助农民增收致富，促进消费升级、畅通经济循环，提高了农村居民购物消费的便利性，为乡村振兴注入了新的活力。

实施"快递进村"工程是党中央、国务院的重大决策部署，近年来，我国十分重视快递进村工作，从电商平台建设，到相关网络基础设施建设，再到道路交通建设等，快递进村成效明显。尤其是为畅通快递进村"最后一公里"，各地通过邮快合作、交快合作、快商合作等多种模式，畅通农产品出村进城、消费品下乡进村渠道，不仅拓宽了农民增收渠道，也满足了消费者更多个性化需求，让消费热情不断高涨，消费潜力不断释放，为经济全面向上向好奠定基础。

快递进村，特产出村，快递助农跑出乡村振兴"加速度"。国家邮政局持续整合资源、优化体系、丰富内涵，推动形成一批邮政快递业服务现代农业品牌项目，使快递进村的辐射地域更广、业务规模更大，覆盖品种更多、服务模式更优。快递企业通过不断创新揽收模式，优化运输路径，延伸服务链条，为"品多、质鲜、量大"的农产品护航，让更多农村产品走进千家万户，助力乡村振兴发展。

快递进村，助乡村振兴大"邮"可为，大展作为。着眼乡村振兴未来，让快递进村步伐提速、走向深入，邮政、快递、交通、商务等部门需协同发力，因地制宜扎实推进，持续发力补齐短板，加大村级寄递物流综合服务站建设力度，不断丰富邮政等快递服务现代乡村载体，切实解决好快递进村集约化程度低、运营成本高、网点盈利难等问题。同时，不断拓展快递智能化使用场景和范围，探索更多无人机、无人仓、无人车设施应用，有效缩短农产品投递时间、降低运输成本，推动更多优质农产品、乡村土特产"走出去"，为乡村美好生活加"邮"添彩。

（资料来源：广西新闻网，2024年09月30日）

本章学习总结

技能训练

一、在线答题

即测即评

二、简答题

1. 什么是零售饱和指数？它是如何帮助零售企业进行选址决策的？
2. 零售选址的方法有哪些？请列举并简述。
3. 零售供应链的含义是什么？它具有哪些特点？
4. 零售采购管理中，以需定进原则的具体含义是什么？
5. 简述"最后一公里"配送的几种主要模式。

三、论述题

1. 论述零售选址对企业长期发展的影响，并结合具体方法进行详细分析。
2. 结合新零售背景，论述"最后一公里"配送模式创新的重要性，并提出具体的创新策略。

案例分析

在零售行业中，选址决策是至关重要的环节，它直接关系到店铺的客流量、销售额以及长期盈利能力。星巴克，作为全球知名的咖啡连锁品牌，其成功的背后离不开精细的选址策略。

星巴克在选址过程中,非常注重对市场需求的深入分析和对竞争环境的准确把握。零售饱和指数(IRS)作为评估一个区域内同类商业设施饱和程度的重要工具,被星巴克广泛应用于选址决策中。通过计算IRS值,星巴克能够清晰地了解目标区域内顾客的需求旺盛程度以及供给的相对不足情况,从而判断该地区是否适合开设新店。

以星巴克在中国市场的选址为例,当决定进入一个新的城市或商圈时,星巴克会首先对目标区域进行详尽的市场调研,包括人流量、消费水平、竞争对手分布等关键指标。随后,利用IRS模型对调研数据进行深入分析,确定不同区域的饱和程度和发展潜力。在选址时,星巴克更倾向于选择IRS值较高的区域,因为这些区域通常顾客需求旺盛,且同类竞争相对较少,存在较大的市场空白和较多的增长机会。

星巴克选址策略的成功之处在于其能够将市场需求分析与竞争环境评估紧密结合,通过科学的选址方法确保新店能够快速吸引顾客,实现稳健的业绩增长。例如,在北京、上海等一线城市,星巴克通常选择位于繁华商圈、高档写字楼或高端住宅区附近的店铺位置,这些区域不仅人流密集,而且消费者购买力较强,符合星巴克的目标客户群体定位。通过精准的选址和优质的服务,星巴克成功在中国市场树立了良好的品牌形象,赢得了广大消费者的喜爱和信赖。

问题:

请结合本章关于零售选址的内容,深入探讨星巴克如何利用零售饱和指数(IRS)进行选址决策,并通过具体案例分析其选址策略的成功之处。

实训任务

一、任务目标

(1)理解零售商圈分析的重要性:深入理解零售商圈的概念、构成要素及分析方法,认识到商圈分析对零售企业选址、竞争策略制定及市场开拓的关键作用。

(2)掌握商圈分析的具体内容与方法:学会运用零售引力法则、赫夫模型等理论工具,以及量本利分析法、加权评分法、重心法等选址方法进行商圈分析。

二、任务背景

假设你是一家新零售企业的市场分析师,公司计划在未来一年内开设一家新的零食店,以扩大市场份额并提高品牌影响力。你需要对目标区域进行深入的商圈分析,为公司的选址决策提供科学依据。

三、任务分析

(1)明确目标市场和商圈范围:确定要分析的具体商圈,包括商圈的地理位置、半径大小及所包含的区域范围。

(2) 收集基础数据：包括商圈内的人口特征（如规模、年龄结构、性别比例、收入水平、教育程度等）、地理特征（如交通状况、周边环境等）和商业特征（如商业设施类型、数量、分布情况及竞争态势等）。

(3) 消费者行为分析：了解商圈内消费者的购买行为与需求，包括购买频率、购买量、购买偏好等。

(4) 竞争对手分析：分析商圈内竞争对手的数量、规模、市场份额及竞争策略。

(5) 市场潜力评估：评估商圈内人口增长、经济发展、消费升级等趋势对市场潜力的影响，分析商圈内存在的未满足需求及新兴消费趋势。

(6) 商圈发展趋势预测：分析大数据、云计算、人工智能等新技术对商圈发展的影响，预测商圈未来的发展趋势。

四、任务操作

(1) 数据收集与整理：通过问卷调查、实地调研、网络搜索等方式收集商圈相关数据，并进行整理与分析。

(2) 商圈划分与评估：运用零售引力法则和赫夫模型等工具，对商圈进行划分与评估，确定商圈的吸引力范围及潜在顾客数量。

(3) 选址分析：运用量本利分析法、加权评分法、重心法等选址方法，对目标区域内的多个候选地点进行评估，确定最优选址方案。

(4) 撰写商圈分析报告：根据分析结果，撰写商圈分析报告，包括商圈概况、消费者行为分析、竞争对手分析、市场潜力评估、商圈发展趋势预测及选址建议等内容。

五、任务评价标准

一级指标	二级指标	得分
数据收集与整理的准确性	数据来源可靠，数据完整、无遗漏	
	数据整理有序，便于分析与利用	
商圈划分与评估的准确性	商圈划分合理，符合实际情况	
	商圈评估准确，能够真实反映商圈的吸引力及潜在顾客数量	
选址分析的合理性	选址方法运用得当，分析过程严谨	
	选址建议具有可操作性，符合公司战略需求	
商圈分析报告的质量	报告内容全面，逻辑清晰，条理分明	
	报告结论准确，能够为公司的选址决策提供科学依据	
	报告语言流畅，表达清晰，无错别字及语法错误	

任务反思

第六章 零售品牌运营

本章学习目标

◆ **素养目标：**

(1) 树立正确的价值观和社会责任感；
(2) 增强创新意识和解决问题的能力；
(3) 增强团队协作和沟通能力。

◆ **知识目标：**

(1) 理解零售品牌定位的含义；
(2) 掌握零售品牌定位的关键要素；
(3) 了解新零售品牌推广的策略。

◆ **技能目标：**

(1) 能够分析和评估品牌定位的关键要素；
(2) 能够运用SWOT模型分析品牌定位问题；
(3) 能够制定新零售品牌推广方案并优化执行。

章节思维导图

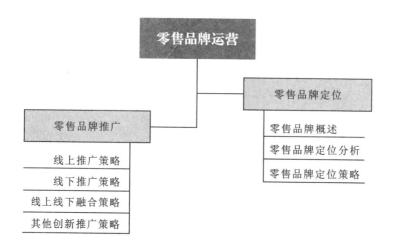

导入案例

泡泡玛特"爆改"北京三里屯店

全球潮玩先驱——北京泡泡玛特文化创意有限公司（POP MART，以下简称"泡泡玛特"）成立于2010年。发展十余年来，秉持"创造潮流，传递美好"的品牌理念，围绕IP孵化与运营、潮流玩具与零售、主题乐园与体验、数字娱乐四大领域，构建了覆盖潮流IP全产业链的综合运营平台。

2016年，泡泡玛特入驻北京三里屯太古里，门店不足50平方米。三里屯店是泡泡玛特最先尝试以IP潮玩为核心定位的线下门店，其间经历几次重磅升级。2024年9月29日，泡泡玛特北京三里屯太古里门店经历两个多月的焕新升级后盛大开业。

一、升级形象，突出文化体验

升级后的泡泡玛特三里屯店以木纹风格为主题形象，加上精致的木纹转印，给人以独特的木质温暖和温馨治愈之感。重新装修后的门店以"惊喜巡游"为设计理念，旨在打造一个富有感性色彩的有机零售空间，呼应泡泡玛特"创造潮流，传递美好"的品牌理念，延伸生活的仪式感（见图6-1）。

门店内分为不同的IP主题区域，给人以开阔明快的视觉体验。例如，THE MONSTERS区域以森林精灵场景为灵感，展现IP灵动可爱的特质，传递小精灵们乐观豁达的情绪；MOLLY区域以经典IP元素为设计亮点，以温暖无边界的材质穿插其中，体现MOLLY强烈的好奇心和探索欲；DIMOO区域通过柔性接触面的空间展示，配上环境因素灯光的氛围切换，突出IP形象的治愈和温暖。

图 6-1 泡泡玛特三里屯店

一个个极具故事感的 IP 体验空间，打破了常规门店的卖场逻辑，为人们呈现了一个一站式"逛拍玩购"的潮流文化体验空间，让现场消费者赞不绝口。有消费者表示，"升级后的门店逛起来有美术馆的高级感，太适合周末和家人朋友一起去打卡了"。

二、坚持品牌向上，重塑线下体验

泡泡玛特创始人兼 CEO 曾坦言："线下店至关重要，一个真正的品牌一定是有文化价值的，线上很难让你感受这种文化，我认为线下最有价值的点在于提供了一种文化的包裹感。"泡泡玛特 2024 半年报显示，上半年中国内地线下门店收入 14.7 亿元，同比增长 24.7%，在门店数量并未大幅增加且机器人数量微降的情况下，线下渠道业务仍然实现了有机增长。

升级线下门店体验是泡泡玛特打造文化包裹感的重要抓手，也是其坚持"品牌向上"的有力体现。未来，泡泡玛特将持续升级线下体验，通过不断提升产品品质和服务，让更多消费者在线下沉浸式感受潮玩文化的独特魅力，持续加深和全球消费者的情感连接。

（资料来源：《北京周报》，2024-09-30）

思考：
1. 泡泡玛特是如何打造自身的 IP 形象的？
2. 零售企业如何从产品思维转向消费者思维，塑造企业品牌？

第一节　零售品牌定位

一、零售品牌概述

（一）品牌

"现代营销学之父"菲利普·科特勒在《营销管理》中定义：品牌是销售者向购买

者长期提供的一组特定的特点、利益和服务。美国市场营销协会将品牌定义为：品牌是一个名称、词语、标志、符号、设计，或者是所有这些的组合，它们代表一个或一组生产者或销售者的产品或服务，并与竞争者的产品或服务区别开来。

品牌的实质是一种消费者认知，是目标消费者及社会公众对某种标志所代表的产品、服务或企业的认知，这种认知会从总体上直接地、长期地影响消费者对相应产品或服务的评价和购买决策。品牌的作用不仅体现在提升企业形象、增强信任感和区分竞争对手上，它还能提高消费者忠诚度，促进销售增长，因此，零售企业要重视品牌的建设与推广。

专业小知识

品牌与名牌的区别

品牌的要素较为广泛，包括认识度、美誉度、忠诚度和信任度等多个方面。认识度是潜在购买者能够识别或记住某一品牌的能力；美誉度是市场中人们对某一品牌的好感和信任程度；忠诚度是消费者长期反复购买使用某一品牌，并对品牌产生信任、承诺和情感维系的程度；信任度则是品牌在消费者心目中的可靠性。这些维度共同构成了品牌的综合形象和价值。

名牌通常指的是经过市场检验，被众多顾客所公认的具有高市场占有率、高知名度、高美誉度和高效益的产品品牌或服务品牌。这意味着名牌不仅仅是一个知名的品牌，还必须在市场上表现出色，赢得顾客的信任和好评。

（二）零售品牌

零售品牌是指大型零售企业创建和推广的且由特定零售渠道所经营的品牌。这种品牌通常针对市场上特定的产品类别或细分市场，旨在吸引特定消费者群体并提高品牌忠诚度。零售品牌非常注重产品设计和外观，并通过线上线下渠道提供优质的服务和购物体验。一个良好的零售品牌可以向消费者传递产品质量、信任度和可靠性等重要信息，也代表着企业的价值观和对消费者的承诺。

打造零售品牌，企业必须具备以下条件。

（1）零售企业具有一定的规模和销售网络。零售品牌需要有一定的销售规模和网络，以确保品牌能够迅速推广并达到足够的市场份额。

（2）零售企业具有较强的产品研发能力。零售品牌需要企业有能力设计并开发符合市场需求的产品，以确保产品的竞争力和吸引力。

（3）零售企业具有较快的商品周转能力。高效的物流和供应链管理才能够确保商品快速周转，满足市场需求。

（4）零售企业具有较强的营销能力。有效的市场营销策略和推广活动是品牌成功的关键，需要企业具有较强的营销能力和较多的优质资源。

案例分享

美特斯·邦威：新零售品牌的塑造之路

上海美特斯邦威服饰股份有限公司，于 1995 年创建于中国浙江省温州市，主要研发、生产、销售美特斯·邦威品牌休闲系列服饰，在国内首创"生产外包，直营销售和特许加盟相结合"的经营模式。公司秉承"世界的裁缝"的梦想，以开拓进取的精神不断进行企业的发展创新和向上突破。

1. 品牌定位

美特斯·邦威是本土休闲品牌，其品牌定位是面向年轻消费者，提供高质量、高性价比的休闲服饰。公司的品牌定位经历了多次调整：最初，公司以"不走寻常路"的口号，定位为休闲潮流品牌，并通过开设大量门店和邀请明星代言等方式迅速扩张市场；随着市场竞争的加剧和消费者需求的变化，美特斯·邦威经历了业绩下滑并开始寻求转型，2024 年 7 月，美特斯·邦威宣布将品牌定位从休闲潮流转为户外潮流，并更换了品牌商标，喊出了"对标始祖鸟，要做大牌平替"的口号，同时推翻原来的零售体系，发布了 5.0 新零售战略。

2. 品牌内涵

品牌名称"美特斯·邦威"意为"美丽特别斯于此，扬我国邦之威"，寓意着品牌致力于打造独特且具有国家自豪感的时尚服饰。目前公司旗下拥有"Metersbonwe"和"ME&CITY"两大时尚休闲品牌，"米喜迪"和"Moomoo"两大童装品牌，以及慢生活倡导品牌"CH'IN祺"。

（1）Metersbonwe 品牌从单一休闲风格锐变为五大风格，用 NEWear（休闲风——青春不凡）、HYSTYL（潮流范——弄潮为乐）、Nōvachic（都市轻商务——新鲜都市）、MTEE（街头潮趣——不趣不型）、ASELF（森系——简约森活）五大系列，围绕五大独特的生活方式打造产品结构，在风格态度方面形成自己的竞争优势。

（2）ME&CITY 是为新中产消费者提供的品牌，ME&CITY 的产品有三个系列，围绕时尚都市人群的不同生活场景打造：简约生活系列提供最适穿的必备款式，摩登生活系列通过精致的小细节表达态度，而商务生活系列提供新颖的正式场合着装并且可量身定制。

（3）CH'IN祺是适合所有人的新中式慢生活品牌，为大众消费者提供一种轻松简单的慢生活方式体验，把慢生活的品质体验充分表达出来，并且提供更丰富的产品组合和更平易近人的价格，吸引年轻消费者。

（4）米喜迪（ME&CITY KIDS）是高端时尚童装品牌，坚持精致、时尚的品牌定位，以"人小型大"的产品和极致购物体验，满足儿童对不同生活场景的着装需求。

(5) Moomoo 童装为追求得体感、设计感与品质感的父母提供合乎其品位的、百搭且品质出众的多彩儿童休闲服饰。

3. 品牌转型发展

2024 年 7 月 16 日，公司在武汉召开"5.0 新零售模式暨战略升级新闻发布会"。5.0 新零售模式，即通过"万馆计划"及"1＋N＋8"全域消费场景网络，打破传统渠道的壁垒，实现线上线下的无缝对接与互补，以全域 O2O 模式的交易场景去覆盖支持 1 万个社区驿站生活馆完成核券。

"1"：1 家体验馆，做好极致体验场景和内容，引入更多的达人探店，输出优质的短视频及直播曝光，形成高质量的卖券。

"N"：N 家驿站式生活馆，满足顾客步行 5～10 分钟就能便捷进行核券的需求。

"8"：8 大线上场景矩阵，摆脱线下实体店的人流局限，实现线上线下大融合的购物场景，让一个店铺拥有 8 份生意组成。

未来，公司要基于直播零售及其他新零售消费形态完善供应链配套，做到"三个一致"（品牌态度一致、商品价值一致、购买体验一致），围绕"机能、多元、舒适"三个场景，切切实实将产品做好，唤醒消费者对于品牌的认知。

（资料来源：《北京商报》，2024-07-16）

二、零售品牌定位分析

（一）零售品牌定位的含义

1. 品牌定位

营销大师艾·里斯和杰克·特劳特在 1969 年首次提出"定位"一词，并在 20 世纪 70 年代提出"定位理论"。

品牌定位理论：USP 理论和 BI 理论

USP（unique selling proposition）理论，又称为创意理论。它要求企业向消费者说一个"独特的销售主张"，其特点是必须向受众陈述产品的卖点，同时这个卖点必须是独特的、能够带来销量的。

品牌形象（brand image，BI）理论是广告创意策略理论中的一个重要流派。它认为品牌形象不是产品固有的，而是消费者对产品的质量、价格、历史等形成的印象，因此每一品牌、每一产品都应发展和投射一个形象。形象经由各种不同推广技术，特别是广告传达给现有顾客及潜在顾客。

品牌定位是指企业在市场定位和产品定位的基础上，对特定的品牌在文化取向及个性化差异上的商业性决策，它是建立一个与目标市场有关的品牌形象的过程和结果。

品牌定位通过对品牌的核心价值、消费者利益、个性特征和情感联系进行深入挖掘和塑造，形成独特的市场形象，在消费者心中留下深刻印象，以建立品牌与目标消费者之间的独特关系。简言之，品牌定位就是为品牌找到一个恰当的市场立足点，确保产品在消费者心目中拥有一席之地。

产品定位、市场定位和品牌定位

产品定位是在产品设计之初或在产品市场推广的过程中，通过广告宣传或其他营销手段使得本产品在消费者心中确立一个具体的形象的过程。

市场定位是指根据竞争者现有产品在市场上所处的位置，针对消费者对该种产品的某种特征、属性或核心利益的重视程度，强有力地塑造出本企业产品与众不同的、给人印象深刻的、鲜明的个性或形象，并通过一套特定的市场营销组合把这种形象迅速、准确而又生动地传递给消费者，影响消费者对该产品的总体感觉。

品牌定位是针对产品品牌的，其核心是要打造品牌价值，它也是市场定位的核心和集中表现。

产品定位、市场定位和品牌定位三者的关系如图 6-2 所示。

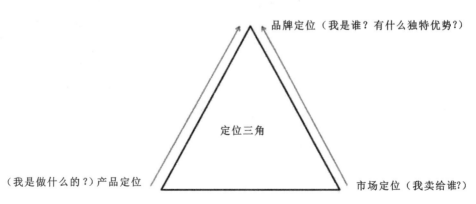

图 6-2 产品定位、市场定位和品牌定位关系

2. 零售品牌定位

零售品牌定位是指在零售市场中，零售企业为了使品牌在消费者心中形成独特的、有吸引力的形象，而采取的一种策略性行为。它是品牌战略的核心组成部分，旨在确定品牌在市场中的位置，以及品牌与消费者之间的关系。

零售品牌定位的目的是使品牌在众多竞品中脱颖而出，吸引并保留目标顾客群体。零售品牌定位需要更加注重消费者体验和购物环境，以及如何通过商品、服务和营销策略来传递品牌价值。与其他品牌定位相比，零售品牌定位更加直观和具体。

零售企业定位与零售品牌定位的区别

零售企业定位是指企业在市场中找到自己的位置，确定目标客户群体和提供的产品或服务。这涉及对市场、竞争者和目标消费者的综合分析，以确定企业的最佳市场位置。

零售企业定位与零售品牌定位的主要区别在于它们关注的焦点和范围不同。零售企业定位侧重于企业在市场中的位置和目标客户群体，而零售品牌定位则更注重品牌在消费者心中的形象和感知。

零售品牌定位受到以下因素的影响。

（1）外部因素：① 宏观环境，指市场和消费的总体趋势，有关政策、法规的规制与限制等，这些因素会影响到零售品牌定位的科学性、合法性和自由度；② 中观环境，包括零售商所处地区的市场规模与趋势、消费需求与趋势；③ 微观环境，指零售商所处的区位条件、竞争状况等方面因素，是影响零售品牌定位的最直接因素。

（2）内部因素：① 零售企业的经营能力，包括发展规模、盈利能力和人才储备等，这是零售品牌定位的重要基础；② 零售企业现有的品牌定位，零售企业必须充分考虑好传承与创新的关系，固步自封会被市场淘汰，但是颠覆性变革又会导致传统消费者的快速流失；③ 零售企业的经营管理模式，不同的经营管理模式有不同的优势和劣势，零售品牌定位应当遵循规律，扬长避短；④ 零售企业的发展战略与目标，零售品牌定位必须与零售企业的发展战略相一致。

（二）零售品牌定位的原则

1. 一致性原则

一致性原则是零售品牌定位的基础。它要求企业在进行品牌定位时，确保品牌的内涵（如品牌理念、价值观）与外延（如产品特性、市场定位）相辅相成，形成统一的整体。这意味着品牌的所有传播信息都应当一致，即广告、宣传册、店面设计、客户服务等都应传递一致的品牌信息。这种一致性有助于消费者形成清晰的品牌认知，避免由于信息混乱而导致认知困惑和情感抵触。例如，品牌定位是高端奢华，那么从产品设计到店面装修，再到客户服务，都应体现出奢华感，以确保品牌形象的统一性和完整性。

2. 专注性原则

专注性原则强调企业在进行品牌定位时，需要明确锁定目标市场与消费群体，并集中资源满足其特定需求。这意味着企业不应试图满足所有消费者的所有需求，而应专注于某一细分市场或特定消费群体，提供他们真正需要的产品或服务。例如，品牌定位为面向年轻时尚人群的快时尚品牌，那么企业应专注于设计符合年轻人审美、价格适中的时尚产品。这种专注性有助于企业具备较高的品牌识别度，并在目标市场中形成竞争优势。

3. 独特性原则

独特性原则要求品牌定位应凸显个性与创新元素，与竞争对手产品形成鲜明差异。在竞争激烈的零售市场中，一个独特的品牌定位能够吸引消费者的注意力，并在他们心中留下深刻印象。这通常涉及品牌故事、产品设计、营销策略等方面的创新。例如，品牌定位是环保可持续，那么企业应致力于开发环保材料、减少包装浪费、推广绿色消费理念等，以区别于那些只关注利润最大化的竞争对手。这种独特性不仅有助于提升品牌形象，还能激发消费者的共鸣和忠诚。

4. 灵活性原则

灵活性原则强调企业应根据市场环境与消费者心理变化，适时调整与更新品牌定位策略。市场环境是不断变化的，消费者需求也在不断变化。一个成功的品牌必须能够灵活应对这些变化，以保持与市场和消费者的紧密联系。例如，随着数字化时代的到来，企业需要考虑如何在线上线下融合、社交媒体营销等方面进行创新，以保持品牌的活力和竞争力。这种灵活性不仅有助于企业适应市场环境的变化，还能为品牌带来新的增长机会。

（三）零售品牌定位的关键要素

明确零售品牌定位的关键要素对于品牌建设至关重要，关键要素的整合和优化不仅能帮助企业提高消费者忠诚度，提升差异化竞争优势，提高品牌价值和增加价格弹性，还有助于产品开发，协调内部沟通，适应市场变化。零售品牌定位的关键要素如表 6-1 所示。

表 6-1 零售品牌定位的关键要素

序号	关键要素	要素内容	要素作用
1	目标市场选择	明确品牌服务的目标顾客群体，包括顾客的年龄、性别、收入水平、消费习惯等特征	选择目标市场是品牌定位的基础，决定了产品的开发方向和品牌后续的营销策略

续表

序号	关键要素	要素内容	要素作用
2	产品和服务特色	产品/服务与众不同的特点,如一流的产品质量、独特的设计风格、卓越的服务体验等	产品和服务特色是品牌形象的核心,也是吸引消费者的重要因素
3	价格策略	根据品牌定位和目标市场的消费能力,制定合适的价格策略	价格不仅是品牌利润的来源,也是消费者评价品牌价值的重要标准
4	渠道布局	选择适当的销售渠道和分销策略,确保产品能够有效地到达目标消费者手上	渠道布局的合理性直接影响到品牌的销售效率和市场覆盖率
5	促销和宣传	通过有效的促销宣传手段和活动,提高品牌知名度和影响力	通过有效的宣传促销活动,企业可以强化品牌定位,提升品牌在消费者心中的形象和认知度
6	品牌形象和文化	构建积极的品牌形象和独特的品牌文化,使品牌在消费者心中留下深刻印象	品牌形象和文化是品牌长期发展的重要支撑
7	顾客关系管理	通过建立良好的顾客关系管理系统,维护顾客忠诚度,促进口碑传播	企业能够更好地理解顾客需求,提高顾客满意度和忠诚度,对品牌的长远发展至关重要
8	持续创新	在产品、服务、营销等方面持续创新,以适应市场变化和消费者需求的变化	创新是品牌保持竞争力的关键

案例分享

品牌定位:SKG 稳坐颈椎按摩仪品类第一的奥秘

在当今竞争激烈的电子消费品市场中,SKG 品牌凭借其独特的创新能力和敏锐的市场洞察力,成功实现了从一个默默无闻的小品牌到行业领军企业的华丽转身。这一成功的背后,离不开 SKG 品牌战略的深入思考和颠覆性变革。

2016 年是 SKG 品牌发展史上的转折点。在这之前,SKG 为了打造爆品不停地增加产品,加到最后,连自己都不清楚 SKG 的优势是什么,在消费者心中代表了什么;2016 年开始,平台减小扶持力度,以往复制爆款的野蛮打法失去了作用,SKG 的销量不断下滑,企业陷入了价格战的泥潭之中。

专业咨询公司提出"消费者能不能一进入某个购物场景就想到,能解决我问题的是SKG",指引企业找到适合自己的战略定位。SKG深思熟虑后调整品牌战略,果断放弃了上百种小家电产品,聚焦在按摩仪和美容仪品类上。2018年,SKG将按摩披肩升级为颈椎按摩仪,进一步聚焦到颈椎按摩仪上,一时间销量大涨,订单不断。

2019年,SKG已成为颈椎按摩仪品类的行业第一。原来上百种产品都没达到的销量,SKG仅仅用了3年,靠着颈椎按摩仪这一种产品就轻松超越了之前十多年的努力。

SKG在新消费中通过细分赛道而脱颖而出,开创了颈椎按摩仪的新品类,成为颈椎按摩仪的头部品牌,持续多年稳坐颈椎按摩仪品类第一。

(资料来源:《今日都市报》,2022-08-03)

三、零售品牌定位策略

在新零售的大背景下,品牌定位不再是单一的市场行为,而是企业战略发展的核心。一旦企业明确了目标市场,接下来就要设计并塑造与该市场相契合的商品、品牌和企业形象,以此来赢得目标消费群体的认同和信任,更有效地与目标市场和消费者建立联系。零售品牌定位的基本策略有如下几种(见图6-3)。

微课:品牌定位策略

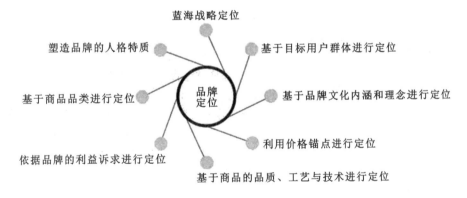

图 6-3 零售品牌定位的基本策略

1. 塑造品牌的人格特质

品牌人格化是指通过将品牌塑造为具有人的形象、情感和个性的存在,来增强与消费者的连接和互动。这种策略不仅能使品牌更加生动和有趣,还能帮助品牌在消费者心中占据独特的位置。

要实现品牌人格化,企业需要从品牌的商品特性和目标消费群体出发,明确品牌所扮演的角色。这个角色应该与品牌的价值观、使命和愿景相一致,同时也要能够吸引目标消费者。然后，以这一角色为基础，与消费者建立并维护长期的互动关系，并通过定期更新品牌形象、推出新产品或服务、举办品牌活动等方式来保持品牌的活力和吸引力。

2. 基于商品品类进行定位

商品品类是品牌定位的重要维度之一。零售企业通过明确自身品牌在商品品类中的位置和特色，可以有效地将自身品牌与竞品区分开来，凸显品牌在同类商品中的显著优势和地位。

基于商品品类进行定位，零售企业需要明确自己的商品品类，分析该品类中的竞争态势和消费者需求，然后基于这些信息，确定自身品牌在品类中的定位。一旦确定了品类定位，企业就需要通过产品设计、包装设计、营销策略等方式来凸显自身品牌在品类中的特色，并通过提升产品质量、优化产品功能、提供优质的客户服务等方式不断强化自身的优势。

3. 依据品牌的利益诉求进行定位

品牌利益诉求强调了品牌能够满足的消费者的核心需求，并展现了独特的差异化优势。这些利益诉求应该与消费者的核心需求相一致，并能够解决他们的痛点或满足他们的期望。

在依据品牌的利益诉求进行定位时，企业需注意以下几点：

（1）品牌的利益诉求应集中而突出，避免过多而分散；

（2）品牌对消费者做出的承诺应真实可信，避免夸大其词；

（3）品牌的利益诉求应巧妙避开竞争对手产品的强项，利用竞品尚未触及的领域来确立自身品牌的独特优势。

4. 基于商品的品质、工艺与技术进行定位

对于那些在商品研发、生产技术或专利权方面具有显著优势的企业来说，从商品的品质、工艺和技术角度来进行品牌定位，是一种极为有效的策略。消费者选购价值较高的商品时，更倾向于选择那些生产实力雄厚、品质上乘的企业。

企业可以通过严格的质量控制体系、先进的生产设备和优化的原材料采购策略，凸显商品的卓越品质；也可以通过独特的生产工艺、精湛的手工技艺或创新的制造方法，打造具有差异化特色的商品；还可以通过拥有专利权的核心技术、前沿的研发能力和创新的产品设计，来展现自己的技术实力。这些都可以在消费者心中树立起高品质、高附加值和创新的品牌形象。

5. 利用价格锚点进行定位

价格锚点是一种心理参照点，它能够帮助消费者通过对比感知商品的价值，从而促进交易。在互联网时代，信息的透明化使得消费者能够轻松获取并比较不同商品的信息。

企业可根据商品的成本、市场需求和竞争态势，设定合理的价格锚点。这个价格锚点既要能反映商品的品质和价值，又要能与消费者的心理预期相契合。在价格锚点的基础上，企业可以通过优化生产成本、提升商品性能、提供优质的售后服务等手段来打造高性价比的商品，从而凸显品牌优势。

此外，企业还可以利用价格策略，通过限时折扣、满减优惠、赠品等促销手段，或者通过会员制度、积分兑换等方式，来吸引消费者的注意和喜爱，提高品牌的影响力和美誉度。

6. 基于品牌文化内涵和理念进行定位

品牌的文化内涵和理念是品牌的核心灵魂，它们不仅塑造了品牌的独特个性，还构建了品牌与消费者之间的情感桥梁。这种基于品牌文化内涵和理念的定位策略，旨在通过深入人心的文化价值，培养消费者的认同感和信赖感，从而提升品牌价值和消费者忠诚度。

品牌的文化内涵需要在企业的经营过程中不断积累和沉淀，其包括企业的历史传承、价值观念、创新精神、社会责任等多个方面。当消费者感受到品牌的文化魅力时，他们会更愿意为品牌支付溢价，从而进一步提升品牌的市场地位和竞争力。

7. 基于目标用户群体进行定位

该定位策略强调品牌商品专为特定用户群体设计，以满足他们的独特需求和期望，有助于消费者对品牌形成清晰的初步印象，并在随后的互动中不断加深这一印象。

通过基于目标用户群体的定位策略，企业能够逐渐建立起消费者对品牌的"专属定制"心理认同。消费者感受到品牌商品是专门为他们设计和服务的，他们会对品牌产生更强的信任感和更高的忠诚度。这种心理认同不仅有助于提升品牌的知名度和美誉度，还能够促进品牌与消费者之间的长期互动和合作。

8. 蓝海战略定位

蓝海战略定位是通过市场调研和分析，识别目标市场中未被开发的区域或竞争对手尚未触及的细分市场，从而发掘新的商业机会。创新是实施蓝海定位策略的核心要素。企业需要不断探索新的技术、新的商业模式和新的营销策略，以创造独特的竞争优势，满足消费者未被满足的需求。

此外，企业也可以考虑跨界进入一个全新的市场领域，避免与现有竞争对手直接竞争。这种策略不仅能够为消费者提供更多样化和优质的选择，还能为企业开拓新的增长空间，实现可持续发展。通过蓝海战略定位，企业能够在竞争激烈的市场中找到新的增长点，创造独特的竞争优势。

课堂讨论：请结合生活实际，举例说明不同定位策略在现实中的应用。

案例分享

东方树叶：传承和发扬中国传统茶文化

从"最难喝的饮料之一"到"茶饮顶流"，东方树叶无疑是一个独特的存在。品牌主打"传统的中国茶，神奇的东方树叶"，不仅彰显了中国传统茶文化的深厚底蕴,而且在市场上具有较高的辨识度,也充分迎合了现代消费者对健康、品质生活的追求。

一、东方树叶品牌定位的独特性

1. 以中国传统茶文化为根基

东方树叶的品牌定位首先体现在其对中国传统茶文化的继承与发扬上。与现代市面上的饮料产品不同,东方树叶的每一款产品都源自中国传统的茶叶品种。例如,绿茶、红茶、乌龙茶、普洱茶等,都是中国有着悠久历史和深厚文化底蕴的茶叶品种。

2. 强调健康与品质生活

现代消费者对健康与品质生活的追求,赋予了东方树叶品牌定位的独特性。东方树叶坚持无糖理念,主打"0糖、0卡、0脂、0香精、0防腐剂"(见图6-4),以天然、健康的原料打造每一款产品,满足消费者对健康饮食的诉求。同时,通过提升产品品质和口感,为消费者带来愉悦的饮用体验,进一步彰显了其品牌定位的独特性。

图6-4 东方树叶

二、东方树叶品牌定位的竞争优势

1. 独特的品牌形象

东方树叶以其对中国传统茶文化的传承和与现代健康生活理念的融合,树立了独特的品牌形象。这种品牌形象不仅为消费者提供了多样化的产品选择,也使东方树叶在竞争激烈的饮料市场中脱颖而出。

2. 创新的产品研发

东方树叶在产品研发方面一直秉持着创新精神。通过对传统茶文化的深入研究,结合现代科技手段,不断推出符合消费者需求的新品。这些新品不仅具有独特的口感,还充分考虑了消费者的健康需求,为品牌赢得了良好的口碑和市场认可。

(资料来源:爱企查,https://aiqicha.baidu.com/qifuknowledge/detail?id=10093591085)

第二节 零售品牌推广

新零售作为传统零售与现代数字技术深度融合的产物,不仅改变了消费者的购物体验,也对品牌推广提出了新的要求。有效地运用线上线下品牌推广策略,可以帮助零售企业更好地适应市场变化,提升品牌影响力。

微课:零售品牌推广

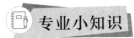

新零售品牌推广的核心要素

(1)数字化能力:利用大数据、人工智能等技术分析消费者行为,精准定位目标客户群,实现个性化推广。

(2)全渠道融合:整合线上线下渠道,打造无缝连接的购物体验,确保品牌信息在多平台的一致性和互补性。

(3)内容创新:创造高质量、有吸引力的内容,通过故事化、场景化的方式传递品牌价值,增强消费者共鸣。

(4)社交互动:利用社交媒体平台,加强与消费者的互动,收集反馈,快速响应市场变化。

一、线上推广策略

(一)社交媒体推广

社交媒体(social media)指互联网上基于用户关系的内容生产与交换平台。它允许人们撰写、分享、评价、讨论、相互沟通,是人们彼此之间用来分享意见、见解、经验和观点的工具和平台。它具有两大特点,一是人数众多,二是自发传播,缺乏其中任何一点都不会构成社交媒体的范畴。根据不同的功能划分,常见的社交媒体类型如表 6-2 所示。

表 6-2 常见的社交媒体类型

类型	功能	举例
综合性社交媒体	提供广泛的社交功能和信息分享空间	抖音、微博
即时通信社交媒体	提供即时消息和多媒体分享功能	微信、QQ
图像分享社交媒体	以图像和视觉内容为主要特色	小红书、Instagram

续表

类型	功能	举例
视频分享社交媒体	用户上传、分享和观看视频内容	B站、腾讯视频号
职业社交媒体	专门为专业人士设计，提供职业发展和网络拓展的功能	LinkedIn、钉钉

作为互联网上的重要平台，社交媒体已成为人们日常生活中不可或缺的一部分，利用好社交媒体平台有助于扩大品牌影响力，触达目标客户，为新零售品牌推广提供广阔的空间和多种策略选择。

企业可以根据自身特点和目标受众选择合适的社交媒体类型和推广方法。

1. 广告投放

利用社交媒体平台的广告投放功能，通过定向投放广告来提高品牌曝光度和销售额。企业可以利用其强大的用户基础和精准的用户画像，进行地域、年龄、性别等多维度的定向投放，确保广告内容能够触达最有可能产生购买行为的用户。

在抖音等短视频平台上，企业可以根据用户的观看习惯、兴趣偏好以及互动行为（如点赞、评论、分享）进行智能推荐，实现广告的精准触达。这种定向投放策略不仅提高了广告的转化率，还降低了营销成本，使企业能够更高效地利用广告预算。在微信平台上，企业可以通过各种方式投放广告，如图6-5所示。

朋友圈广告
以类似朋友圈动态的原创内容形式在用户朋友圈进行展示的原生广告

公众号广告
分为订阅号消息列表广告、文章底部广告、文章中部广告、视频贴片广告、支付订单详情页广告、互选广告和返佣商品CPS广告7种广告资源

小程序广告
包括小程序Banner广告、激励广告、插屏广告、格子广告和封面广告5种广告位

视频号广告
包括视频号原生广告、视频号评论区广告、视频号小任务和视频号互选广告

搜一搜广告
包括超级品牌专区和搜索结果广告

图 6-5 微信广告

2. KOL 合作

KOL（key opinion leader，关键意见领袖）作为某一领域内的权威或专家，拥有大量的粉丝群体和较高的影响力。邀请 KOL 代言或推荐产品，可以迅速提升品牌的知名度和信任度。

在微博和小红书等社交平台上，时尚博主、美妆博主等 KOL 通过分享自己的穿搭、妆容或护肤心得，能够轻松地引导粉丝购买相关产品。这种合作方式不仅有助于品牌推广，更在于通过 KOL 的个人魅力和专业见解，建立起品牌与消费者之间的情感连接，从而激发消费者的购买欲望。

3. UGC 互动

UGC（user generated content，用户生成内容）是社交媒体平台上的一种重要资源，它代表了用户的真实声音和体验。通过鼓励用户分享使用体验或评价产品，企业可以收集到大量的用户反馈，进而优化产品和服务。

在淘宝、京东等电商平台上，消费者晒单和分享使用心得的行为，不仅为消费者提供了参考依据，也为企业带来了口碑传播的机会。同时，在社交媒体上通过话题活动、挑战赛等方式，可以激发用户的参与热情，提高品牌的曝光度。这种互动策略有助于构建品牌与消费者之间的良好关系，提升消费者对品牌的忠诚度。

4. 直播销售

直播销售作为近年来兴起的一种新型营销方式，以其直观、互动性强的特点受到了广大消费者的喜爱。直播销售不仅提高了销售效率，还为消费者提供了更加便捷、愉悦的购物体验。此外，直播中的限时折扣、优惠券等促销活动，也能有效刺激消费者的购买欲望，提升销售额。

在淘宝直播、快手直播等平台上，企业可以通过直播的形式展示产品的特点和优势，与消费者进行实时互动，解答消费者的疑问，从而增加消费者对产品的了解和信任。

5. 社群营销

社群营销是通过建立品牌粉丝群或用户群，进行品牌宣传和互动的一种营销策略。企业可以通过社群互动，及时发现问题并解决问题，从而提升用户的满意度和忠诚度。此外，社群还可以作为品牌活动的发起和宣传平台，通过组织线上线下的活动，增强品牌与消费者之间的情感连接和互动体验。

在微信、QQ 等平台上，企业可以轻松地创建和管理自己的品牌社群，与消费者进行一对一或一对多的沟通。通过定期发布品牌资讯、优惠活动、用户故事等内容，可以保持与消费者的良好关系，提升品牌的知名度和美誉度。同时，社群也是收集用户反馈、了解用户需求的重要渠道。

（二）搜索引擎优化

搜索引擎优化（SEO）是指通过优化网站的结构、内容和关键词等元素，提高网站在搜索引擎中的排名，从而增加网站流量和曝光的过程。这是一种低成本、高回报的推广方式，对于中小企业来说非常实用。通过 SEO，企业可以在不直接支付广告费用的情况下，提高网站的可见性和访问量，进而转化为更多的潜在客户和销售机会。

利用搜索引擎优化进行零售品牌推广，可以从以下几个方面入手。

1. 关键词研究与优化

进行深入的关键词研究有助于了解目标受众在搜索引擎中常用的关键词及其搜索意图，从而选择与品牌、产品紧密相关且搜索量较大的关键词。在网站的标题、内容、标签等关键位置可根据需要合理使用关键词，但需注意避免过度堆砌，以免被搜索引擎判定为作弊行为。

2. 网站结构优化

为了确保网站能够有效推广零售品牌，需要保证网站结构清晰、易于导航，从而便于搜索引擎爬虫轻松抓取和索引网站内容；同时，要优化网站的内部链接结构，提升页面间的连通性和权重传递效率。此外，还应使用友好的 URL 结构和描述性标签，这样既能有助于搜索引擎更好地理解页面内容，也能提升用户体验。

3. 内容优化

网站上要创建高质量、原创且有价值的内容，这些内容不仅要能够吸引消费者并满足他们的搜索需求，还需在撰写时合理嵌入关键词，同时确保内容表述自然流畅、易于阅读。此外，定期更新网站内容也至关重要，以保持网站的活跃度和相关性，进一步吸引并留住用户。

（三）电子邮件推广

为显著提升消费者忠诚度和品牌影响力，企业可以向潜在消费者及现有消费者发送一系列个性化且极具价值的电子邮件。

邮件内容的策划与制定要遵循消费者细分原则，内容可涵盖新品发布预告、行业前沿资讯和限时促销优惠等类别，确保邮件内容丰富、实用性强，满足不同消费者需求。

通过电子邮件进行品牌推广，企业还可以充分利用消费者数据，深入挖掘他们的兴趣偏好和购买历史，从而为他们量身定制最适合的邮件内容。通过高度个性化的沟通方式提升邮件的打开率和阅读率，增强消费者对品牌的认同感和忠诚度。

课堂讨论：请结合切身感受，举例说明自己碰到过的推广方式。

数字化应用塑造品牌核心竞争优势

海澜之家，作为服装行业的领军者，其品牌力的构建与提升，是其在市场竞争中脱颖而出的关键。从传统行业起步，再到如今的数字化赋能，海澜之家完成了多次经营战略的迭代升级，每一次跨越都标志着品牌在创新与发展道路上的坚定步伐。

在品牌建设过程中，海澜之家积极参与各类社会活动。从成功发射引力一号（遥一）海澜之家号运载火箭，到独家冠名2024年无锡马拉松赛，再到成立清华海澜中国传统服饰与色彩研究中心，海澜之家以实际行动践行着企业的社会责任与担当。这些活动不仅提升了品牌的知名度和美誉度，更展现了品牌健康、活力、创新的形象，加深了与消费者的情感联系。

海澜之家深知中华文化的博大精深，因此在品牌建设中注重传承与创新的有机结合。清华海澜中国传统服饰与色彩研究中心的成立，正是海澜之家在文化传承方面迈出的重要一步。该中心将依托清华大学的学术优势，结合海澜之家的创新实践经验，深入挖掘中国传统服饰与色彩的魅力，为现代时装设计注入新的灵感与元素。这一举措不仅丰富了海澜之家的产品线，更赋予了品牌深厚的文化底蕴和独特的民族风情，使其在国内外市场上更加具有吸引力和竞争力。

海澜之家还加强数字化营销推广，利用短视频、直播间等新兴传媒媒介，以优质内容提升品牌曝光度，挖掘品牌增量。公司不仅在传统电商平台如天猫、京东等持续发力，还在抖音、快手等平台深入布局，打造品牌自播矩阵，实现了差异化流量抓取，进一步提升了品牌影响力。2024年上半年，海澜之家线上销售22.12亿元，同比增长47%，线上收入占比达20.28%。

在终端营销渠道的升级和变革过程中，海澜之家不断优化线下门店的渠道布局。公司加大购物中心门店的拓展力度，通过选址优势、品牌形象和优质服务的综合提升，吸引更多消费者进店体验。同时，海澜之家还加速线上线下全渠道的互通，利用数字化手段打破传统零售的界限，构建起顺应新零售时代发展的营销网络体系。

通过款式新颖、品类齐全的门店陈列，以及广告宣传、明星代言等多种营销手段，海澜之家成功地在消费者心中树立了鲜明的品牌形象——"海澜之家——男人的衣柜"。这一品牌形象不仅体现了海澜之家对男性消费者需求的深刻洞察和精准把握，更展现了品牌在产品品质、设计创新、服务体验等方面的卓越追求。如今，海澜之家已成为男装行业的龙头品牌，其系统化、规模化、多样化的宣传推广模式也为旗下各品牌带来了广泛的关注和认可。

（资料来源：搜狐，2024-09-10，https://business.sohu.com/a/807697661_121713562）

二、线下推广策略

线下推广是品牌与市场直接接触的重要方式，企业通过实施一系列精心策划的活动和策略，可以显著提升品牌知名度，增强消费者的购买意愿，进而推动销售增长。

（一）促销活动

促销活动是线下推广中较直接、有效的方式之一。通过在零售店铺内设置各种促销手段，如折扣、满减、赠品等，可以直接刺激消费者的购买欲望，吸引他们前来购物。

（1）折扣：通过直接降低商品价格来吸引消费者，是最常见的促销方式。折扣力度的大小直接影响消费者的购买决策，但也要注意平衡利润与销量，避免过度折扣带来的负面影响。

（2）满减：设定一定的消费金额门槛，当消费者达到或超过该门槛时，可以享受一定的金额减免。这种方式既鼓励了消费者增加购买量，又保证了品牌的利润水平。

（3）赠品：通过赠送与购买商品相关或具有吸引力的物品，来提升消费者的购买体验和满意度。值得注意的是，赠品的选择要贴近消费者需求，以增强促销效果。

（二）合作推广

与其他品牌或机构进行合作推广，可以实现资源共享、优势互补，共同提升品牌知名度和销量。但是，合作推广需要双方品牌保持高度的沟通和协作，才能确保活动或产品的质量和效果。

（1）联合举办活动：与其他品牌或机构共同策划并举办活动，如新品发布会、主题展览等。通过活动，可以吸引双方品牌的消费者，提高品牌曝光度，同时为消费者提供更丰富、更有趣的消费体验。

（2）共同推广产品/服务：在合作品牌的销售渠道中推广对方的产品或服务，或者共同推出联名产品。这种方式可以拓宽销售渠道，增加消费者接触点，提升销售效果。同时，联名产品还可以借助双方品牌的知名度和影响力，形成更强的市场竞争力。

（三）门店形象设计

门店形象设计要注重与品牌形象的统一和协调，通过独特的风格和创意的展示方式，提升消费者的购物体验，加深消费者对品牌的印象。

（1）门店装修：通过独特的装修风格和色彩搭配，营造出与品牌形象相符的氛围。装修要注重细节，如灯光、墙面装饰、地面材料等，都要与品牌形象和定位相匹配。

（2）展示橱窗：通过创意的陈列方式和吸引人的视觉效果，可以吸引过往行人的目光，提高品牌的知名度和曝光度。橱窗展示要注重季节性和主题性，及时更换展示内容，保持新鲜感。

（3）陈列方式：通过合理的布局、巧妙的搭配和创意的展示手法，可以突出商品的特点和卖点，增强消费者的购买欲望。同时，还可以利用灯光、道具等元素，营造出更加吸引人的购物环境。

三、线上线下融合策略

(一) O2O 模式

O2O (online to offline) 模式是一种将线上流量引导至线下门店,实现线上线下无缝连接的商业模式。这种模式的核心在于通过互联网平台,将线下商务的机会与线上结合在一起,使互联网成为线下交易的前台。

企业搭建线上平台,如官方网站、移动应用 APP 等,展示商品信息、优惠活动等,吸引消费者关注。消费者通过线上平台获取优惠券、预约服务等,然后前往线下门店进行消费。线上平台与线下门店在线上预约、线下体验,或线上支付、线下取货等方面实现信息共享和互动。

例如,苏宁易购作为国内知名的电商企业,成功地将线上平台与线下门店相结合,打造出了独特的 O2O 购物模式。消费者可以在苏宁易购的线上平台浏览商品、下单购买,并选择到附近的苏宁门店自提或享受门店的售后服务。同时,苏宁易购还通过线上平台提供优惠券、预约安装等增值服务,吸引消费者到店消费。

苏宁易购的线下门店也进行了全面的数字化改造,提供了免费的 WI-FI、电子价签、多媒体电子货架等智能化设施,使消费者能够在门店内享受到与线上平台相似的购物体验。

(二) 数据整合与分析

数据整合与分析是一个综合性的过程,主要包括以下几个步骤。

(1) 收集。从线上平台(如官方网站、移动应用等)和线下门店(如 POS 系统、会员系统等)收集顾客信息、销售数据及浏览记录等多元数据源。

(2) 整合。通过运用数据整合技术(如 ETL, extract-transform-load)和数据融合等手段,将来自不同渠道、格式各异的数据进行有效清洗、转换并融合,最终形成一个统一且便于分析的数据集。

(3) 分析。对所获得的数据集进行深度分析,包括构建用户画像以洞察目标用户群体的特征和需求,分析销售数据以掌握产品销售情况和市场趋势,以及追踪顾客线上线下的行为数据以理解其消费偏好和购买路径。

(4) 应用。分析结果可被广泛应用于营销推广工作,如实施个性化推荐和定向促销、优化产品开发计划,以更好地满足顾客需求和市场趋势等。

例如,京东 618 大促期间通过 SUPREMEE (人)、BURST (货) 策略模型,结合京准通 DMP 对偏好人群进行圈选,助力品牌全链路运营和货品管理,解决营销难题。美的空调、麦富迪、美素佳儿等品牌通过京东数智化产品提升营销效果,实现了新品增长和销售提升。

四、其他创新推广策略

(一)跨界营销

跨界营销是指品牌与其他行业或领域的品牌进行合作,共同创造新的营销亮点和体验,从而扩大品牌的受众群体并提高品牌知名度。跨界合作给品牌带来的最大益处是让原本毫不相干的元素相互渗透、相互融合,从而给品牌一种立体感和纵深感。

能够建立"跨界"关系的不同品牌,一定是互补性而非竞争性的品牌。跨界营销的实质是实现多个品牌从不同角度诠释同一个用户特征。但是,在"跨界"时需要注意以下几点。

(1)品牌契合与消费者共鸣:选择气质相投的合作对象是跨界营销成功的关键。

(2)强调消费者参与:跨界营销的本质是消费者参与的内容营销,品牌需要通过各种活动让消费者参与进来。

(3)文化与价值观的融合:跨界营销不仅仅是品牌间的合作,更是文化和价值观的碰撞与融合。

(4)用户体验的互补性:在设计跨界合作时,品牌需要深入了解目标消费者的需求和偏好,创造出超越消费者期望的体验。

(5)品牌资源的精准匹配:参与品牌需要在实力、理念、方向等方面具有共通点,并在细节上进行精准匹配。

(6)风险控制和危机管理:在合作过程中,品牌需要关注风险控制和危机管理,确保合作顺利进行。

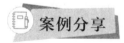
案例分享

瑞幸和茅台联名:跨界营销新典范

"美酒加咖啡,就爱这一杯。"

2023年9月4日,在预热近一周后,瑞幸联名茅台的年度重磅新品"酱香拿铁"正式上线(见图6-6)。产品上线之后,多个社交平台引发了"#年轻人的第一口茅台""#20块实现茅台自由"等话题的热烈讨论,刷爆了几乎所有人的朋友圈和社群日常消息流。

该款酱香拿铁使用白酒风味厚奶(含53% vol 贵州茅台酒),饮品酒精浓度低于0.5% vol。联名款产品9月同步上线全国门店,单杯售价38元,使用优惠券后每杯约19元,9月5日单日销量突破542万杯,单品销售额突破1亿元。新品上市的同时,茅台还与瑞幸咖啡举行了战略合作启动仪式。

图 6-6 茅台与瑞幸咖啡联名

瑞幸咖啡与茅台联名之所以能够获得现象级曝光及讨论热度，其一在于这两个拥有不同客户群体和文化调性的本土知名品牌联手，使得 1+1>2 的联名效应被无限放大；其二在于营销预热提早铺垫，为新品造势。此外，联名有助于瑞幸探索咖啡赛道高端产品，提升品牌调性和扩大用户群体，同时精准切中了茅台想要扭转 Z 世代用户刻板印象、适应多元年轻市场的需求，可谓各取所需、强强联手。

总结：一种可多次复制的跨界营销成功范式＝（拥有强溢价能力的高端奢侈品牌＋拥有高用户触达率的年轻品牌）×事件基础势能×事件可讨论空间×确保二者联合后在延伸话题讨论上与产品和品牌的正向相关性。

（二）体验式营销

体验式营销指的是通过看（see）、听（hear）、用（use）、参与（participate）的手段，充分刺激和调动消费者的感官（sense）、情感（feel）、思考（think）、行动（act）、联想（relate）等感性因素和理性因素的一种营销方式。这种方式重新定义和设计营销方式，强调消费者在消费前、消费中和消费后的体验是分析购买行为与品牌经营的关键。体验式营销包括多种类型，如表 6-3 所示。

表 6-3 体验式营销类型

序号	类型	内容
1	知觉体验	感官体验，将视觉、听觉、触觉、味觉与嗅觉等知觉器官应用在体验营销上
2	思维体验	以创意的方式引起消费者的惊奇、兴趣、对问题进行集中或分散的思考，为消费者创造认知和解决问题的体验
3	行为体验	通过增加消费者的身体体验，指出他们做事的替代方法、替代的生活形态，丰富消费者的生活，从而使消费者自发地改变生活形态

续表

序号	类型	内容
4	情感体验	体现消费者内在的感情与情绪，使消费者在消费中感受到各种情感，如亲情、友情和爱情等
5	相关体验	通过实践自我改进的个人渴望，使别人对自己产生好感。它使消费者和一个较广泛的社会系统产生关联，从而建立对某种品牌的偏好

体验式购物是当前零售行业的一个重要趋势。零售企业可以通过提供试穿试用、产品体验、互动游戏等方式，让顾客参与其中，增加购物的乐趣和体验感。例如，可以设置试衣间内的灯光、音乐，营造出舒适的氛围；设置产品体验区，让顾客亲自体验产品的功能和特点。通过体验式购物，零售企业可以吸引更多顾客，提升顾客的购买欲望和满意度。

（三）会员制营销

会员制度是指企业通过建立会员体系，为会员提供专属优惠和服务，以提高消费者的复购率和品牌忠诚度，它是企业维系其客户的结果。企业可以鼓励消费者持续购买并通过口碑传播的方式增加店铺的"老带新"购买量及流量。

会员制营销通过设计科学合理的会员体系，提供差异化的专享权益和服务，使会员产生归属感和品牌忠诚。同时，通过积分激励、等级特权等机制，提高客户的复购率和客单价，从而提升客户忠诚度和企业利润。

会员的生命周期理论

会员的生命周期就是一个普通的消费者从变成企业顾客到流失的全过程。对零售商而言，它们希望顾客能一直留存，终生都是会员顾客。会员生命周期如图6-7所示。

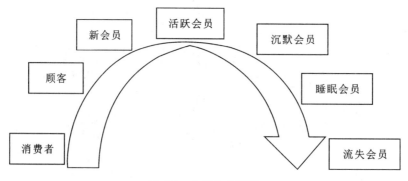

图6-7　会员生命周期

(1) 活跃会员。最近3个月内有过消费的会员群体。

(2) 沉默会员。最后一次消费发生在最近4~6个月内,已经超过3个没有消费的会员群体。

(3) 睡眠会员。最后一次消费发生在最近7~12个月内,已经超过6个月没有消费的会员群体。

(4) 流失会员。最近12个月内均没有消费的会员群体。

本章学习总结

技能训练

一、在线答题

即测即评

二、简答题

1. 简述品牌的定义及其构成要素。
2. 品牌定位的关键要素有哪些?
3. 零售品牌定位必须具备哪些条件才能成功实施?
4. 列举几种常见的品牌定位策略。
5. 简述新零售背景下一种线上线下融合的策略及其特点。

三、论述题

1. 论述品牌定位在零售企业中的重要性,并给出实例说明。
2. 结合实例,探讨零售企业如何通过创新推广策略提升品牌影响力。

案例分析

"悦选生活"是一家新兴的新零售品牌,专注于为消费者提供高品质、高性价比的生活用品。自成立以来,该品牌迅速在市场上崭露头角,凭借其独特的品牌定位和创新的推广策略,赢得了广大消费者的喜爱。

"悦选生活"在品牌定位上,强调"品质生活,悦享选择"的理念,致力于为消费者打造舒适、优雅的生活空间。其产品品类涵盖了家居用品、厨房电器、个人护理等多个领域,每一款产品都经过精心挑选和设计,确保符合消费者的品质需求。

在品牌推广方面,"悦选生活"充分利用了线上线下融合的策略。在线上,通过社交媒体平台(如微信、微博、小红书等)进行广告投放和KOL合作,借助KOL的影响力快速提升品牌知名度。同时,品牌还注重用户生成内容(UGC)的互动,鼓励消费者分享使用体验,形成口碑传播。

线下方面,"悦选生活"注重门店形象设计,营造与品牌形象相符的购物环境。通过创意的陈列方式和吸引人的视觉效果,提升消费者的购物体验。此外,品牌还定期开展促销活动,如折扣、满减、赠品等,直接刺激消费者的购买欲望。

问题:

请结合本章所学内容,分析"悦选生活"的品牌定位与推广策略,并探讨其成功的原因。

实训任务

一、任务目标

(1)掌握零售品牌定位的策略与方法:能够理解品牌定位的含义、关键要素及主要策略,并能根据给定条件制定出一套合理的品牌定位方案。

(2)提升品牌定位方案的实际应用能力:通过实践操作,能够将理论知识转化为实际应用,提高品牌定位方案的创新性和可行性。

二、任务背景

假设你是一家新零售企业的市场部经理,企业计划在未来一年内推出一款全新的零食品牌,以吸引更多的目标消费者并扩大市场份额。为了确保品牌定位的成功,你需要根据市场调研结果和企业资源状况,制定出一套详细的品牌定位方案。

三、任务分析

在制定品牌定位方案时,需要考虑以下几个方面:

(1)品牌定位的含义与关键要素:理解品牌定位的基本概念,明确品牌定位的关键要素,如目标市场、产品和服务、价格策略、渠道布局、促销和宣传、品牌形象、顾客关系管理等。

(2) 品牌定位的主要策略：熟悉并掌握品牌定位的主要策略，如塑造品牌的人格特质，基于商品品类进行定位，依据品牌的利益诉求进行定位，基于商品的品质、工艺与技术进行定位，利用价格锚点进行定位，基于品牌文化内涵和理念进行定位，基于目标用户群体进行定位以及蓝海战略定位等。

(3) 市场调研与企业资源分析：结合市场调研结果，分析目标市场的消费者需求、竞争态势及市场趋势；同时，根据企业自身的资源状况，如产品研发能力、商品周转能力、营销能力等，制定符合企业实际的品牌定位方案。

四、任务操作

(1) 市场调研。
① 设计并发放市场调研问卷，收集目标消费者的需求、偏好及购买行为等信息。
② 分析竞争对手的品牌定位、市场策略及市场表现，找出差异化的竞争优势。
③ 研究市场趋势，了解未来一段时间内消费者需求的变化及新兴市场的机会。

(2) 企业资源分析。
① 评估企业的产品研发能力、商品周转能力、营销能力及供应链管理能力等。
② 分析企业的财务状况，确定品牌定位方案所需的资金投入及预期回报。
③ 梳理企业的品牌历史、价值观念及企业文化，为品牌定位提供精神支撑。

(3) 制定品牌定位方案。
① 根据市场调研结果和企业资源分析，明确品牌定位的目标市场、产品和服务、价格策略、渠道布局、促销和宣传、品牌形象等关键要素。
② 选择合适的品牌定位策略，如塑造品牌的人格特质、基于商品品类进行定位等，并制订相应的实施计划。
③ 撰写品牌定位方案报告，包括品牌定位的背景、目标、策略、实施计划及预期效果等。

(4) 方案评估与优化。
① 组织专家评审团对品牌定位方案进行评审，提出修改意见及建议。
② 根据评审结果，对品牌定位方案进行优化调整，确保方案的可行性和创新性。

五、任务评价标准

一级指标	二级指标	得分
市场调研的充分性	调研问卷设计合理，能够全面反映目标消费者的需求及偏好	
	调研样本数量充足，具有代表性	
	调研结果分析准确，能够提炼出有价值的市场信息	
企业资源分析的准确性	对企业的产品研发能力、商品周转能力、营销能力及供应链管理能力等进行了全面评估	
	财务状况分析准确，能够支撑品牌定位方案的实施	
	品牌历史、价值观念及企业文化梳理清晰，能为品牌定位提供有力的支撑	

续表

一级指标	二级指标	得分
品牌定位方案的合理性	目标市场明确，符合企业的实际情况及市场需求	
	产品和服务定位准确，能够满足目标消费者的需求及偏好	
	价格策略、渠道布局、促销和宣传、品牌形象等关键要素制定合理，具有创新性及可行性	
品牌定位策略的选择与实施	选择的品牌定位策略符合企业的实际情况及市场需求	
	实施计划详细、可行，能够确保品牌定位方案的顺利实施	
	方案中包含了应对市场变化及消费者需求变化的灵活调整机制	
方案报告的质量	报告结构清晰，逻辑严密，内容全面	
	文字表述准确、流畅，符合学术规范	
	报告中的图表、数据等辅助材料制作精美，能够增强报告的说服力	

 任务反思

第七章 零售新技术应用

本章学习目标

◆ **素养目标：**

(1) 增强创新意识，关注行业动态；
(2) 提升数字素养，了解并掌握行业新技术。

◆ **知识目标：**

(1) 掌握云计算、大数据技术的应用优势；
(2) 熟悉物联网、AI 零售智能化应用；
(3) 了解 AR/VR 技术在体验营销中的应用；
(4) 掌握企业数字化转型的要求和步骤。

◆ **技能目标：**

(1) 能够运用大数据和云计算技术帮助企业制定决策；
(2) 能够运用大数据工具与 AI 提升零售智能化水平；
(3) 能够设计物联网与 AR/VR/MR 创新零售场景。

章节思维导图

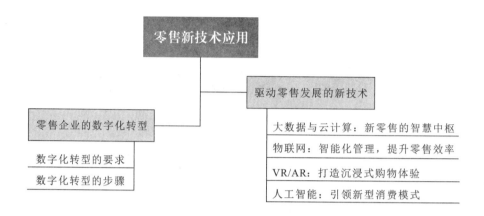

导入案例

罗森数字化转型：底层要稳，中台要强，前端要灵

罗森（LAWSON）于1939年在美国俄亥俄州以"Mr. Lawson's Milk Store"的形式成立。罗森于1975年进入日本市场，作为一家专业的连锁便利店公司在日本全面展开业务，在日本的规模仅次于7-Eleven便利店。在中国，1996年罗森作为外资连锁便利店入驻上海。此后，罗森不断拓展，先后进入重庆、辽宁、浙江、北京、江苏、湖北、安徽、天津、湖南等地，实现了在中国业务的全面开展。

回顾2023年，众多连锁品牌如瑞幸、锅圈、零食很忙等纷纷亮相资本舞台，掀起了一场"万店时代"的狂潮。截至2023年11月30日，罗森成功在中国大陆开设了6252家店铺，并宣布到2025年在中国大陆开设1万家门店的宏伟目标。但这背后的挑战和机遇是怎样的呢？

罗森的数字化战略起到了关键的推动作用。罗森的副总经理何韵民在各大会议和访谈中多次强调，数字化转型对罗森来说是一条"必须走的路"。而这条路的核心，就是要确保技术的底层稳定、中台的强大支撑以及前端的灵活应对。

在底层技术稳定方面，罗森投入了大量资源来建立一个坚实的基础。这包括数据中心的建设、云计算平台的部署以及安全系统的升级。一切都是为了确保在日益增长的业务量面前，系统能够稳定运行，不会因为技术问题而影响到顾客的购物体验。

中台的强大则是依靠罗森内部的各种业务系统和数据分析能力。罗森建立了一个覆盖供应链管理、财务管理、人力资源管理等多个方面的中台系统。这个系统不仅提高了运营效率,而且通过对数据的精细分析,能够帮助公司更好地理解市场需求和顾客行为,从而做出更加精准的策略调整。

至于前端的灵活性,罗森通过数字化手段,实现了店面运营的高度自动化和个性化。通过 AI 技术,罗森能够根据每个店铺的具体情况,自动调整商品的种类和数量,优化库存管理。通过大数据分析,罗森还能够为每个顾客提供更加个性化的购物推荐。

在供应链方面,罗森通过数字化手段实现了极致的优化。罗森将供应链分为三个层次:PB 自产商品、NB 厂标商品和"三个半径"(见图 7-1)。PB 自产商品是罗森依托自身的生产基地,自主开发的产品,这部分产品能够给罗森带来显著的差异化竞争优势。而 NB 厂标商品,则是通过与大型制造商的合作,来确保商品质量和供应的稳定性。至于"三个半径",则是指物流、管理和消费者口味的本地化调整,确保每个地区的店铺都能够满足当地消费者的需求。

图 7-1 罗森的数字化转型

前端的渠道建设也是罗森数字化战略的重要部分。罗森通过"五箭齐发"的策略迅速扩张,包括直营店、个体加盟店、复数加盟店、大加盟商以及区域授权等多种模式。每种模式都有其独特的优势和挑战,但通过灵活运用和精细管理,罗森成功地将这些不同模式融合在一起,形成了强大的网络扩张动力。

罗森还通过一系列增值服务来提升顾客体验和品牌忠诚度。这包括通过数字化手段,提供更加便捷的购物体验,如移动支付、在线订单等。罗森还积极开展各种营销活动,通过社交媒体、在线广告等方式,加强与消费者的互动。

通过这一系列的努力,罗森不仅在数字化转型上取得了显著的成果,而且在提升整体运营效率和顾客满意度上也取得了不小的进展。

每一次消费习惯的变迁,都预示着零售业的新一轮洗牌。在电商与实体零售深度融合的趋势下,如何在保持品牌特色的同时创新服务模式,满足消费者多元化、个性化的需求,将是所有零售企业共同面临的挑战。

(资料来源:百家号,https://baijiahao.baidu.com/s?id=1800473044621266699&wfr=spider&for=pc)

思考：
1. 请分析罗森在数字化转型的过程中运用了哪些新技术。
2. 罗森数字化转型的成功实践对于其他企业有哪些启示？

第一节　驱动零售发展的新技术

随着时代的演进，传统的零售模式正面临来自电商和新兴数字化技术的双重挑战与机遇。在互联网、大数据和人工智能的推动下，零售业开始寻求变革与突破，逐步通过线上线下全渠道融合，发展新型零售模式。

技术是新零售发展的第一驱动力。5G、云计算、物联网、人工智能、VR/AR等新一代信息技术日益成熟，为新零售的诞生和发展创造了必要和有利条件。在新技术的影响下，零售业正迎来一场深刻的变革，为消费者带来更加便捷、个性化的购物体验。

一、大数据与云计算：新零售的智慧中枢

（一）大数据技术

大数据（big data），或称巨量资料，其所涉及的资料量规模大到无法通过主流软件工具，在合理时间内撷取、管理、处理并整理成为能帮助企业经营决策的资讯。

麦肯锡将大数据定义为：无法在一定时间内用传统数据库软件工具对其内容进行抓取、管理和处理的数据集合。

大数据的特征如表 7-1 所示。

微课：大数据时代下的隐私保护

表 7-1　大数据的特征

序号	特征	说明
1	volume（大量）	数据巨大，从 TB 级别跃升到 PB 级别，远超传统数据规模
2	velocity（高速）	大数据的生成速度非常快，需要实时或准时地进行分析和处理
3	variety（多样）	数据类型繁多，不仅包括传统的格式化数据，还包括来自互联网的网络日志、视频、图片、地理位置信息等
4	value（低价值密度）	大数据的量巨大，但其中真正有价值的信息只占很小的一部分，在大数据中挖掘有价值的信息需要强大的数据处理和分析能力
5	veracity（真实性）	数据的准确性和可靠性，必须确保在分析前对数据进行清理和预处理

此外，大数据还具有其他一些特征，如数据流动性（数据可以从多个来源产生并通过多个渠道传输）、数据安全性（大数据可能包含敏感和涉及个人隐私的信息，需要严格保护）等。

行业聚焦

"数据要素×"计划发布：我国大数据产业发展迈向新台阶

国家数据局等17部门于2023年12月31日正式印发《"数据要素×"三年行动计划（2024—2026年）》（以下简称《行动计划》），旨在发挥我国超大规模市场、海量数据资源、丰富应用场景等多重优势，推动数据要素与劳动力、资本等要素协同，提高全要素生产率；促进数据多场景应用、多主体复用，培育基于数据要素的新产品和新服务，实现知识扩散、价值倍增，开辟经济增长新空间；加快多元数据融合，以数据规模扩张和数据类型丰富促进生产工具创新升级，催生新产业、新模式，培育经济发展新动能。

1. 数据要素成为高质量发展的重要驱动力量

《行动计划》提出，到2026年底，数据要素应用广度和深度大幅拓展，在经济发展领域数据要素乘数效应得到显现，打造300个以上示范性强、显示度高、带动性广的典型应用场景，涌现出一批成效明显的数据要素应用示范地区，培育一批创新能力强、成长性好的数据商和第三方专业服务机构，形成相对完善的数据产业生态，数据产品和服务质量效益明显提升，数据产业年均增速超过20%，场内交易与场外交易协调发展，数据交易规模倍增，推动数据要素价值创造的新业态成为经济增长新动力，数据赋能经济提质增效作用更加凸显，成为高质量发展的重要驱动力量。

2. 数据要素推动产业转型升级

数据要素培育新业态，创新商业模式。大批企业正借力数据要素持续探索新商业模式。数据要素所催生出的新消费、新业态、新品牌正为商业模式升级创新加速。一方面，基于用户行为数据的精准广告投放和需求响应式零售不断进入市场；另一方面，数据要素的运用和复用为不同行业创造新的价值增量，发挥自身的"乘数效应"。

"数据要素×"计划为中国产业的新发展提供了广阔的市场前景，正迅速引领产业数字化和创新性发展。该计划明确了大数据在数字经济中的核心地位，并提出了加强大数据基础设施建设、深化大数据应用、保障数据安全以及培养大数据人才等一系列具体举措。这一计划的发布，标志着我国在推动大数据产业发展和应用上迈出了坚实的步伐。

（资料来源：中国工信新闻网，2024-01-19，https://www.cnii.com.cn/gxxww/rmydb/202401/t20240119_538610.html）

（二）云计算技术

云计算（cloud computing）是分布式计算的一种，指的是通过网络"云"将巨大的数据计算处理程序分解成无数个小程序，然后通过多部服务器组成的系统处理和分析这些小程序得到的结果并返回给用户。云计算通过计算机网络形成的计算能力极强的系统，可存储、集合相关资源并可按需配置，向用户提供个性化服务。云计算的特征如表 7-2 所示。

表 7-2　云计算的特征

序号	特征	说明
1	虚拟化	云计算支持用户在任意位置、使用各种终端获取应用服务。虚拟化技术突破了时间、空间的界限，是云计算最为显著的特点
2	高可靠性	"云"使用了数据多副本容错、计算节点同构可互换等措施来保障服务的高可靠性
3	高扩展性	"云"的规模可以动态伸缩，用户可以利用应用软件的快速部署条件来更简单、快捷地扩展自身所需业务
4	按需服务	用户运行不同的应用需要较强的计算能力对资源进行部署，而云计算平台能够根据用户的需求快速配备计算能力及资源
5	高灵活性	云计算的兼容性非常强，不仅可以兼容低配置机器、不同厂商的硬件产品，还能够外设获得更高性能计算
6	高性价比	由于"云"的特殊容错措施，可以采用极其廉价的节点来构成"云"，"云"的自动化集中式管理使大量企业无须负担日益高昂的数据中心管理成本

知识拓展

CPU 和 GPU 的区别

1. 结构不同

CPU（中央处理器）：作为计算机的"大脑"，负责处理计算机的指令和数据。它由数量相对较少的核心组成，这些核心能够同时处理多个任务，但每个核心在某一时刻只能执行一个线程。

GPU（图形处理器）：它拥有成百上千个更小、更专一的处理单元，这些单元可以同时处理大量的简单任务。

2. 功能侧重不同

CPU：计算机系统的核心部件，负责执行程序中的指令，处理各种数据类型，进行逻辑判断、数学运算等。CPU 更适合执行复杂的逻辑运算和串行任务。

GPU：专门为图形处理任务而设计的，能够并行处理大量的简单计算。GPU 主要用于图形处理，其设计初衷是处理图形和图像相关的计算任务。它专注于并行计算和向量运算，用于加速图形渲染、视频解码、图像处理等任务。

3. 应用场景不同

CPU：广泛应用于通用计算领域，如操作系统运行、办公软件编程开发等，它适合处理需要快速响应和逻辑复杂的任务。

GPU：主要应用于图形和科学计算领域，如游戏、图形渲染、视频编辑、深度学习等，它在处理大规模并行计算任务时具有显著的性能优势。

（三）大数据与云计算在新零售中的应用

大数据和云计算的技术基础紧密相连。云计算提供了海量数据存储、数据管理和分布式计算模型等技术，这些技术是大数据处理的基础。没有云计算，大数据的价值无法充分发挥。同时，大数据的处理需求也推动了云计算相关技术的发展，如分布式计算框架、数据库服务和分析工具等。

云计算技术可以帮助企业实现线上线下数据整合，让企业能够构建统一的数据平台，并且为数据平台提供较为廉价的计算能力，为大数据应用提供环境支持。

大数据在新零售中的主要应用方向与具体表现如表 7-3 所示。

表 7-3　大数据在新零售中的主要应用方向与具体表现

序号	应用方向	具体表现
1	数据存储	企业在经营中会产生海量的经营数据和消费者消费数据，对企业来说，这些数据都需要长久储存，才能更好地发挥价值
2	消费需求挖掘	随着智能终端设备的普及和各大社交平台的迅猛发展，企业获得的消费者行为数据呈"井喷式"增长。借助大数据与云计算技术，企业可以将消费者日常浏览行为和交易行为产生的数据进行整合和分析，从而挖掘新的消费需求
3	消费行为分析	通过大数据分析了解消费者的消费行为特征和消费习惯，并寻找影响其消费行为和习惯的因素，企业可以据此实施精准的商品营销策略
4	消费者细分	运用大数据分析技术，企业可以对消费者进行细分，了解不同消费群体的消费习惯和消费需求，从而制订相应的营销计划，更好地开展精准营销
5	运营分析	企业可以基于历史销售数据，运用大数据技术对自身运营情况进行分析。例如，分析促销互动的效果，分析商品品类、陈列方式、包装是否需要优化等

（资料来源：引用自《新零售运营管理》（慕课版），人民邮电出版社）

 知识拓展

大数据与小数据

1. 数据量差异

大数据：数据量巨大，通常以 TB、PB 甚至 EB 为单位进行计量。

小数据：数据量相对较小，通常以 GB 或者更小的单位进行计量。

2. 数据来源差异

大数据：数据来源广泛、类型多样，包含了各种结构化、半结构化和非结构化的数据，如社交媒体数据、传感器数据、日志文件等。

小数据：小数据的来源相对较为集中，数据类型相对简单，如企业内部的数据库、调查问卷等。

3. 数据应用范围差异

大数据：通过对大数据的挖掘和分析，可以发现隐藏的模式、趋势和关联，为决策提供支持，可应用于金融、医疗、交通、电商等多个领域。大数据的挖掘可以帮助企业发现新的商机、提高效率、降低成本等。

小数据：主要用于企业内部的业务分析、市场调研等领域，应用范围相对较小。挖掘目的主要是更好地理解和分析现有的数据，为企业决策提供参考依据。

云计算在新零售中主要用于统一管理与分析，其主要应用方向与具体表现如表 7-4 所示。

表 7-4 云计算在新零售中统一管理与分析的应用

序号	应用方向	具体表现
1	统一数据收集	将分散在各个门店、线上平台等渠道的数据统一收集，形成全面、准确的数据集
2	统一数据分析	利用云计算强大的计算能力，对收集到的数据进行深度挖掘和分析，发现市场趋势、消费者偏好等有价值的信息
3	统一营销策略制定	基于数据分析的结果，制定统一的营销策略，确保各个渠道在促销、推广等方面保持一致性
4	统一库存管理	通过云计算平台实现库存信息的实时共享和协同管理，确保库存的准确性和及时性

大数据与云计算正深刻强化零售运营，引领零售业迈入全新的发展阶段。通过收集和分析海量数据，零售企业能够洞察市场趋势，精准把握消费者需求。大数据不仅提升了零售业务的决策效率，还优化了库存管理、产品推荐等环节，让运营更加精细、高效。在大数据的驱动下，零售业正逐步实现个性化服务、精准营销，为消费者带来前所未有的购物体验，推动着零售行业不断向前发展。

案例分享

京东物流超脑：从内到外，助力客户数智化转型

在数字化浪潮下，零售行业的边界日益模糊，线上与线下的融合成为新的发展趋势。2024年11月，京东物流宣布将"京东物流超脑"全面升级为基于大模型的数智化供应链技术全景，通过深度融合大数据、AI等前沿技术，不仅在内部实现了降本增效，同时也为外部行业客户的供应链数智化转型提供了有力支持。

"与图"数智时空平台是"京东物流超脑"的重要商业化产品之一。基于深度整合的京东供应链全链路的亿级规模数据，包括商流、物流、信息流、金融流等多源异构大数据，该平台能够为客户提供全场景GIS、精智地址、位域洞察三大功能模块，帮助企业网格洞察分析、智能选址、精准营销、高准确率分单，助力管理经营视角下的人、车、货、场、客、销六大要素，实现降本、提效和增收。

某零售连锁企业一直面临着线下门店选址不够精准的问题，在和"与图"开展合作后，通过"与图"的"城市大数据罗盘"深入掌握城市全貌数据，快速选择开店的城市、区域，经过数据分析，明确存量门店中有利和不利位置的画像。通过深入合作，"与图"帮助该企业打造了专属的选址模型，智能推荐最适合开店的点位，并匹配预测新店收入。"三步走"精准布局门店助力该企业实现了门店选址周期缩短80%、门店存活率提升50%的业绩。

"京慧"一体化智能供应链平台是"京东物流超脑"对外赋能的另一款重要商业化产品。该平台基于丰富的大数据分析和科学的算法模型，结合客户的实际销量情况，为客户提供销量预测、库存预警、库存仿真、智能补货以及库存营销等智能决策产品。通过"京慧"平台，客户可以实现对销量的精准预测，制订更加合理的生产计划和库存计划。同时，平台的库存预警和库存仿真功能，能帮助客户及时发现潜在风险并采取措施进行应对，实现利润最大化。

拓展阅读：天猫小店：在保护隐私与权益中，数据赋能的新零售创新实践

（资料来源：央广网，2024-11-19）

二、物联网：智能化管理，提升零售效率

（一）物联网技术

物联网（Internet of Things，IoT），是指通过信息传感设备，按约定的协议，将任

何物体与网络相连接，物体通过信息传播媒介进行信息交换和通信，以实现智能化识别、定位、跟踪、监管等功能。

物联网的特征如表 7-5 所示。

表 7-5　物联网的特征

序号	特征	说明
1	整体感知	可以利用射频识别、二维码、智能传感器等感知设备感知获取物体的各类信息
2	可靠传输	通过与互联网、无线网络的融合，将物体的信息实时、准确地传送，以便信息交流、分享
3	智能处理	使用各种智能技术，对感知和传送的数据、信息进行分析处理，实现监测与控制的智能化

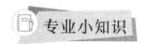

射频识别技术与近场通信技术

射频识别（radio frequency identification，RFID）技术是一种自动识别技术，是物联网发展的关键技术之一。它通过无线射频方式进行非接触双向数据通信，利用无线射频方式对记录媒介（电子标签或射频卡）进行读写，从而达到识别目标和数据交换的目的。

一套完整的 RFID 系统，由阅读器、电子标签（应答器）及应用软件系统三个部分组成。RFID 技术可以用于商品管理、库存盘点和防盗等方面，有助于降低人力成本，提高管理效率。

近场通信（near field communication，NFC）技术是一种新兴的技术，使用了 NFC 技术的设备（如移动电话）可以在彼此靠近的情况下进行数据交换。NFC 技术是由 RFID 技术及互联互通技术整合演变而来的，通过在单一芯片上集成感应式读卡器、感应式卡片和点对点通信的功能，使用户的消费行为逐步走向电子化，从而形成了一种新型的用户消费和业务模式，利用移动终端实现移动支付、电子票务、门禁、移动身份识别、防伪等应用。

（二）物联网在新零售中的应用

物联网作为新零售的重要技术基础，帮助企业实现了人与物、物与物之间数据的交流和传输。在新零售运营模式下，物联网是帮助构建产业闭环的关键点。借助物联网技术，企业能够实现商品信息的数据化，把线下的营销推广活动转移到线上，建立起涵盖线上线下全渠道的商品和消费者数据库，再与大数据、云计算和人工智能等技术结合，对数据进行处理与分析，搭建一条包含生产、运输、存储和销售等环节在内的全产业链，实现线上和线下的深度融合。

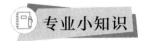

物联网安全

物联网安全是指在物联网环境下,保护物联网设备、通信数据和信息系统的安全。物联网安全的核心在于保护物联网设备和通信数据的安全性,确保数据传输的安全性,以及保护用户隐私和个人信息的安全性。

物联网技术在新零售中的应用方向及其具体表现如表7-6所示。

表7-6 物联网技术在新零售中的应用方向及其具体表现

序号	应用方向	具体表现
1	物流运输	① 运用物联网技术可以实现对运输过程的实时监控,减少商品丢失与损失; ② 运用物联网技术可以对车辆进行实时定位,随时随地了解物流动态
2	商品管理	① 运用二维码、射频识别、近场通信等技术对商品进行唯一编码,便于商品的查找和管理; ② 商品入库时,使用阅读器扫描带有标签的商品,可以采集商品的入库信息,将商品放到准确的位置; ③ 商品出库时,管理员可按照统计的信息准确找到出库商品,并下架商品
3	商品销售	① 对商品进行实时监控,及时提醒工作人员商品的销售情况; ② 帮助运营人员及时发现并处理过期商品,加强商品的安全质量管理; ③ 快速统计滞销商品,有利于管理人员及时做出促销决策
4	线下经营	借助传感器融合、人脸识别等技术,能够实现智能导购、采集消费者行为数据、跟踪商品状态等应用

(资料来源:引用自《新零售运营管理》(慕课版),人民邮电出版社)

让"万物智联"跑出赋能加速度

2024年9月,工业和信息化部印发《关于推进移动物联网"万物智联"发展的通知》(以下简称《通知》),旨在提升移动物联网行业供给水平、创新赋能能力和产业整体价值,加快推动移动物联网从"万物互联"向"万物智联"发展。

移动物联网作为新一代信息技术的重要组成部分,以移动通信技术和网络为载体，实现人、机、物泛在智联，深刻改变着传统产业形态和社会生活方式，是经济社会数字化转型的重要驱动力量。2022年8月，我国移动物联网终端用户数首次超过移动电话用户数，成为全球主要经济体中首个实现"物超人"的国家，建成了全球规模最大、覆盖最广、性能优越的网络基础设施，广泛应用于公共服务、车联网、智慧零售、智慧家居等领域，移动物联网已经成为推动数字经济和实体经济深度融合的重要引擎和发展新质生产力的有力支撑。

高质量发展、高品质生活、高效率治理，需要依靠移动物联网、支持移动物联网、壮大移动物联网。特别是随着人工智能、大数据等信息通信技术与移动物联网的加快融合，"万物智联"已成为移动物联网未来发展的大趋势。党的二十大报告强调，加快发展物联网；党的二十届三中全会提出"完善流通体制，加快发展物联网"；《数字中国建设整体布局规划》明确提出"推进移动物联网全面发展"……这些部署和要求，为开创"万物互联"到"万物智联"新境界按下了"快进键"。

拓展阅读：
《工业和信息化部办公厅关于推进移动物联网"万物智联"发展的通知》

共创智能时代，共享物联成果。人脸识别、虚拟现实、智能终端、物联网等新领域新行业的涌现，开辟了面向未来的新蓝海；智能制造、智能商务、智能农业等多点开花，让传统产业得以涅槃重生……智能生产生活的背后，是移动物联网在中国的快速普及和应用。截至2024年7月末，我国移动物联网终端用户数达25.47亿户，占移动终端连接数比重达59%。立足移动物联网产业发展节奏、各行业领域移动物联网应用现状，研判移动物联网发展趋势，《通知》明确提出，到2027年底，移动物联网终端连接数力争突破36亿，其中4G/5G物联网终端连接数占比达到95%的发展目标；培育一批亿级连接的应用领域，打造一批千万级连接的应用领域。

（资料来源：中工网，2024-09-14，https://baijiahao.baidu.com/s?id=1810158172345232372&wfr=spider&for=pc）

三、VR/AR：打造沉浸式购物体验

（一）VR/AR技术

1. 虚拟现实（virtual reality，VR）技术

VR技术以计算机技术为主，利用并综合三维图形技术、多媒体技术、仿真技术、显示技术等多种新技术，借助计算机等设备产生一个逼真的三维视觉、触觉、嗅觉等多种感官体验的虚拟世界，从而使处于虚拟世界中的人产生一种身临其境的感觉。

简单来说，VR是一个完全虚拟、可交互的数字世界，穿戴上相关的VR设备，可以实现强大的图形视觉体验，不受物理环境条件的限制。其特征主要表现为沉浸性、交互性、多感知性、构想性和自主性。

2. 增强现实（augmented reality，AR）技术

AR 技术借助光电显示技术、交互技术、多种传感器技术和计算机图形与多媒体技术等将计算机生成的虚拟环境与用户周围的现实环境融为一体，使用户从感官效果上确信虚拟环境是其周围真实环境的组成部分。与 VR 相比，AR 提供沉浸式体验的能力相对有限。利用 AR 技术可以投射信息，但不能直接与之交互。

VR、AR、MR 的区别

混合现实（mixed reality，MR）技术，是 VR 技术的进一步发展，将真实世界和虚拟世界融合在一起，产生了新的可视化环境，环境中同时包含了物理实体与虚拟信息，并且必须是"实时的"。MR 的主要特点是合成内容与真实内容实时交互，同时提供实时数字信息。VR、AR、MR 的区别如下：

VR：能让人完全沉浸在虚拟环境中。

AR：将虚拟内容叠加到现实世界，但不能与真实环境交互。

MR：虚拟与现实的混合体，能创造出可以与真实环境交互的虚拟物体。

（二）VR/AR 在新零售中的应用

VR/AR 技术给零售业带来了前所未有的变革，极大地弥补了平面购物的缺憾，并为用户提供了更丰富、沉浸式的购物体验。

1. VR/AR 技术带来的沉浸式购物体验

（1）场景化购物体验。

VR 技术为用户创造了一个三维的、仿真的购物环境。用户可以在这个虚拟的商场中自由行走，浏览不同品牌的商品，甚至可以参与各种促销活动和体验互动游戏（见图 7-2）。这种场景化的购物体验，不仅能让用户更加深入地了解商品，还能增强购物的乐趣和互动性。

（2）虚拟试衣与试妆。

AR 技术允许用户通过虚拟试衣和试妆功能，随时随地体验不同服装和妆容的效果（见图 7-3）。这避免了线下门店因客流大导致的排队试衣问题，同时也解决了线上店铺因无法实际体验衣服而频繁出现的退换货问题。用户可以在家中或其他任何地点，通过移动设备或专门的 AR 设备，尝试各种风格的服装和妆容，获得更为真实的购物体验。

图 7-2　场景化购物体验

图 7-3　虚拟试衣与试妆

2. 个性化推荐与精准营销

（1）个性化推荐系统。

VR/AR 技术可以结合用户的购物历史和偏好，为用户推荐更符合其需求的商品。例如，当用户浏览某个品牌的服装时，系统可以推荐与该品牌风格相似的其他品牌，或者根据用户的身材和喜好推荐合适的尺码和搭配。

（2）精准营销与互动广告。

通过 VR/AR 技术，商家可以制作更具吸引力和互动性的广告内容。例如，在虚拟商场中设置各种互动广告牌和展示台，吸引用户的注意力并引导他们进行购买。同时，这些技术还可以根据用户的反馈和行为数据，对广告效果进行实时评估并对广告内容和形式进行调整，提高广告的转化率和效果。

3. 空间无限扩展与成本优化

（1）虚拟库存。

由于虚拟商场的空间不受物理环境限制，商家可以根据实际的需求或市场变化随时换货，可以展示更多的商品种类和款式。这不仅可以满足用户的多样化需求，还可以降低库存成本和减少库存积压的风险。

(2) 成本优化与效率提升。

通过 VR/AR 技术，商家可以减少线下门店的租金和装修成本，同时提高运营效率。用户可以通过线上平台进行浏览和购买，减少线下购物的交通和时间成本。此外，这些技术还可以帮助商家进行数据分析和市场调研，优化商品结构和营销策略。

4. 用户参与与社交互动

(1) 用户自定义购物环境。

VR/AR 技术允许用户自定义购物市场的商品内容和商场布局。用户可以根据自己的喜好和需求，调整虚拟商场的装饰风格、商品摆放位置等，打造个性化的购物空间。

(2) 社交互动与分享。

在虚拟商场中，用户可以与其他用户进行互动和交流，分享购物心得和体验。这种社交互动不仅可以增强用户的归属感，还可以为商家带来更多的口碑传播和潜在客户。

行业聚焦

国家全面扶持 AR/VR 技术，推动服务内容创新与行业升级

我国"十三五"规划中首次提到了虚拟现实，并明确未来将大力扶持虚拟现实技术。《"十四五"数字经济发展规划》提出，加快产业资源虚拟化集聚、平台化运营和网络化协同，构建虚实结合的产业数字化新生态。

国家出台了一系列具体的政策文件来支持 AR/VR 技术的发展。例如，《工业和信息化部关于推动 5G 加快发展的通知》和《国务院办公厅关于进一步释放消费潜力促进消费持续恢复的意见》等文件，都提到了鼓励培育新型消费模式，推动发展云化虚拟现实线上服务平台和基于用户地理位置服务的增强现实运营平台。

此外，《虚拟现实与行业应用融合发展行动计划（2022—2026年）》也明确指出要支持基于用户地理位置服务和高精度视觉定位服务的增强现实应用对线下街区赋能，推动虚实融合沉浸化、数字空间运营化的"全息街区"样板点建设。

具体到服务内容方面，政策鼓励和支持文博场馆、考古遗址公园、旅游景区、旅游度假区、旅游休闲街区、主题公园、演艺场所、夜间文化和旅游消费集聚区等，运用虚拟现实（VR）、增强现实（AR）、拓展现实（XR）、混合现实（MR）、元宇宙、裸眼 3D、全息投影、数字光影、智能感知等技术和设备建设智慧旅游沉浸式体验新空间，培育文化和旅游消费新场景。

四、人工智能：引领新型消费模式

（一）人工智能技术

人工智能（artificial intelligence，AI），是一个以计算机科学（computer science）为基础，由计算机、心理学、哲学等多学科交叉融合的，专注于研究、开发用于模拟、延伸和扩展人的智能的理论、方法、技术及应用系统的一门新的技术科学。人工智能技术企图了解智能的实质，并生产出一种新的能以与人类智能相似的方式做出反应的智能机器，其包括机器人、语言识别、图像识别、自然语言处理、专家系统、机器学习、计算机视觉等技术领域。

微课：人工智能

人工智能的主要特征表现为：

（1）自主学习和适应能力。人工智能系统能够根据不断增加的数据进行自主分析，进而自主学习并调整自身的算法模型，以适应新的环境和任务。

（2）高效的数据处理能力。人工智能系统能够处理大量的数据，进行快速、准确的信息抽取、分类、挖掘和分析，为决策提供有力支持。

（3）决策能力和自主规划能力。基于先前获得的知识和信息，人工智能系统能够自主进行推理和决策，提供更高效的解决方案。

（4）人机交互与自然语言处理能力。人工智能系统能够通过语音识别、音频识别、视觉交互等方式与人类进行沟通和交互，并具有自然语言处理能力。

（5）自动化和智能化。人工智能技术能够实现机器的自动化和智能化，降低人类劳动强度，提高工作效率。

随着技术的不断发展，人工智能已经成为互联网时代下一个重大的创新方向。人工智能可以处理大量数据，并分析出有价值的信息；同时，它也能自我学习和优化，以实现更高效的任务解决方案。在许多领域中，人工智能正在被广泛应用，如表 7-7 所示。

表 7-7　人工智能十大应用场景

序号	应用场景	具体表现
1	家庭联网	通过使用人工智能技术，家庭设备可以自动连接和管理。例如，摄像头可以通过语音命令控制，智能音箱可以自动播放音乐或设置闹钟，智能灯具可以自动识别室内光照强度并调整自己的亮度
2	自动驾驶汽车	自动驾驶汽车利用先进的传感器技术和人工智能算法，以快速而准确的方式识别复杂的交通场景，主动避免危险
3	可穿戴设备	智能手表和智能眼镜等设备可以监测人体健康状况，提供路线规划及其他有用的功能，还能定位和发送电子邮件
4	聊天机器人	可以理解人说的话，并通过文字或语音回答问题。聊天机器人可以在手机、平板电脑和计算机上运行

续表

序号	应用场景	具体表现
5	人类视觉辅助	可以帮助人类识别疾病和其他潜在问题。例如,通过模拟或预测技术,可以为患者提供更好的治疗方案;甚至赋予盲人或视力受损者一定的视觉能力
6	决策支持	可以辅助决策,如帮助企业确定新市场和产品开发的方向
7	游戏	通过与电脑程序的对话或者操作,玩家可以与不断智能化的电脑系统进行交互并共同协作,享受更加丰富的娱乐和挑战
8	语音识别	通过语音识别技术,人们可以进行语言交流,并使用免去键盘的语音命令来进行各种任务
9	推荐系统	推荐系统具有强大的过滤器和优化算法,可以帮助用户查找他们感兴趣的内容,如推荐用户喜欢的电影、音乐以及购物网站商品
10	机器学习	机器学习可以用来处理各种复杂的问题,如广告推荐、金融分析和天气预报等

知识拓展

生成式人工智能

生成式人工智能(generative artificial intelligence)是人工智能的一个分支,是一种基于算法、模型、规则生成文本、图片、声音、视频、代码等内容的技术。这种技术能够针对用户需求,依托事先训练好的多模态基础大模型等,利用用户输入的相关资料,生成具有一定逻辑性和连贯性的内容。与传统人工智能不同,生成式人工智能不仅能够对输入数据进行处理,更能学习和模拟事物内在规律,自主创造出新的内容。

(二)人工智能在新零售中的应用

在新零售模式的框架下,零售企业通过运用人工智能技术,能够实施商品识别、消费者身份确认及行为模式分析等精细操作,进而与消费者形成联动。另外,智能机器人、无人驾驶车辆等人工智能设备,能在生产、供应及配送等多个环节中有效替代部分人力工作,这不仅能助力零售企业降低人工成本,还能显著提升整体运营效率。

人工智能在零售领域的典型应用包括建立用户信息库、预测用户消费行为、智能管理库存、优化供应链,以及人脸识别、商品识别、虚拟试衣和智能配送等,可应用于智慧型无人零售店铺、智能化仓储物流管理、智能营销与个性化体验服务、智能客服系统以及智能虚拟体验平台等场景。这些应用不仅能够提高零售效率和顾客满意度,还能推动新零售的发展。随着人工智能技术的持续进步及其在多个领域、环节的深入应用，该技术将为消费者带来更好的消费体验。

AI 与 AIGC 的区别

AI（人工智能）与 AIGC（人工智能生成内容）之间存在显著的区别，主要体现在以下几个方面。

（1）定义：AI 是一门研究如何使计算机具备像人类一样智能行为的学科；AIGC 则是 AI 技术在内容生成领域的具体应用。

（2）功能：AI 涵盖了多个技术领域，如机器学习、深度学习、自然语言处理、计算机视觉等，旨在让计算机系统具备感知、理解、学习、推理和决策等能力；AIGC 利用 AI 技术，特别是生成式 AI 技术，来自动或协助生成各种数字内容，如文本、图像、视频、音频等。

（3）应用场景：AI 的应用场景非常广泛，包括自动驾驶、医疗诊断、金融分析、智能客服等多个领域；AIGC 的应用场景主要集中在内容创作和生产领域，快速生成高质量的内容，还可以用于新闻报道、社交媒体内容生成等方面。

（4）技术实现：AI 涉及多种复杂的算法和技术体系，如机器学习、深度学习等；AIGC 通常基于深度学习中的生成模型，如生成对抗网络（GAN）、变分自编码器（VAE）和 Transformer 架构等。

总的来说，AIGC 是 AI 在内容生成领域的一个特定应用方向，AI 的技术发展为 AIGC 提供了基础和支撑。

AI 重塑零售行业，技术带来无限可能

2024 年 9 月 19 日，主题为"AI 赋能零售行业新增长"的华为全联接大会 2024 零售行业分论坛召开（见图 7-4）。零售行业是一个既古老又年轻的行业，数字技术为它带来了脱胎换骨般的全新改变，如何实现向智慧零售的跃迁，已然成为当前万千零售企业关注的核心发展议题。

人工智能技术的快速发展和落地，对零售行业的方方面面产生了深远的影响。华为制造与大企业军团 COO 王致雅女士表示，"无论是线上还是线下，无论是供应链管理还是消费者体验，AI 技术的应用都提供了新的可能性，帮助企业更加精确地了解顾客的需求"。

图7-4 华为全联接大会2024智慧零售展台

王致雅认为，未来的零售不仅仅是商品和服务上的竞争，更是数据和算法上的竞争，智能化零售终将走向普及；不过这个过程也势必充满挑战，如何处理海量数据、如何实现精准营销等课题，是每一家企业无法回避的考验。

德勤咨询业务中国消费品和零售行业主管合伙人邓聂认为，AI的价值在于增长和成本两方面；对零售商来说，AI的价值还包括加速创新与提升效率，让降本增效成为可能。最近几年，人工智能与其他前沿技术如大数据、区块链、物联网、5G的融合，为零售业带来了更加高效和便捷的运营解决方案，同时也帮助企业更进一步实现了供应链的透明化、智能化和协同化，全面提升了整个行业的效率和竞争力。

灵智数科利用研发的"百灵鸟零售垂直模型"做了数据跟踪，发现靠AI推荐的转化效果比靠人工提升了40％以上，极大地降低了营销成本，包括策划、宣传、营销等在内的整个全链路工作效率提升了30％以上。

零售行业正处于深刻变革和快速发展的关键时期，而人工智能技术为零售的进化提供了所有的可能，在提升企业管理水平和竞争力的同时，也为消费者带来了全新的购物体验。

（资料来源：网易，2024-09-29，https：//www.163.com/dy/article/jd9grhsq055312fv.html）

第二节 零售企业的数字化转型

随着数字化时代的到来，传统零售商业模式下有限的数据洞察、单一的购物体验、缺乏创新的营销策略、不充分的顾客关系管理以及分散的销售渠道等问题逐渐暴露，这些问题成为制约零售企业发展的瓶颈。面对这些挑战，零售企业必须进行深刻的数字化转型，以适应新的市场环境和消费者需求。

一、数字化转型的要求

数字化转型不仅要求企业从根本上重新思考运营战略,还需要构建新的技术能力,以满足以下核心要求。

1. 创新业务模式

零售企业需要不断探索新的盈利途径和营销策略,以适应不断演变的市场需求和消费者行为。通过大数据分析消费者行为,企业可以开发定制化产品或服务,提高附加值。同时,企业需要灵活应对市场变化,利用数字化手段快速调整价格和促销策略,抓住市场机遇。此外,线上线下融合也是创新业务模式的重要方向,结合线上平台的便捷性和线下体验的优势,打造全渠道零售模式,提升消费者购物体验。

例如,拼多多通过社交电商的创新业务模式,成功打破了以淘宝、京东等为代表的传统电商的竞争格局。拼多多利用大数据分析消费者社交行为,推出了"拼团"购物模式,消费者可以通过分享链接邀请朋友一起购买,享受更优惠的价格。

2. 与消费者深度互动

与消费者建立深度互动是零售企业数字化转型的关键。企业需要利用消费者数据进行精准营销,提高转化率。通过社交媒体平台,企业可以与消费者建立联系,收集反馈,提升品牌形象。此外,客户服务优化也是深度互动的重要方面。利用AI客服、自助服务终端等数字化工具,企业可以提高客户服务效率和质量,提高消费者满意度和忠诚度。

例如,小红书不仅是一个购物分享平台,还是一个社区,用户可以在上面发布购物心得、使用体验等内容,与其他用户交流和互动。小红书利用大数据分析用户行为和内容偏好,精准推送用户感兴趣的内容和产品信息,提高了用户的活跃度和留存率。此外,小红书还通过举办线上活动、邀请网红和KOL合作等方式,增加了与用户的互动。

3. 跨渠道整合

在多渠道经营的环境中,零售企业应致力于实现无缝的跨渠道整合。企业需要统一库存管理,实现线上线下库存共享,提高库存周转率。同时,要确保消费者在不同渠道间切换时,购物体验保持一致,提升消费者购物体验。此外,多渠道营销协同也是跨渠道整合的重要方面。企业需要整合线上线下营销资源,形成合力,提高品牌影响力。

例如,美的集团不仅拥有强大的线下销售网络,包括家电专卖店、大型连锁超市等,还积极开拓线上渠道,如天猫旗舰店、京东自营店等。为了提升购物体验,美的集团实现了线上线下库存共享和价格同步,消费者可以在任何渠道下单,并享受统一的售后服务。此外,美的集团还通过整合线上线下营销资源,如举办联合促销活动、开展会员积分兑换等,提升了品牌影响力和客户忠诚度。

4. 提升数据分析能力

数据是零售数字化的核心资产。企业需要建立统一的数据平台，整合来自各渠道的数据。通过数据分析工具，挖掘消费者行为模式，指导运营决策。数据可视化也是数据分析能力的重要方面。通过图表、报表等形式，直观展示数据分析结果，便于决策层快速理解市场趋势和消费者需求。

例如，阿里巴巴集团通过建立统一的数据平台，整合了来自淘宝、天猫、支付宝等渠道的数据。利用大数据分析工具，阿里巴巴能够深入挖掘消费者行为模式，为商家提供精准的营销建议。同时，阿里巴巴还通过数据可视化工具（如 DataV 等）展示数据分析结果，帮助决策层快速理解市场趋势和消费者需求，指导运营决策。

5. 培养数字化人才

零售企业需要引进和培养具备数字化思维和技能的人才。招聘具备数据分析、数字营销等技能的人才，为企业数字化转型提供人才保障。同时，企业需要对员工进行数字化技能培训，提高整体团队的数字化素养。建立与数字化转型目标相匹配的激励机制，激发员工的积极性和创造力，推动数字化转型的顺利进行。

例如，腾讯通过设立创新奖、股权激励等，激发员工的积极性和创造力，推动数字化转型的顺利进行；腾讯还鼓励员工跨部门合作，共同探索新的数字化应用场景和解决方案。

中国互联网"三十而立"

中国互联网三十年的发展经历了从萌芽到成熟、从单一到多元、从基础到智能的跨越式发展历程。中国互联网三十年的发展可以分为以下四个阶段。

1. 萌芽与起步阶段（20 世纪 90 年代初至 20 世纪 90 年代末）

中国互联网在这一阶段从无到有，逐步建立起基础设施。1994 年 4 月 20 日，中国科学院牵头的 NCFC 工程通过美国 Sprint 公司连入互联网的 64K 国际专线开通，在中国科学院计算机网络信息中心实现了与互联网的全功能连接。这标志着中国正式成为国际互联网大家庭中的第 77 个成员，开启了互联网时代。随后，张树新等人创立了国内首家互联网服务供应商瀛海威，打开了中国普通百姓进入互联网的大门。这一时期，新华网、新浪、网易等门户网站相继成立，为中国互联网的发展奠定了基础。

2. 快速发展与商业化应用阶段（21 世纪初）

随着互联网基础设施的不断完善，中国互联网进入快速发展期。2000 年，三大门户网站新浪、搜狐、网易在美国纳斯达克挂牌上市，标志着中国互联网企业的商业化进程加速。随后，QQ、淘宝、京东等互联网企业崛起，推动了电子商务、在线社交等业务的蓬勃发展。

3. 移动互联网与智能互联阶段（21世纪10年代初至21世纪10年代末）

这一阶段移动互联网的兴起进一步推动了中国互联网的发展。智能手机和移动互联网的普及，使得中国网民数量急剧增长，移动互联网应用如微信、抖音等迅速崛起。同时，物联网、云计算等技术的快速发展，为智能互联时代的到来奠定了基础。

4. 智能物联与社会数字化阶段（21世纪20年代初至今）

进入21世纪20年代，中国互联网进入智能物联阶段。5G、人工智能、大数据等技术的广泛应用，推动了物联网、工业互联网等新型基础设施的发展。各大公司纷纷布局下一代互联网技术，华为、阿里巴巴、腾讯等公司在高端核心芯片、量子计算机、面向万物互联的操作系统和数据库等关键核心技术上加速突破；文心一言、腾讯混元大模型、通义千问大模型纷纷问世，在全球的科技竞争中，中国互联网企业你追我赶。

从"互联网＋"到"人工智能＋"，都离不开互联网产业的身影。现在，AI赋能农业、交通、医疗，"人工智能＋"已经上路，全面带动智能制造、智慧城市、乡村振兴、文化旅游等各个领域创新发展。中国互联网在努力创造财富的同时，更以科技之力，让社会充满暖意。

（资料来源：《中国对外贸易》，2024-10-31）

二、数字化转型的步骤

零售企业数字化转型需要分阶段、有计划地推进。通过下面四个阶段的努力，企业可以逐步构建起数据驱动、智能决策的运营模式，为未来的可持续发展奠定坚实基础。

1. 数据全面数字化

数据全面数字化是数字化转型的基石。在这一阶段，企业需要将销售记录、库存状态、客户信息等关键业务数据从传统的手工记录或纸质文档转移到数字平台上，实现数据的全面数字化。这不仅能够确保数据的全面性、准确性和时效性，还为后续的数据分析和应用提供了坚实的基础。数据全面数字化意味着企业能够更高效地存储、检索和分析数据，为数字化转型的后续阶段铺平道路。

2. 数据精细化、标签化

在数据全面数字化的基础上，企业需要进一步对数据进行深度加工和精细化管理。通过对数据打上标签，企业可以构建起一套高效的数据分类与索引体系，这有助于简化对复杂业务场景的管理，提高数据处理的效率和准确性。标签化的数据不仅便于分析和挖掘，还为后续的数据分析和自动化决策提供了有力的支持。这一阶段是数据价值挖掘的关键，也是实现数据驱动决策的重要前提。

3. 指标系统化、指数化

为了从更高层次把握企业的运营状况和市场趋势，企业需要将分散的数据指标整合成系统化的指数体系。这些指数可以包括经营现状指数、市场前景指数等，它们能够提供更宏观、更全面的视角，帮助企业更好地评估和调整策略。通过系统化的指数体系，企业可以更加直观地了解自身的运营状况和市场变化，为制定更加科学合理的决策提供有力支持。

4. 应用深度智能化

这是数字化转型的最终目标。在这一阶段，企业需要将智能化技术深度融入日常运营中，通过智能算法和机器学习技术，实现经营异常的自动预警、业务流程的自动优化等功能。优秀的智能系统应具备自我学习和自我优化的能力，能够根据历史数据和实时反馈不断调整优化策略，提升管理效率和决策精准度。深度智能化的应用不仅能够提高企业的运营效率和市场竞争力，还能够为企业创造更多的商业价值和社会价值。

数字化是起点，不是终点。数字化转型不仅优化了企业的运营流程，提高了决策的科学性和精准性，也极大地丰富了消费者的购物体验，满足了消费者对品质、便捷性和个性化的期待。随着技术的不断进步和应用的不断创新，未来的零售行业将从数字化向更高层次的数智化迈进，更加互联、更加以消费者为中心。

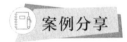

案例分享

安踏：数字化时代下的运动品牌如何领跑市场

2024年4月，腾讯智慧零售发布"智慧零售全域数字化经营2023年度榜单"，安踏集团荣登TOP10。作为中国领先的运动品牌，安踏集团于2019年启动数字化转型战略。在多年的数字化发展中，安踏完成了全链路的数字化布局，支撑着集团"单聚焦、多品牌、全球化"战略的高效实施，并保持高于行业的运营效率。

1. 数字化支撑战略目标，实现数智驱动的增长

在安踏集团，业务部门和数字化部门能够在业务场景内同频共振。安踏集团旗下的每个品牌都对应有数字化伙伴团队，他们负责将品牌的数字化需求与集团数字化资源进行对接，并最终推动落地。数字化团队和业务团队之间"肩并肩"的工作方式，实现了数字化与业务的高度融合。

对于体育用品企业来说，最初的崛起通常依靠对渠道的把控力，但如今比拼的是如何比竞争对手更懂得用户需求。安踏不断推进AIGC等数字化技术在产品研发环节的应用，以实现更精准地洞察用户需求，优化设计流程，提升产品研发及生产效率。

安踏集团首席运营官陈科介绍，通过前期的海量用户数据收集、数据分析

和市场调研，了解用户的真实需求之后，利用 AIGC 技术可以进行产品的初步快速设计，同时在获得用户真实反馈后，可以快速地对产品设计进行调整。通过这样的流程改造，最终投入实际生产的产品，能够更高效率、高质量地响应市场需求。

除了产品设计，安踏集团还在数字人直播、营销等场景推广 AIGC 技术的应用。"集团层面主要负责搭建 AI 基座、接入成熟的 AI 大模型，并围绕 AI 制定规范和标准等。同时，集团激励所有员工在'基座'上自由地进行尝试和创意开发，比如营销文案的撰写、小语种翻译、数据分析模型设计等，从而有效地在员工中推动 AI 技术的应用和创新。"

2. 打破门店四面墙，实现人、货、场精准匹配

陈科说："安踏集团数字化的核心之一，是人、货、场精准匹配。"随着技术和市场的发展，企业的触点从线下扩展到线上，线上平台也变得愈发多元，如今已分化出了平台电商、垂直电商和社交电商等。他认为，全域经营的核心在于提高消费者体验、触达和服务效率，实现人、货、场的精准匹配。

"场不只是门店所在的四面墙，其实线上线下所有的触点都可以是一个'店'，我们要打破这四面墙，让消费者在任何一个触点的服务链条都顺畅无阻，最大化提升消费者的体验。"

在整个零售的链条中，"导购"被安踏集团视为重要的节点，因为导购是能够触发体验、激活整个链条的人，不断提升导购的效率也被安踏集团视为经营中的重要一环。为此，安踏集团一方面为导购提供更广阔的空间，也就是打破四面墙，通过小程序、企业微信等工具为导购提供更广阔的经营场所；另一方面则是提供技能和方法，将优秀导购的经验数据化，进而工具化、流程化，让每一位导购按图索骥，提升运营效率。

"过去的增长依靠不断开店，实现总体量的增大，但是现在，靠规模获取增量的效率降低，更关键的是如何提升店效，提升单店效率。"

为了利用数字化推动店铺和渠道的管理效率提升，2020 年，安踏集团开始实施 DTC（direct-to-consumer，直面消费者）模式转型，加强直营渠道建设；线上则发力直营店铺，并积极运营私域流量。采取 DTC 模式，除了能更好地掌控货权，实现按需配货外，还能极大提升单店效率。"对于零售企业来说，最大的压力或者风险来自库存，提升店效的核心是在减少库存积压的同时实现销量最大化。"

一直以来，安踏集团始终坚持将数字化的每一步落到实处，在以数字化能力推动零售模式的进化上，安踏集团已经形成了一套自有的逻辑，为集团的战略发展提供了强大的支撑。相信在未来，安踏还将持续在体育用品发展的"快车道"上继续高速增长，而其在数字化转型上的领先经验，也将为更多中国传统企业数字化转型带来样板效应。

（资料来源：钛媒体，2024-07-23，https：//www.tmtpost.com/7178721.html）

本章学习总结

技能训练

一、在线答题

即测即评

二、简答题

1. 简述大数据技术的"5V"特征。
2. 物联网在新零售中有哪些应用方向？
3. 人工智能在新零售领域的典型应用场景有哪些？
4. VR/AR 技术如何打造沉浸式购物体验？
5. 零售企业数字化转型的核心要求有哪些？

三、论述题

1. 论述大数据与云计算如何深刻强化零售运营。
2. 结合实例论述零售企业数字化转型的步骤及其对企业发展的影响。

案例分析

"未来购"是一家零售企业，面对电商和新兴数字化技术的双重挑战，该企业积极寻求变革，利用大数据、云计算、物联网、VR/AR 和人工智能等新一代信息技术，成功实现了向新型零售模式的转型。

"未来购"通过大数据和云计算技术，建立了统一的数据平台，实现了对消费者行为模式的深入挖掘和分析。基于这些数据，企业能够精准把握消费者需求，实施个性化服务和精准营销。同时，物联网技术的应用使得企业的商品管理和物流运输更加智能化，显著提升了运营效率。

在人工智能方面，"未来购"引入了智能机器人和无人驾驶车辆，有效替代了部分人力工作，缩减了人工成本。此外，企业还利用 AI 技术建立了用户信息库，预测用户消费行为，进行库存智能管理，以及优化供应链。

为了提升消费者体验，"未来购"还引入了 VR/AR 技术。消费者可以在虚拟商场中自由行走，浏览商品，甚至参与促销活动。同时，虚拟试衣间和试妆功能让消费者能够随时随地体验不同服装和妆容的效果，极大地提高了购物的趣味性和互动性。

问题：

1. 请分析"未来购"是如何利用新一代信息技术实现零售模式转型的？
2. "未来购"VR/AR 技术的应用是如何提升消费者体验的？

 实训任务

一、任务目标

（1）理解并掌握新零售技术：能够深入理解大数据与云计算、物联网、VR/AR、人工智能等关键技术在新零售中的应用。

（2）技术应用方案设计：能够根据给定零售企业的实际情况，设计一套合适的新零售技术应用方案，以提升企业的运营效率、客户体验和盈利能力。

二、任务背景

某传统零售企业计划进行数字化转型，以提升市场竞争力。该企业目前面临的主要问题包括库存管理不善、客户流失率高、线上线下渠道整合不畅等。企业希望通过应用新零售技术，解决这些问题，实现业务的全面升级。

三、任务分析

（1）技术选型：需要分析各种新零售技术的优缺点，结合企业的实际情况，确定适合该企业应用的技术。

（2）应用场景设计：根据企业的具体问题，设计技术应用的具体场景，如库存管理、客户画像构建、线上线下渠道整合等。

（3）方案制定：结合技术选型和应用场景设计，制定一套完整的新零售技术应用方案。

四、任务操作

（1）技术学习与研究：需要深入学习本章提到的各种新零售技术，理解其原理和应用场景。

（2）企业现状分析：对企业的运营现状进行详细分析，明确企业面临的主要问题。

（3）技术应用方案设计。

① 库存管理：利用大数据和云计算技术，实现库存信息的实时共享和协同管理，优化库存结构，降低库存成本。

② 客户画像构建：通过收集和分析客户的消费数据，构建精准的客户画像，为个性化推荐和精准营销提供基础。

③ 线上线下渠道整合：利用物联网和人工智能技术，实现线上线下渠道的无缝对接，提升客户体验。

④ VR/AR 技术应用：探索 VR/AR 技术在商品展示、虚拟试衣等方面的应用，增强客户的购物体验。

⑤ 方案展示与汇报：将设计的技术应用方案进行展示和汇报，说明方案的设计思路、实施步骤和预期效果。

五、任务评价标准

一级指标	二级指标	得分
技术理解程度	对新零售技术的理解是否准确，能否准确阐述各种技术的原理和应用场景	
	能否将技术与企业的实际问题相结合，提出合理的应用建议	
企业现状分析深度	对企业的运营现状是否进行了全面深入的分析，是否准确指出了企业面临的主要问题	
	是否根据企业的实际情况，提出了有针对性的技术应用建议	
方案设计质量	方案设计是否全面、合理，是否涵盖了库存管理、客户画像构建、线上线下渠道整合等多个方面	
	方案是否具有可操作性，是否考虑了实施的难度和成本	
	方案是否具有一定的创新性，能否为企业带来明显的竞争优势	
方案展示与汇报能力	展示和汇报是否清晰、有条理，能否准确传达方案的设计思路和实施步骤	
	能否有效回答评委的问题，对方案进行进一步的完善和补充	

任务反思

第八章 零售服务运营

本章学习目标

◆ **素养目标：**

（1）增强社会服务意识，践行服务精神，关注服务创新；
（2）提升数字素养，挖掘并提升客户价值，提高客户满意度。

◆ **知识目标：**

（1）了解会员体系的常见类型和会员等级体系；
（2）了解线上线下会员体系的互通融合；
（3）掌握顾客资产管理的要素；
（4）掌握社群运营的基本概念和关键要素。

◆ **技能目标：**

（1）学会设置会员权益；
（2）能够利用各种渠道转化会员，提高顾客活跃度；
（3）能够在实际零售业务中分析并应用社群运营策略。

章节思维导图

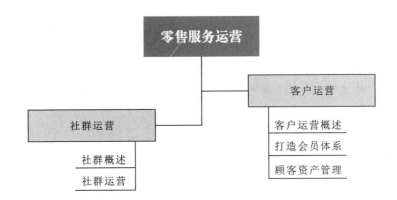

导入案例

小米 SU7：社群驱动，智领未来

小米公司正式成立于 2010 年 4 月，并于 2018 年 7 月 9 日在香港联交所主板上市。小米公司是一家以智能手机、智能硬件和 IoT 平台为核心的消费电子及智能制造公司。

一、背景介绍

小米 SU7 作为一款备受关注的新能源汽车，于 2024 年 3 月 28 日正式上市（见图 8-1）。凭借其高性价比、先进的科技配置以及精准的市场定位，小米 SU7 在短时间内迅速成为市场焦点，上市 27 分钟内预订量即突破 5 万辆。这一成绩不仅证明了小米 SU7 的品质与创新，也展现了小米在社群营销方面的卓越能力。

图 8-1 小米 SU7 发布会与 UP 主发布的 SU7 3D 互动体验网页

二、社群营销策略

1. 精准市场定位

小米通过大数据分析消费者的购买行为、偏好和需求，将目标用户定位为

喜欢先进科技、有品位、热爱生活的年轻人。这一精准的市场定位使得小米SU7在竞争激烈的新能源汽车市场中迅速脱颖而出，吸引了目标消费群体的关注。

2. 构建"米粉"社群

小米一直依托于"雷军"的个人IP打造具有强劲认同感的"米粉"社群，小米财报显示，截至2023年12月31日，小米全球月活跃用户数达到6.41亿。这为同属于小米生态的汽车宣传奠定了坚实的"自来水"基础。通过多年的公开演讲和社交媒体互动，雷军成功塑造了一种勤奋、坚持和务实的形象，这些也是小米品牌所倡导的核心价值观。

3. 社交媒体互动

小米充分利用社交媒体平台，如微博、微信、抖音等，与用户进行互动（见图8-2）。通过发布产品信息、组织线上活动、邀请知名车评人进行直播试驾等方式，小米SU7在短时间内获得了大量关注。特别是在上市发布会期间，小米通过多达187个渠道进行在线直播，涵盖了头部的科技、财经、汽车媒体，以及资讯、社交等媒体平台，使得发布会迅速登上各大网络平台的热搜榜。

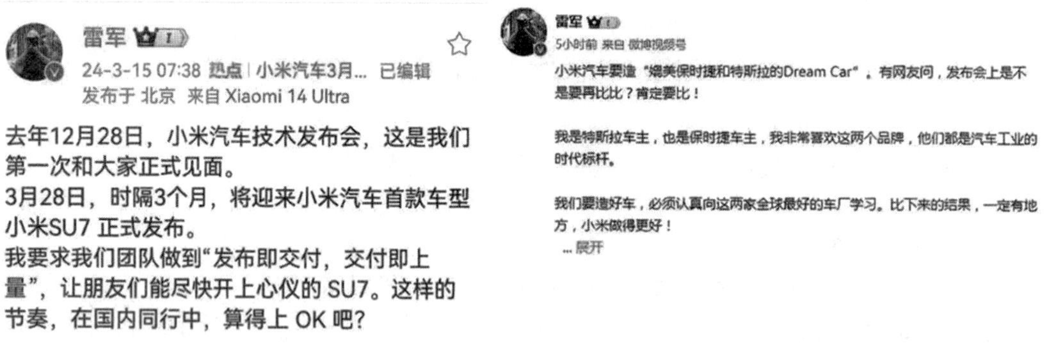

图 8-2 微博互动

4. 差异化营销策略

小米在建构线上营销的矩阵时，充分考虑了不同平台的功能定位、用户特征等因素，采取了差异化手段。例如，在小红书平台，小米呈现了"预约试驾"的功能页面，吸引潜在的目标用户；在微博平台，小米则侧重于品牌形象营销，呈现车图、配置和价格等关键资讯；而在抖音平台，小米则通过KOL的视频作品和相关话题页的参与入口，吸引用户的关注。

5. 透明沟通与用户教育

在小米SU7上市初期，部分消费者遇到了定金无法退还的问题。小米方面迅速通过社交平台推出了多期"小米SU7答网友问"，对相关问题进行了解释和回应，成功化解了部分消费者的疑虑。这一透明的沟通方式不仅体现了品牌的诚信，还提高了消费者的法律意识和维权意识，进一步提高了品牌的可信度和权威性。

三、营销效果

小米 SU7 的社群营销策略取得了显著成效。上市 24 小时内,大定量高达 88898 辆;短短几天时间内超过 10 万人大定,锁单量超过 4 万单。这些数据不仅是对小米 SU7 品质与创新的认可,更是小米市场号召力的有力证明。

思考:
1. 小米有哪些值得学习和借鉴的社群营销成功经验?
2. 在数字化时代,零售企业应该如何留住消费者?

第一节 客户运营

客户运营作为企业运营理念的全新升级,不仅是对传统营销方式的革新,更是零售企业在体验经济时代实现可持续发展的重要途径。客户运营强调以客户为中心,以数据为驱动,通过数字化手段实现客户全生命周期的精细化管理,从而助力企业持续挖掘和获取客户价值。

一、客户运营概述

客户运营是指企业以客户为中心,通过一系列策略、技术手段和活动,与客户建立和保持良好的关系,对客户进行全生命周期的管理,增加客户价值,提高客户满意度和忠诚度的过程。客户运营能够帮助企业更好地了解客户需求,提供个性化的产品和服务,从而建立稳固的客户关系,为企业的长期发展奠定坚实基础。

(一)客户运营的核心内容

根据客户运营的定义,其核心内容包括以下几个方面。

1. 以客户为中心

以客户为中心是客户运营理念的核心所在。企业需要深入了解客户的需求、偏好和期望,以此为基础提供个性化的产品和服务。这不仅有助于提升客户的满意度和忠诚度,还能为企业带来稳定的客户基础和良好的口碑效应。

专业小知识

客户金字塔模型

根据客户金字塔模型,企业可以根据客户盈利能力的差异,寻找、服务和创造能盈利的客户，以便把资源配置到盈利能力较好的客户身上，从而提高本企业的经济收益。客户数量与客户利润有着对应关系，如图8-3所示，因此金字塔分层客户价值模型又被称为"80/20分布的客户金字塔模型"。

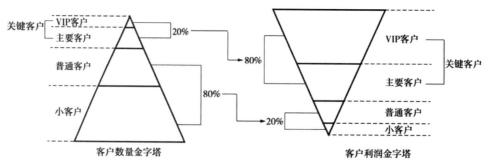

图8-3 客户数量金字塔与客户利润金字塔对应关系

2. 数据驱动

在客户运营中，数据是决策的重要依据。通过大数据分析客户的购买行为、消费习惯、兴趣偏好等，基于客户数据分析的结果，企业可以对客户进行细分，更加精准地定位目标客户群体，把握市场动态和客户需求，从而优化产品设计和营销策略，提高运营效率。

3. 全生命周期管理

客户运营关注客户的整个生命周期，包括从获取新客户到激活、转化、留存和复购等各个环节，客户获取和留存是客户运营的关键。通过精细化管理，企业可以确保在每个阶段都能为客户提供恰当的服务和支持，从而全面提升客户的价值和企业的竞争力。

AARRR 模型

从获取新客户到激活、转化、留存和复购的模型，在私域流量运营中最为常见的是 AARRR 模型（见图8-4）：① acquisition（获取用户），将潜在用户转化为实际用户；② activation（激发活跃），确保新用户在使用产品或服务后能够保持活跃状态；③ retention（用户留存），延长用户的使用周期，降低流失率；④ revenue（变现/转化），将用户的活跃度转化为实际的收益；⑤ refer（传播/复购），鼓励用户向他人推荐产品或服务，并促进用户的复购行为。

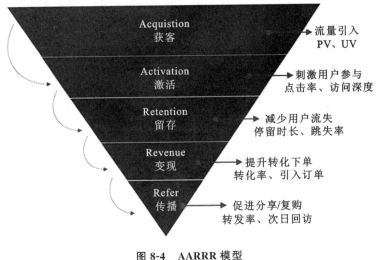

图 8-4　AARRR 模型

(二) 客户运营的目标

客户运营的主要目标是提升客户满意度、维护客户关系、增强客户黏性,进而增加客户价值,促进业务增长。

1. 提升客户满意度

提升客户满意度是客户运营最直接的目标。客户满意度的高低直接影响到客户的忠诚度和复购率。为了提升客户满意度,企业需要关注产品的质量和服务的细节,确保每一个环节都能满足客户的期望。同时,企业还需要积极收集客户的反馈和建议,不断优化产品和服务,以满足客户不断变化的需求。

2. 维护客户关系

维护客户关系是客户运营的重要任务之一。良好的客户关系不仅有助于提升客户的忠诚度,还能为企业带来更多的口碑传播和业务机会。有效的沟通和互动是维护客户关系的关键。为了维护客户关系,企业需要建立有效的沟通机制,及时响应客户的需求和问题,同时还需要通过定期的客户关怀和优惠活动来增强客户的归属感和认同感。

3. 增强客户黏性

客户黏性是指客户对企业的依赖程度和忠诚度。增强客户黏性可以增加客户的复购频次,从而为企业带来更多的收益。为了增强客户黏性,企业需要提供持续的价值和服务,如定期的优惠活动、专属的客户服务等。同时,企业还需要通过数据分析来识别客户的潜在需求,提供个性化的产品和服务,以满足客户的个性化需求。

4. 增加客户价值

客户价值是企业从客户身上获得的收益与成本的差值。增加客户价值可以通过提高客户的消费频率和金额来实现。为了增加客户价值，企业需要深入了解客户的消费习惯和需求，制定个性化的营销策略和优惠活动，以激发客户的购买欲望。同时，企业还需要通过数据分析来优化产品组合和营销策略，提高产品的附加值和竞争力。

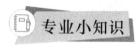
专业小知识

客户生命周期价值和产品附加值

1. 客户生命周期价值（customer lifetime value，CLV）

客户生命周期价值是指一个客户在与企业的整个关系期间为企业带来的全部经济收益的总和。它包括企业在与客户的互动过程中产生的所有收入，是衡量企业客户对企业所产生的价值的重要指标。

2. 产品附加值

产品附加值是指通过智力劳动（包括技术、知识产权、管理经验等）、人工加工、设备加工、流通营销等创造的超过原辅材料的价值的增加值，生产环节创造的价值与流通环节创造的价值皆为产品附加值的一部分。其计算公式如下：

产品附加值＝产品售价－进入该生产阶段的半成品价格－辅助材料价值

高附加值产品指智力创造的价值在附加值中占主要比重，具有较高的价值增长与较高经济效益，拥有高额利润的产品；低附加值产品指智力创造的价值在附加值中占次要比重的产品。

（三）客户运营的策略

为了实现客户运营的目标，企业需要采取一系列策略和实践方法。

1. 个性化服务

个性化服务是客户运营的核心之一。企业需要深入了解客户的需求和偏好，提供个性化、定制化的产品和服务。例如，企业可以通过数据分析来识别客户的购买偏好和兴趣点，然后根据这些信息来推荐合适的产品和服务。此外，企业还可以通过提供专属的客户服务、定制化的产品包装等来增强客户的个性化体验。

2. 数据分析

数据分析在客户运营中扮演着至关重要的角色。企业需要利用大数据技术对客户的购买行为、消费习惯等信息进行深入分析，以挖掘潜在的市场机会和客户需求。通过数据分析，企业可以了解客户的消费趋势和偏好，优化产品设计和营销策略。同时，数据分析还可以帮助企业识别潜在的高价值客户，以便进行更加精准的营销和客户服务。

3. 沟通互动

与客户保持有效的沟通互动是客户运营的关键。企业需要建立多渠道沟通机制，包括社交媒体、邮件、短信、电话等多种方式，以便及时响应客户的需求和问题。在沟通过程中，企业需要注重倾听客户的意见和建议，积极解决客户的问题，同时还需要通过定期的关怀和互动来增强客户的归属感和认同感。

社交新零售

社交新零售（social new retailer），是一种基于社交网络而迅速发展起来的新型零售模式，是社交商业与新零售融合的产物。社交新零售围绕消费者、零售商两个维度展开，围绕着"人、货、场"三要素，融入社交元素，实现更低成本的获客、更高效率的零售（消费者维度）、更低成本的运营（零售商维度）。

云集、蜜芽、拼多多、每日一淘等电商平台，以社交起家，借助分享、分销等模式迅速壮大，用低成本的运营方式发展出庞大的用户群及广泛的社交渠道。随着新零售的发展，为了实现更高效率的零售，这些企业结合了新零售的优势，升级为社交新零售品牌。

4. 客户关系管理

完善的客户关系管理（CRM）系统是企业实现客户运营目标的重要工具。CRM 系统可以帮助企业整合客户信息、记录客户与企业的交互历史、分析客户行为和需求等。通过 CRM 系统，企业可以更加精准地把握客户需求和市场动态，制定个性化的营销策略和客户服务方案。同时，CRM 系统还可以帮助企业实现客户数据的可视化管理和分析，以便企业更好地了解客户群体的特征和趋势。

SCRM 系统和 CRM 系统

社会化客户关系管理（social customer relationship management，SCRM）系统，是以客户为中心，通过社交媒体平台与客户建立联系，以内容、活动、客服等吸引客户注意力，不断与客户互动，实现客户关系管理的系统。它的出现是基于移动电商和社交工具的兴起。

SCRM 系统和 CRM 系统的区别在于：CRM 系统是一种传统的客户关系管理系统，主要依赖于传统的沟通方式，如电话、邮件等；SCRM 系统则是一种基于社交媒体的客户关系管理系统，主要依赖社交媒体平台，如微信、微博、Facebook 等。相比于 CRM 系统，SCRM 系统更注重客户参与度和互动性，可以更好地了解客户需求和喜好，从而提高客户满意度和忠诚度。

SCRM 系统适合于那些希望通过社交媒体平台与客户进行有效互动和沟通，提高客户满意度和忠诚度，增加销售额和市场份额的企业，尤其是以年轻人为主要客户群体的企业，如电商、餐饮、零售等企业。

课堂讨论：请举例说明企业采取的客户运营策略。

二、打造会员体系

会员体系的本质是通过运营规则和专属权益来提升客户对品牌的忠诚度，逐步把客户培养成为品牌的忠实粉丝。但是会员体系的搭建不是一蹴而就的，需要不断迭代更新。一个完善的会员体系有助于挖掘客户价值，因此，会员体系是零售企业进行客户运营的有效工具。

（一）会员体系常见类型

按照不同的分类标准，会员体系可以划分为不同类型（见表 8-1）。

表 8-1 常见的会员体系类型

分类标准	会员体系类型	说明	举例
是否需要付费	免费会员	用户无须支付费用即可注册成为会员，通常通过积分、消费额度或其他行为来积累成长值，提升会员等级	海底捞、喜茶、淘宝普通会员
	付费会员	用户需要支付一定的年费或会费来获得会员资格。付费会员通常享有比免费会员更多的权益和优惠	阿里巴巴 88VIP、WPS 超级会员、腾讯视频 VIP
是否有成长体系	等级会员	根据一定的条件，如成长值划分等级，不同等级的会员享受不同的权益	QQ 会员、支付宝会员
	无差别会员	所有会员的权益都一样，没有进一步的区分	脉脉的职场商务版会员

续表

分类标准	会员体系类型	说明	举例
是否有多个会员产品	单一会员	整个产品中只有一个会员产品	Keep 整个产品只有 Keep 会员
	多元会员	整个产品中包含多个会员体系，相互独立	优酷的 VIP 会员和酷喵 VIP 会员

RFM 模型

RFM 模型，即客户价值模型，是用户精细化运营中的一种常用分析方法，通过消费时间间隔（recency）、消费频率（frequency）、消费金额（monetary）这三个指标对客户进行分群，用来量化客户价值，对不同价值的客户使用不同的运营策略。RFM 模型是目前比较主流的用户分层方法，主要用来研究付费用户。

（1）消费时间间隔：最近一次消费时间与截止时间的间隔。通常最近一次消费的时间间隔越短，客户对商品或服务最有可能感兴趣。

（2）消费频率：客户在某段时间内所消费的次数。消费频率越高的客户也是满意度越高的客户，其忠诚度越高，客户价值越大。

（3）消费金额：客户在某段时间内所消费的金额。消费金额越大的客户，消费能力也越大。

以京东 PLUS 会员为例，它是京东商城推出的一项会员服务，用户在购买 PLUS 会员后，可以享受到一系列固定的会员权益。这些权益包括但不限于以下几个方面。

（1）购物特权：如免费上门退换货、专属客服、优先购等，这些特权旨在提升用户的购物体验。

（2）会员专享价：PLUS 会员在京东购物时可以享受到比普通用户更优惠的价格。

（3）运费券：每月赠送一定数量的运费券，让用户在购物时无须支付额外的运费。

（4）品牌联盟特权：与多个知名品牌合作为 PLUS 会员提供专属的优惠和特权。

京东 PLUS 会员的各项特权如图 8-5 所示。

值得注意的是，虽然京东 PLUS 会员体系也包含了一些等级成长和积分兑换的元素（如通过购物累积积分，积分可用于兑换优惠券等），但其核心权益对于所有 PLUS 会员来说都是相同的，不因为会员的等级、使用时长或其他因素而有所区别。京东的会员体系也是多元会员，包含京东会员和京东 PLUS 会员，而京东会员属于免费会员和等级会员，京东 PLUS 会员属于付费会员和无差别会员。另外，京东联合百度文心一言开展联合会员活动（见图 8-6）。

图 8-5 京东 PLUS 会员特权

图 8-6 京东与文心一言联合会员

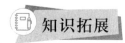

联 合 会 员

联合会员是互联网企业会员"打包卖"的一种模式,即用户通过支付一定费用,可以同时获得多个不同平台的会员权益。用户可以获得比单独购买各平台会员更优惠的价格,以及更丰富的会员权益。

联合会员的常见形式可以分为以下几种。

(1)赠送式联合会员:用户购买某一平台的主会员产品后,额外获得其他平台的会员权益作为赠品。例如,购买百度网盘 SVIP 年卡可能赠送其他平台的会员权益。

(2)品牌合作式联合会员:两个或多个品牌合作,共同推出联合会员,用户购买后可以同时享受多个品牌的会员权益。例如,优酷与饿了么联合会员,用户购买后可以同时享受优酷的视频会员权益和饿了么的外卖优惠。

(3)生态联合会员:头部互联网公司对其旗下产品矩阵的组合,形成包含多个子会员产品的联合会员。例如,阿里巴巴的88VIP会员,涵盖了阿里巴巴旗下多个平台的会员权益。

(二)会员体系框架

会员体系框架是企业根据自身需求围绕会员产生的管理体系,旨在通过一系列的运营规则和专属权益来提升用户对平台的忠诚度,并推动用户参与平台的各项业务。会员体系框架主要由会员等级体系、会员权益体系、会员积分(成长值)体系和会员激励体系四部分构成(见图8-7)。

图 8-7 会员体系框架

1. 会员等级体系

会员等级体系是会员体系框架的基础。会员等级体系根据用户在一定时期内的使用行为、消费金额或其他标准,将用户划分为不同的等级。这些等级通常具有明确的划分标准和升级规则,以刺激用户积极参与和持续消费。例如,根据用户在平台上的投资金额或消费累积,可以将会员划分为普通会员、青铜会员、白银会员、黄金会员等不同等级,每个等级对应不同的权益和特权。

2. 会员权益体系

会员权益体系是会员体系框架的核心。会员权益体系为用户提供了成为会员后所能享受的各种权益。这些权益通常包括功能特权、优惠折扣、内容特权、服务特权等。例如,成为某视频平台的会员可以享受高清画质、无广告播放、提前观看剧集等视频特权;成为某电商平台的会员可以享受免费配送、专属客服、会员日优惠等购物特权。

3. 会员积分体系

会员积分体系是会员体系框架的重要组成部分。会员积分体系通过积分的形式激励用户参与平台活动、消费等,从而提高用户的活跃度。积分通常可以通过完成平台任务、消费累积等方式获得，并可以在平台上兑换各种礼品、优惠券等。例如，用户可以通过完成每日签到、推荐好友注册等方式获得积分，并用积分兑换加息券、代金券等。

4. 会员激励体系

会员激励体系通过各种激励手段来鼓励用户积极参与平台活动、提升等级、消费等。这些激励手段通常包括等级晋升、积分奖励、礼品赠送等。例如，当用户等级提升到一定级别时，可以获得专属的客服服务、实物奖励等；当用户完成某项任务或达到某个消费金额时，可以获得额外的积分或礼品奖励。

需要注意的是，任何体系都是由一系列复杂的规则组成的，会存在诸多潜在风险。对企业来说，会员体系中的等级特权和积分等都存在实在的利益好处，所以需要做好风控，保障系统的健康运行，减少财务损失。风险控制分为风险事前控制、风险事中控制和风险事后控制，三个阶段对应的措施分别是限制、监控和干预。

呷哺呷哺：付费会员模式助力扭转颓势

火锅因符合个性化口味偏好和中国社交聚餐需求，逐渐成为消费者就餐的热门选择。数据显示，预计 2025 年中国火锅行业市场规模将达到 6689 亿元。在巨大的市场潜力下，火锅赛道竞争日益激烈，呷哺呷哺率先打响火锅赛道付费会员第一枪。

2023 年 5 月 20 日，呷哺集团宣布推行付费会员制，上线了超级会员畅吃卡。畅吃卡是呷哺集团以集团名义推出的年度付费会员卡，售价 208 元，可享受购卡立得 188 元现金礼券、周一专享折扣、积分加速、新店特惠、生日惊喜、新品尝鲜六大特权（见图 8-8）。

图 8-8　呷哺呷哺及畅吃卡

畅吃卡可在呷哺集团旗下的呷哺呷哺、凑凑、趁烧、茶米茶、呷哺食品五大品牌通用，不仅可在线下近1200家实体餐厅使用，也可以在微信小程序等线上渠道使用，适用于到店或者到家的场景。

该畅吃卡是呷哺集团首次推出的年度付费会员卡，标志着呷哺集团正式开启付费会员的经营模式，迎来全新的业绩增长引擎。自2022年呷哺集团多品牌会员系统上线后，会员数字营销已成为公司营销发展的主轴，未来呷哺集团将继续深耕会员系统，呷哺集团的营收将从正常经营的单一营收模式转变为"正常经营＋付费会员"的双重营收模式。随着会员黏性的持续增强，预计会员年复购次数将超过3次。

（资料来源：网易，2023-05-23，https：//www.163.com/dy/article/i5est7gc05158bf0.html）

课堂思考：付费会员能否成为餐饮业未来的趋势？

三、顾客资产管理

（一）顾客资产管理的要素

顾客资产是企业所有客户终身价值折现的总和，不仅包括当前客户带来的盈利能力，还包括企业从客户一生中获得的贡献流的折现净值。顾客资产类型如表8-2所示。

表8-2 顾客资产类型

分类标准	类型	说明
忠诚程度	忠诚顾客	对企业或品牌表现出高度的信任和依赖，愿意持续关注并购买企业产品或服务的顾客
	一般顾客	偶尔购买企业产品或服务的顾客，与企业的关系相对较为松散
顾客终身价值大小	高价值顾客	能为企业带来最大收益的客户群体，具有高购买力、高忠诚度、高稳定性
	一般价值顾客	能为企业带来一定收益但贡献程度相对较低的客户群体，介于高价值顾客和无价值顾客之间
	无价值顾客	对企业贡献程度极低甚至为负的客户群体，具有低购买力、低忠诚度和高服务成本的特点
提供价值的能力	灯塔顾客	对新生事物和新技术非常敏感，喜欢新的尝试，对价格不敏感，是潮流的领先者
	跟随顾客	紧跟潮流，不一定真正了解或完全接受新产品和新技术，但以灯塔顾客作为自己的参照群体，是感性消费者

续表

分类标准	类型	说明
提供价值的能力	理性顾客	进行购买决策时小心谨慎，他们最在意产品的效用价格比，对产品（服务）质量、承诺以及价格都比较敏感
	逐利顾客	对价格十分敏感，只有在企业与竞争对手相比有价格上的明显优势时才可能选择购买企业产品

顾客资产管理（customer asset management，CAM）是指企业通过对顾客资产的有效识别、评估、开发和维护，以提高资源配置效率、优化客户结构、增强客户关系稳定性和提升企业市场竞争力的一系列策略和实践。

顾客资产管理是企业对顾客资源的有效管理和利用，以最大化客户终身价值为核心目标。有效的顾客资产管理不仅有助于企业实现盈利最大化，还能增强客户关系的稳定性和企业的市场竞争力。

顾客资产管理涉及三个核心要素：价值资产、品牌资产和关系资产。

1. 价值资产

价值资产代表顾客对企业产品和服务的客观评价，关键因素包括质量、价格和便利性。价值资产管理的目标是提供高质量、价格合理和便捷的产品和服务，以满足客户需求并提升客户满意度。

2. 品牌资产

品牌资产代表顾客对品牌的主观评价，关键因素包括品牌意识和品牌态度。品牌资产管理的目的是通过塑造积极的品牌形象和提高客户品牌忠诚度，来增强客户对企业的认知和信任。

3. 关系资产

关系资产代表顾客对自己与企业关系强弱的评价，关键因素包括忠诚计划、亲密计划、社区构建和知识构建。关系资产管理的目的是通过建立和维护紧密的客户关系，提高客户忠诚度和留存率，从而实现客户价值的最大化。

（二）新零售顾客资产管理方法

1. 新零售顾客资产管理要素

新零售时代顾客资产管理的三个要素是感知、连接和关系。其中，感知是基础，连接是手段，关系是目标，三者形成相互交接、循环推动的过程（见图8-9）。

通过数据与场景建立客户关系，提高客户的忠诚度和活跃度；通过场景和技术实现客户精准画像，感知顾客；通过技术和数据建立与客户的紧密连接，发展会员/粉丝。简单来说，企业要做到"固会员、驱数据、汇场景"。

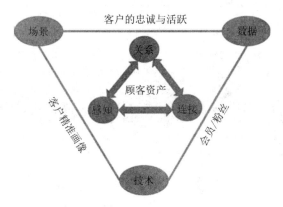

图 8-9　新零售顾客资产管理三要素

当今的消费者群体展现出前所未有的多元化特征，他们高度个性化，需求快速更迭，形成了鲜明的长尾效应。在消费选择中，他们不仅重视产品的附加价值、审美格调与卓越品质，更追求这些要素能够精准契合其独特的生活方式和个性化追求，还渴望在产品中找到人格上的共鸣，这使得消费行为愈发个性化、情感丰富且充满社交互动。

零售行业的核心竞争力在于如何基于顾客资产管理要素，精心塑造并提供无与伦比的用户体验，让消费者心甘情愿地为这份体验付费。与此同时，通过深度挖掘消费者数据，实现对其需求的精准洞察，这一能力反过来又能驱动供应链的持续优化升级，促使企业专注于打造更为卓越、贴合市场需求的产品，实现品质与服务的双重飞跃。

专业小知识

长 尾 效 应

长尾效应（long tail effect），是指那些原来不受到重视的销量小但种类多的产品或服务由于总量巨大，累计起来的总收益超过主流产品的现象。这种现象是由于网络技术的发展，许多人能够以低成本创建、销售和分享产品，从而使得大量非热门、小众的产品能够进入市场。这些产品虽然数量很少，但由于市场规模巨大，仍然能够占据很大一部分市场份额。

长尾效应的根本就是强调"个性化""客户力量"和"小利润、大市场"，也就是要赚很少的钱，但是要赚很多人的钱。长尾理论的应用非常广泛，特别是在电子商务和数字内容分发领域。

2. 顾客资产管理实施策略

在新零售环境下，ATAC 模型是零售企业开展顾客资产管理的有效策略（见

图 8-10）。新零售顾客资产管理的 ATAC 模型：感知（apperceive）、转化（transform）、活跃（active）和社群（community）。

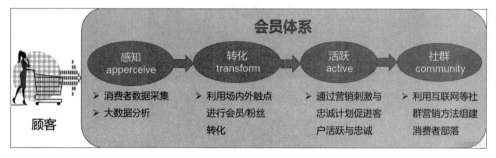

图 8-10　新零售顾客资产管理 ATAC 模型

第二节　社群运营

对于众多企业而言，在互联网时代背景下，无论是电脑端（PC端）还是移动设备端（移动端），社群运营已成为企业在市场竞争中不可或缺的核心阵地。社群运营既是一种管理，又是一种创新，需要专业的人员配备和建立起良好的用户关系，以确保社群的稳定和发展。

微课：社群运营

一、社群概述

（一）社群概念

社群，即社会群体，是人们通过一定的社会关系结合起来进行活动的共同体。狭义的社群指由于持续的社会交往而联系起来的具有共同利益的人群；广义的社群指一切通过持续的社会互动或社会关系结合起来进行共同活动，并有着共同利益的人类集合体。

社群的特征主要体现在以下几点。

（1）同好：社群成立的前提，是指人们对于某些事情有共同的看法、共同的爱好、共同的目的等。

（2）结构：决定着社群的存活，包括组成成员、交流平台、加入原则和管理规范。

（3）输出：决定社群的价值，要求群内不断地提供一些新鲜且有价值的内容。

（4）运营：决定社群的寿命，通过营造仪式感、参与感、组织感和归属感，确保社群的持续发展和活力。

（5）复制：决定社群的规模，是指将已经成功的社群模式、运营方式、管理规范等，在保持核心价值不变的前提下，进行平行扩展或复制到其他领域、其他群体。

（二）社群类型

社群不仅丰富了人们的社交生活，还促进了信息的传播、知识的共享、商业的发展以及社会的和谐。根据消费者不同的个性特点和需求，社群可分为四大类 11 个不同的社群类型（见表 8-3）。

表 8-3　社群类型

分类标准	类型	特征	举例
基于共同兴趣或行为	兴趣型社群	基于共同的兴趣爱好而形成，成员之间容易找到共同话题，但需要找到组织者来维持社群的活跃度	跑步群、健身群、写作群等
	成长型社群	由学习型的机构或有经验的个人组建，旨在帮助成员学习某项技能或提升某个方面的能力	读书会、沙龙、自律成长营等
基于特定目标或需求	消费型社群	以团购、秒杀、送券等送福利类活动为主，吸引有消费需求的成员加入	淘客优惠券群、社区团购群等
	职业型社群	基于职业特点而形成，成员之间通常具有相似的职业背景和经验	医生群、教师群、律师群等
	行业型社群	表现在资源的连接上，成员通常是行业内的用户或专业人士，需求明确且付费意愿强	母婴群、教培群、电商群等
基于品牌或 IP	品牌社群	成员对某一品牌产生认同感，从而聚集在一起形成的社群	各大行业品牌的社群
	IP 型社群	用户是 IP 的追随者也是共创者，线上线下都需要有持续性的内容输出，并带着用户一起参与	一些知名网红、博主或意见领袖的社群
其他类型	地域社群	基于地域特点而形成的社群，成员之间通常具有相似的地域文化和背景	岭南文化群、江南水乡群、东北老乡群等
	主题社群	基于特定的主题而形成的社群，如学习、分享、互助、维权等	学习交流群、维权群等
	社交型社群	提供一个社交平台，成员可以在其中交友、聊天、分享生活点滴	各类交友群、聊天群等
	公益型社群	提供公益服务，这类社群通常注重社会责任和公益事业，以及成员之间的互助和合作	各类公益组织群、志愿者群等

社群运营的最终目标之一是促进社群的转化，即将社群的流量和影响力转化为实际的商业价值或社会效益。不同类型的社群，其转化的方式和目标也各不相同。例如，对于消费型社群，转化可能表现为销售额的提升；而对于品牌社群，转化可能表现为品牌知名度的提升和口碑的传播。因此，运营者需要根据社群类型来制定合适的转化策略，以实现社群的商业价值或社会效益。

成功社群背后的运营策略

1. 完美日记

策略要点：完美日记通过构建以"小完子"为 IP 的人设，建立了与用户的亲密关系。社群运营结合了人设、社群和朋友圈的影响力，精准抓取用户需求，营造了一种信任感和归属感。

运营技巧：利用社交媒体和社群平台，完美日记定期举办活动，如试妆挑战、美妆教程分享等，增强用户参与感，同时收集用户反馈用于产品迭代。

2. 小米

策略要点：小米社群营销的核心在于抓住核心粉丝群体，通过精准定位目标用户，开展一系列吸引人的社群活动，如"米粉节"，增加用户之间的互动，提高品牌忠诚度。

运营技巧：小米充分利用社交媒体进行内容营销，如分享产品故事、用户评价和使用心得，通过口碑传播吸引更多潜在用户。

3. "罗辑思维"

策略要点："罗辑思维"社群运营强调高质量内容的输出，通过定期的知识分享、深度解读和互动讨论，吸引了大量追求知识和思想碰撞的用户。

运营技巧："罗辑思维"利用音频、视频、直播等多种形式，保持内容的新鲜度和多样性，同时通过付费会员制度，提供更深层次的社群服务。

4. 秋叶PPT

策略要点：秋叶PPT社群运营注重技能分享和成长，通过在线课程、挑战赛、社群互动等方式，帮助成员提升专业技能，构建了一个学习型社群。

运营技巧：利用社群内的 KOL 和专家资源，举办线上讲座和工作坊，同时鼓励用户分享个人作品，形成良好的学习氛围和正面反馈循环。

（资料来源：搜狐，2024-07-22，https：//www.sohu.com/a/795160441_121783486）

二、社群运营

(一) 社群运营的概念

社群运营是指通过建立、维护和优化具有共同兴趣、需求或目标的用户群体,以实现品牌传播、用户增长、销售转化及用户忠诚度提升的一系列策略和活动。

社群是一个聚集群体,通过社群运营可以让更多的人了解品牌,提高品牌的曝光度和知名度,扩大品牌的影响力;社群成员之间的互动和交流也可以增强用户的参与感和归属感,从而提高用户忠诚度。通过社群运营,还可以针对不同的用户需求和兴趣,提供个性化的服务和产品推荐,有效地吸引潜在用户和转化用户,增强用户的购买意愿。在零售领域,社群运营成为连接消费者与品牌的重要桥梁,有助于构建长期的顾客关系。

社群运营的主要内容如表 8-4 所示。

表 8-4 社群运营的主要内容

内容分类	工作说明
制定运营策略	根据社群类型、共同目标、统一价值观和受众需求,制定具体的运营策略,如内容策略、互动方式、活动策略等
确定运营目标	明确社群运营的具体目标,如用户增长、活跃度提升、品牌认知度提升等
用户分层与建立联系	对社群成员进行分层管理,针对不同类型的用户采取不同的策略,建立有效的用户联系
社群优化 SOP (标准操作程序)	制定一套系统的社群运营流程和标准,确保社群运营的高效和有序
内容输出与价值供给	围绕社群成员的需求和兴趣,提供有价值的内容和服务,增强社群的吸引力和用户黏性
活动策划与执行	定期组织各种线上线下活动,提高社群的活跃度,增加成员之间的互动
监测与优化	持续监测社群运营的效果,根据反馈调整运营策略和活动计划,不断优化社群运营效果

专业小知识

公域流量与私域流量

公域流量是指由平台拥有和控制的流量,如抖音、淘宝、百度等平台上的流量。这些流量是公开的,商家或个人需要通过平台的规则和算法来获取,通常需要付出一定的成本,如广告投放、平台抽成等。公域流量的特点是规模大、覆盖面广,但用户忠诚度较低,竞争激烈。

私域流量是指品牌或个人拥有的、可以自由控制、免费且能够多次利用的流量。常见的私域流量池包括微信公众号、微信群、个人微信号、企业微信、小程序等。私域流量的用户相对精准,忠诚度较高,具有较强的互动性和可操作性。

公域流量和私域流量相互依存、相互促进。一方面,公域流量是私域流量的重要来源;另一方面,私域流量的运营可以提高用户忠诚度,带来口碑传播,进而为品牌带来更多的公域流量。

(二)社群运营的特点

1. 拥有强大的影响力和较高的用户参与度

社群运营作为一种高效的品牌传播与用户互动方式,能够将品牌与用户更紧密地联系在一起,凝聚用户粉丝的力量,将他们转化为品牌的忠实代言人和传播者。社群运营在扩大品牌影响力的同时,更可以激发用户的参与和对品牌的认知。

2. 需要长期投入和维护

社群运营相较于其他营销手段,不但需要关注营销效果,更要注重用户的真实反馈与深度参与,不断优化社群环境,提升用户体验,这需要社群运营团队长期的投入和维护。只有不断完善和升级,才能不断提高社群的交互效率,增强用户黏性。

3. 不断创新和尝试

在数字经济背景下,社群运营团队需要不断关注新技术、新媒体,并运用新方式、新手段实时地参与社群的交流,创新社群运营模式。只有通过不断创新和尝试,社群运营才能够引领行业发展新趋势,为品牌创造更加广阔的发展前景。

专业小知识

社群运营与私域运营的区别

1. 用户群体不同

社群是单一的用户载体,以微信群等群聊为主;私域流量的载体范围相对广泛,包含了社群、企业微信、公众号、朋友圈等企业自己拥有的用户载体。

2. 运营方式不同

社群运营是一对多,注重用户黏性,要有社群的归属感和认同感,主要通过推送群消息来进行社群客户运营;私域范围广,只要可以通过触点反复触达的用户范围都可称为私域,其核心在于持续输出有价值的内容,提升服务效率。

3. 运营侧重点不同

私域运营和社群运营是包含关系,社群是私域的触点。低价高频、知识付费类的品牌适合做社群;而高价低频或重服务的品牌,不能只做社群,还需要结合私域与用户进行点对点交流,深入了解用户反馈,及时调整与用户的相处模式。

(三) 社群运营的核心要素

1. 社群定位

社群定位是社群建设的基础,它涉及对目标人群及其需求和特点的深入理解与分析。定位要求明确目标人群是谁,他们的年龄、性别、职业、兴趣爱好等特征,他们的痛点、期望和偏好,以及社群的主题、风格、价值观等。

2. 社群内容

社群内容是吸引用户关注和参与的关键因素。为了提高用户的参与度,社群运营者需要制定一套内容策略,确保内容丰富、实用和有趣。

3. 社群活动

社群活动是促进用户之间交流和互动的重要手段。通过举办各种活动,社群可以增强用户的参与感和归属感,提高用户的活跃度和忠诚度,活动形式应该具有多样性、互动性和周期性。

4. 社群管理

社群管理是确保社群健康运行的关键。建立有效的管理机制可以维护社群的秩序和氛围,提高用户的满意度和忠诚度。运营者要明确社群规则,建立有效的用户反馈机制,定期对社群进行维护和管理。

课堂讨论:从传统零售到新零售,会员社群如何运营?

(四) 社群运营的策略

1. 确定社群定位和目标用户

社群运营的第一步是确定社群的定位和目标用户。社群的定位需要根据品牌的特点和市场需求进行选择,目标用户需要根据品牌的定位和产品特点来确定。

2. 建立社群平台和内容

建立社群平台和内容是社群运营的核心。社群平台可以选择微信、微博、抖音、知乎等平台，根据品牌的特点和目标用户的需求进行选择。社群内容需要根据用户的需求和兴趣进行选择，提供有价值的内容，如文章、视频、图片、活动等。

3. 增加社群成员数量和互动

社群运营需要不断增加社群成员数量和互动，提高社群的影响力和知名度。可以通过线上和线下的方式增加社群成员，如邀请好友、推广活动等。同时，社群成员之间的互动和交流也是社群运营的重要部分，可以通过发起话题、组织活动等方式进行互动。

4. 提供个性化服务和产品推荐

社群运营需要提供个性化的服务和产品推荐，满足用户的需求和兴趣。可以通过了解用户的需求和兴趣，提供个性化的服务和产品推荐，提高用户的满意度和忠诚度。

5. 定期进行社群分析和优化

社群运营需要定期进行社群分析和优化，了解用户的需求和反馈，从而进行产品和服务的优化和改进。可以通过社群数据分析、用户调查等方式进行分析和优化。

（五）社群运营的注意事项

1. 遵循社交平台规则和法律法规

社群运营需要遵循社交平台的规则和法律法规，清理违规内容、处理违规用户，不得出现违法违规的行为。若出现侵权、传销等行为，会受到社交平台的处罚和法律的制裁。

2. 保护用户隐私和权益

社群运营需要保护用户的隐私和权益，不得泄露用户的个人信息和隐私。遇到涉及用户权益的问题，需要及时处理和解决。

3. 提供有价值的内容和服务

社群运营需要提供有价值的内容和服务，满足用户的需求和兴趣。不得提供低俗、低质的内容和服务，以免影响品牌形象和用户体验。

4. 定期进行社群维护和更新

社群运营需要定期进行社群维护和更新，保持社群的活力和吸引力。可以通过定期更新内容、组织活动等方式进行社群维护和更新。

5. 注重用户反馈和需求

社群运营需要注重用户反馈和需求，及时进行改进和优化。可以通过用户调查、社群数据分析等方式了解用户的反馈和需求。

案例分享

麦当劳的私域社群运营玩法：超2亿会员、4.5万个社群背后

麦当劳是全球大型跨国连锁餐厅，1955年创立于美国芝加哥，在全球大约拥有3万家分店。

一、案例背景

2017年，麦当劳推出首个品牌小程序"I麦当劳"，成为麦当劳品牌数字化的一大里程碑；随后麦当劳陆续上线"I麦当劳甜品站""I麦乐送"等9款小程序；2020年，麦当劳实现了品牌小程序的迭代升级，通过线上线下多渠道进行积极推广，沉淀了规模化的私域流量；2021年，麦当劳已实现"公众号＋小程序＋视频号＋社群"的私域布局。

截至2020年底，麦当劳的小程序生态已积累了1.6亿会员。截至2022年6月，麦当劳中国总会员数已超过2亿，社群数量达到4.5万个，社群中92％的成员都是麦当劳会员，覆盖人数约670万人；麦当劳数字化点单的比例超过85％，其中自有APP占20％，剩余就是小程序的点单。

二、搭建私域运营体系

麦当劳拥有庞大的社群量，但没有将"卖货"作为社群唯一的KPI。麦当劳的社群更多起到服务客户的作用，承担起用户沟通和服务功能。

1. 员工IP

人设定位：账号的定位是餐厅经理，名字是真名，给用户更真实、可信赖的感觉。

自动欢迎语：用员工企业微信添加用户微信后自动发送欢迎语，第一时间发送点单小程序，告知近期新产品、福利活动和社群二维码，让用户进入社群，提高入群率。

朋友圈内容：以产品优惠券、新品活动为主。

2. 社群

社群定位：优惠福利、活动宣传、产品上新通知群。

社群规则：用户入群后会收到入群欢迎语、客户社群福利信息；群公告中写明了社群规则和活动。

社群内容：包括品牌福利活动、品牌营销推广、互动游戏等，而且内容有固定安排，每周一到周日会设置不同的福利活动。

以某一天的SOP为例：

早上08：00：早安问候时会推荐早餐套餐。

中午11：00：产品活动推荐。

下午14：00：周五固定社群专属互动，发送互动主题和规则。

下午16：00：提醒互动结果会在19点公布并派送奖品。

下午 17：00：产品活动推荐。

晚上 22：30：服务官会提醒今日福利已派送完毕。

麦当劳的社群互动如图 8-11 所示。

图 8-11 麦当劳的社群互动

三、满足不同需求的会员模式

会员运营能更好地服务优质用户，还可以锁住用户未来一段时间的消费，麦当劳会员体系包括付费会员卡和积分体系两大类。

1. 付费会员卡

麦当劳的付费会员卡有 3 种，针对不同的人群和使用场景，设置不同主题的卡种（见图 8-12）。

图 8-12 麦当劳付费会员卡

QH麦卡（分月卡和季卡）：购买用户可享受的权益包括超值2件套、6折早餐、7折麦咖啡、免外送费。

麦咖啡月享卡：购买用户可享受的权益包括饮品6折无限次、"浓浓厚椰季"限时专享。

早餐6折卡（分1个月和2个月）：购买用户可享受的权益包括28款套餐统统6折。

2. 积分体系

用户可以通过消费获取积分，积分可用于抽奖、兑换优惠券和礼品（见图8-13）。

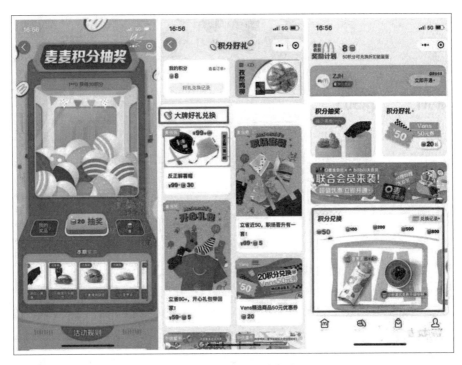

图8-13 麦当劳积分体系

通过APP、小程序、企业微信群等通道，麦当劳与粉丝建立了坚固的连接，麦当劳的私域建设几乎已经成为业内时常分析的"教科书式"案例。

（资料来源：艾客，2024-03-29，https：//m.ikscrm.com/school/sqyx/4402.html）

 本章学习总结

技能训练

一、在线答题

即测即评

二、简答题

1. 简述客户运营的定义。
2. 客户运营的核心内容有哪些?
3. 列举客户运营中增强客户黏性的几种方法。
4. 会员体系常见的类型有哪些?
5. 社群运营的主要内容有哪些?

三、论述题

1. 论述客户运营中数据分析的重要性及应用。
2. 结合新零售背景,论述如何有效实施顾客资产管理策略。

案例分析

"乐享生活"是一家专注于家居用品的零售企业,近年来,随着市场竞争的加剧,企业决定通过强化客户运营来提升市场竞争力。该企业首先建立了完善的客户关系管理(CRM)系统,通过大数据分析客户的购买行为、消费习惯等信息,实现了客户细分和精准营销。同时,"乐享生活"还推出了会员体系,包括免费会员和付费会员两种类型,会员可享受积分累积、专属折扣、优先购等权益。为了增强客户黏性,企业还定期组织线上线下的互动活动,如家居搭配讲座、会员专属折扣日等,并积极通过社交媒体与客户保持沟通,及时响应客户需求和问题。

问题:

请结合本章所学内容,分析"乐享生活"在客户运营方面的策略,并指出其可能面临的挑战及改进建议。

实训任务

一、任务目标

（1）理解客户运营与社群运营的核心概念：能够准确阐述客户运营与社群运营的定义、核心内容及目标。

（2）掌握会员体系构建方法：能够根据企业需求，设计一套完整的会员体系框架，包括会员等级、权益、积分和激励体系。

（3）实施顾客资产管理策略：能够运用ATAC模型，制定新零售环境下顾客资产管理的实施策略。

（4）实践社群运营流程：能够模拟社群运营的全过程，包括社群定位、内容策划、活动策划与管理等。

二、任务背景

假设你是一家新零售企业的市场部经理，企业计划通过数字化转型提升客户体验和忠诚度，进而提高市场份额和盈利能力。为了实现这一目标，企业需要构建一套完善的客户运营体系和社群运营策略。

三、任务分析

（1）客户运营体系构建。

① 分析目标客户群体的需求和偏好。

② 设计数据驱动的客户细分策略。

③ 制订全生命周期管理计划，包括客户获取、激活、转化、留存和复购。

④ 设计个性化服务和营销策略。

（2）会员体系搭建。

① 确定会员体系的类型（如付费会员、等级会员等）。

② 设计会员等级体系、权益体系、积分体系和激励体系。

③ 制定会员招募、升级和流失挽回策略。

（3）顾客资产管理。

① 评估现有顾客资产的价值，包括忠诚顾客、高价值顾客等。

② 运用ATAC模型（感知、转化、活跃、社群）制定顾客资产管理策略。

③ 设计顾客资产管理的实施步骤和监控机制。

（4）社群运营策略制定。

① 确定社群的定位和目标用户。

② 选择合适的社群平台（如微信、微博、抖音等）。

③ 制定社群内容策略、活动策划与管理机制。

④ 设计社群成员分层管理和互动方式。

四、任务操作

（1）客户运营体系构建。

① 收集并分析目标客户群体的数据，包括购买行为、消费习惯等。

② 根据数据分析结果，设计客户细分策略，并制定相应的营销策略。

③ 制订全生命周期管理计划，明确每个阶段的目标和措施。

④ 设计个性化服务方案，如定制化产品推荐、专属客服等。

（2）会员体系搭建。

① 确定会员体系的类型，并设计相应的等级、权益、积分和激励体系。

② 制订会员招募计划，包括宣传渠道、招募条件和奖励措施。

③ 设计会员升级和流失挽回策略，明确升级条件和挽回措施。

（3）顾客资产管理。

① 评估现有顾客资产的价值，确定高价值顾客和忠诚顾客群体。

② 运用ATAC模型制定顾客资产管理策略，明确每个阶段的目标和措施。

③ 设计顾客资产管理的实施步骤，包括数据收集、分析、策略制定和执行等。

④ 制定监控机制，定期评估顾客资产管理的效果，并根据反馈进行调整。

（4）社群运营策略制定。

① 确定社群的定位和目标用户，明确社群的主题和价值观。

② 选择合适的社群平台，并注册创建社群账号。

③ 制定社群内容策略，包括内容类型、发布频率和互动方式等。

④ 设计活动策划方案，包括活动主题、时间、地点和奖励措施等。

⑤ 制定社群成员分层管理和互动方式，明确不同层级成员的权益和责任。

五、任务评价标准

一级指标	二级指标	得分
客户运营体系构建	能否准确分析目标客户群体的需求和偏好	
	客户细分策略是否合理有效	
	全生命周期管理计划是否全面细致	
	个性化服务方案是否能满足客户需求	
会员体系搭建	会员体系类型选择是否合理	
	会员等级、权益、积分和激励体系是否完善	
	会员招募计划是否能吸引目标客户群体	
	会员升级和流失挽回策略是否有效	
顾客资产管理	顾客资产价值评估是否准确	
	ATAC模型运用是否得当	

续表

一级指标	二级指标	得分
顾客资产管理	顾客资产管理策略是否全面可行	
	监控机制是否完善有效	
社群运营策略制定	社群定位和目标用户是否明确	
	社群平台选择是否合理	
	社群内容策略和活动策划是否能吸引用户参与	
	社群成员分层管理和互动方式是否有效	

任务反思

参 考 文 献

[1] 李忠美. 新零售运营管理（慕课版）[M]. 北京：人民邮电出版社，2020.

[2] 陈海权. 零售管理[M]. 北京：人民邮电出版社，2024.

[3] 郭伟. 零售基础[M]. 北京：高等教育出版社，2023.

[4] 水木然，廖永胜. 新零售时代：未来零售业的新业态[M]. 北京：机械工业出版社，2017.

[5] 张建锋，肖利华. 新零售之旅：数智化转型与行业实践[M]. 北京：电子工业出版社，2022.

[6] 居长志，李加明，王方. 门店数字化运营与管理教程（中级）[M]. 北京：中国人民大学出版社，2021.

[7] 李卫华，殷志扬，任光辉. 门店数字化运营与管理实训（中级）[M]. 北京：中国人民大学出版社，2021.

[8] 杨林钟. 新零售实体店运营实务[M]. 北京：清华大学出版社，2022.

[9] 刘润. 新零售：低价高效的数据赋能之路[M]. 北京：中信出版社，2018.

[10] 苗李宁. 新零售：实体店O2O营销与运营实战[M]. 北京：化学工业出版社，2018.

[11] 李恺阳. 社群零售：新零售时代的模式变现[M]. 北京：中华工商联合出版社，2020.

[12] 陈海权. 新零售学[M]. 北京：人民邮电出版社，2019.